U0360342

人工智能伦理译丛

译丛主编 杜严勇

【意】法比奥·福萨 ◎ **著**

毛延生 王晓将 ◎ **译**

自动驾驶的伦理学思考：人工代理与人类价值观

上海交通大学出版社
SHANGHAI JIAO TONG UNIVERSITY PRESS

内容提要

本书对驾驶自动化与伦理价值的交叉方式进行了系统而深入的哲学分析。在介绍不同形式的驾驶自动化并研究其与人类自主性的关系时，它为读者提供了对安全、隐私、道德判断、控制、责任、可持续性和其他伦理问题的深入思考。驾驶作为一种人类行为，无疑是一种道德活动。将其转移到人工代理，如联网和自动驾驶车辆，必然会引起许多哲学问题。当驾驶被自动化时，其道德层面会发生什么？人工代理能否代表我们完成道德目标，代替我们做出道德决定，并推动我们进入一个更有道德的交通未来？在这样做的时候，它们会像我们一样有道德，还是以一种与我们相似但又明显不同的方式？人类的责任和承诺还能发挥什么作用？本书讨论了这些问题，目的是激发不同利益相关者之间的跨学科对话。他们包括汽车工程师、计算机科学家和道德哲学家，以及行业代表、政策制定者、监管者、运输专家和普通公众。

上海市版权局著作权合同登记号：图字：09 - 2023 - 159

图书在版编目(CIP)数据

自动驾驶的伦理学思考：人工代理与人类价值观 ／
(意) 法比奥·福萨 (Fabio Fossa) 著；毛延生，王晓
将译. -- 上海：上海交通大学出版社，2024.6 --（人
工智能伦理译丛 ／杜严勇主编). -- ISBN 978-7-313
-31098-9

Ⅰ. U463. 61；B82-057

中国国家版本馆 CIP 数据核字第 2024TU7093 号

自动驾驶的伦理学思考：人工代理与人类价值观

ZIDONG JIASHI DE LUNLIXUE SIKAO: RENGONG DAILI YU RENLEI JIAZHIGUAN

译丛主编：杜严勇	著　者：[意]法比奥·福萨	
译　者：毛延生　王晓将		
出版发行：上海交通大学出版社	地　址：上海市番禺路 951 号	
邮政编码：200030	电　话：021 - 64071208	
印　制：上海锦佳印刷有限公司	经　销：全国新华书店	
开　本：710 mm×1000 mm　1/16	印　张：14.5	
字　数：185 千字		
版　次：2024 年 6 月第 1 版	印　次：2024 年 6 月第 1 次印刷	
书　号：ISBN 978 - 7 - 313 - 31098 - 9		
定　价：68.00 元		

译丛前言 | Foreword

  关于人工智能伦理研究的重要性，似乎不需要再多费笔墨了，现在的问题是如何分析并解决现实与将来的伦理问题。虽然这个话题目前是学术界与社会公众关注的焦点之一，但由于具体的伦理问题受到普遍关注的时间并不长，理论研究与社会宣传都有很多工作需要开展。同时，伦理问题对文化环境的高度依赖性，以及人工智能技术的发展与应用的不确定性等多种因素，又进一步增强了问题的复杂性。

  为了进一步做好人工智能伦理研究与宣传工作，引进与翻译一些代表性的学术著作显然是必要的。我们只有站在巨人的肩上，才能看得更远。因此，我们组织翻译了一批较新的且具有一定代表性的人工智能伦理著作，组成"人工智能伦理译丛"出版。本丛书的原著作者都是西方学者，他们很自然地从西方文化与西方人的思维方式出发来探讨人工智能伦理问题，其中哪些思想值得我们参考借鉴，哪些需要批判质疑，相信读者会给出自己公正的评判。

  感谢本丛书翻译团队的各位老师。学术翻译是一项费心费力的工作，从事过这方面工作的老师都知道个中滋味。特别感谢哈尔滨工程大学外国语学院的毛延生教授、周薇薇副教授团队，他们专业的水平以及对学术翻译的热情令人敬佩。

  上海交通大学出版社对本丛书的出版给予大力支持，特别是崔霞老师、蔡丹丹老师、马丽娟老师等对丛书的出版做了大量艰苦细致的工作，令我深受感动。上海交通大学出版社的编辑团队对丛书的译稿进行了专业的润色修改，使丛书在保证原有的学术内容的同时，又极大地增强了通俗性与可读性，这是我完全赞同的。

本批著作共五本，是"人工智能伦理译丛"的第一辑。目前，我们已经着手进行第二辑著作的选择与翻译工作，敬请期待。恳请各位专家、读者对本丛书各方面的工作提出宝贵意见，帮助我们把这套书做得更好。

本丛书是 2020 年国家社科基金重大项目"人工智能伦理风险防范研究"（项目编号：20&ZD041）的阶段性成果。本丛书获得中央高校基本科研业务费专项资金资助，特此致谢！

杜严勇

2022 年 12 月

序 | Preface

　　"应用哲学、认识论与理性伦理学研究"论丛（SAPERE）关注哲学、认识论与伦理学领域的最新进展与前沿动态,并将其各个学科的系列理论研究与技术成果融会贯通,具体涉及计算机科学、生命科学、经济学、法学、教育学、工程学、逻辑学、数学、医学、物理学、人文科学以及政治学等诸多学科。这套丛书旨在反映当今社会中各项富有挑战性的哲学与伦理学议题,使之能够更好地应对理论与实践方面的问题、困境、争议及冲突。

　　相关入选图书推介请联系丛书编辑洛伦佐·马尼亚尼（Lorenzo Magnani）,同时请附上书籍简介或引言章节、目录表及第一作者（或主编）个人简历。更多详情,请通过 lmagnani@unipv.it 联系丛书主编。

　　科技的快速更迭为哲学与伦理学等各个领域提供了许多全新的话题,具体涵括:科学理性、科技创新、人类智能与人工智能、社会认识论与大众认识论、日常推理、认知生态位与文化变迁、生态危机、生态理性、自我意识、自由与责任、身份与独特性、合作关系、利他主义、主体间性与移情、精神性以及暴力性,等等。诚然,目前看来,类似话题的研究价值受当代文化环境的影响尚未予以充分阐明,但是我们认为还有必要在这些话题当中融入跨学科的应用知识以及自我新解。相应地,传统哲学与伦理学议题也受到了上述话题的深刻影响,并随之发生改变,我们有必要通过将其纳入科技环境之中,以便对其做出进一步的探究,进而更新该学科当中因循守旧的研究范式。因此，利用应用哲学能够厘清本研究领域在21世纪的全新立足点——通过聚焦方法、逻辑与认识方面的最新问题，同时锚定应用于科学发现与技术创新之中的建模活动的认知维度（比如相关实践中嵌入的计算工具等）——进而对其作出综观性阐释。

"应用哲学、认识论与理性伦理学研究"论丛收录了来自各个领域的相关专著、讲座讲义、学术会议及专题研讨会文章，以及特定的博士论文，旨在彰显全新的哲学方法与当今社会实践之间的关联。本论丛欢迎针对"应用哲学如何提升我们对于现实世界的认识"的探讨，欢迎对此感兴趣的科学家、工程师与学者惠赐佳作，特别欢迎由SCOPUS、zbMATH、SCImago、DBLP等索引的文章。与此同时，该论丛当中出版的所有论著都已上传到了Web of Science之中，欢迎诸位评鉴。

致　谢 | Acknowledgements

　　这本书是本人在米兰理工大学机械工程系担任博后研究员的前20个月的主要成果之一。此间,我有幸与来自不同自动驾驶研究领域的工程师通力合作,具体合作范畴涉及机器感知、人机界面、控制逻辑与通信工程等诸多领域。我们不仅共同探讨了伦理价值可以且理应为设计选择提供依据的各种路径,同时还讨论了在整个设计过程中促进伦理反思的方式方法与最佳实践。

　　跨学科研究与合作虽有回报,但亦困难重重。有鉴于此,以及其他一些现实因素,本书的写作过程于我而言也是一个极大的挑战。毋庸置疑,本书之所以能够付梓出版,离不开许多学术挚友与知己的支持和帮助,对此我心存感激。

　　首先,我要感谢西莫纳·基奥的(Simona Chiodo)所提供的宝贵的指导意见以及源源不断的支持,她为我所承担的项目做出了巨大贡献。同样,我还要感谢达尼埃莱·基菲(Daniele Chiffi)牺牲了无数的时间与宝贵的精力与我共同讨论书中的各个细节。当然,我要由衷地感谢 META 公司的各位同事,他们分别是:维奥拉·斯基亚弗纳蒂(Viola Schiaffonati)、克里斯·赫塞尔宾(Chris Hesselbein)、斯特凡满·卡纳利(Stefano Canali)、保罗·博里(Paolo Bory)和卢卡·萨内蒂(Luca Zanetti)。他们在科学与道德维度提供的精准支持是本书写作的不竭动力。此外,我还要感谢费德里科·切利(Federico Cheli),从我进入机械工程系伊始,费德里科就悉心指导我的研究工作,也正是在他的引介下我才得以有幸结识诸多从事自动驾驶研究

1

的工程师同仁。书中的许多章节都离不开我们之间的跨学科探讨。借此，我要衷心地感谢他们：斯特凡诺·阿里戈尔（Stefano Arrigoni）、皮尔斯特凡诺·贝拉尼（Pierstefano Bellani）、费朗切斯科·布拉金（Francesco Braghin）、詹多梅尼科·卡鲁索（Giandomenico Caruso）、哈菲兹·侯赛因·乔拉卡尔（Hafeez Husain Cholakkal）、普拉格延·达哈尔（Pragyan Dahal）、马泰奥·马泰乌奇（Matteo Matteucci）、西莫内·门塔斯蒂（Simone Mentasti）、卢卡·帕帕鲁索（Luca Paparusso）、安德烈娅·皮卡尔迪（Andrea Picardi）和延鸣（Ming Yan）。

作为伦理工作小组的一员，我有幸能够参与 AI4EU 项目，这段宝贵的经历使我能有机会深入思考 POLIMI 自动驾驶案例研究中的伦理维度。为此，我要特别感谢特雷莎·斯坎坦布洛（Teresa Scantamburlo）和费兰切斯卡·福法诺（Francesca Foffano）邀请我参与 AI4EU 项目，同时还要感谢我的队友们，感谢我们之间有趣的交流，他们分别是：斯特凡诺·阿里戈尼、曼努埃拉·巴塔利尼（Manuela Battaglini）、陈欣（Xin Chen）、安娜·丘比尼译（Ana Chubinidze）、扎胡尔·U.伊斯兰（Zahoor ul Islam）、西莫内·门塔斯蒂、里卡多·比努埃萨（Ricardo Vinuesa）和埃弗特·F.斯塔姆胡伊斯（Evert F. Stamhuis）。我们曾在"可信人工智能的文化：公共讨论、教育与实践学习"会议上（2021 年 9 月 2—3 日，威尼斯）宣读了我们的研究成果。同样，我要感谢莱奥纳尔多·安内塞（Leonardo Annese）与世界道路协会意大利分会（PIARC Italy）邀请我参加两个专题研讨会——"自动驾驶汽车：社会伦理考量及未来场景"（2021 年 5 月 28 日）和"互联自动驾驶汽车与道路：通往更安全未来的道路"（2021 年 10 月 27—28 日）。此间，我有幸与诸多拥有不同学科背景的国际专家进行了交流，受益匪浅。

特别感谢古列尔莫·坦布里尼（Guglielmo Tamburrini）和菲利波·圣托尼·德·西奥（Filippo Santoni de Sio），他们在不同时间、不同地点多次与我分享了自己关于自动驾驶伦理的深度思考,给予了我深刻启发。在本书出版前的几个月,我曾受邀在米兰理工大学和博洛尼亚大学做了两场讲座,其间我对本书的部分内容进行了汇报。感谢克里斯·赫塞尔宾、达尼埃莱·基菲、保罗·博里和安德烈亚·洛雷吉亚(Andrea Loreggia)的盛情邀请。同时也感谢所有聆听讲座的学生,感谢他们提供的反馈。

当然,我还要由衷感谢洛伦佐·马尼亚尼将本书收录到 Springer SAPERE 论丛;感谢两位匿名审稿专家提供的宝贵建议;感谢莱昂京娜·德切科(Leontina De Cecco)在整个写作过程中给予我的鼎力支持。

最后,我还是要一如既往地向朱莉娅(Giulia)致以深深的感谢,感谢她在平凡时光里给予我矢志不渝的爱护以及时时刻刻的支持。纵然我曾不止一次向她抱怨投稿时间的最后期限将至以及章节内容的不相连贯,但她都百听不厌,可谓不厌其烦。

法比奥·福萨

2022 年 8 月

于意大利米兰

目 录 | Contents

第 1 章　坎坷之旅：伦理学、自动驾驶与人工代理 / 1

　1.1　人工代理与自动驾驶伦理 / 2

　1.2　本书的目标 / 5

　1.3　"自动驾驶"表达中的误解 / 7

　1.4　人类驾驶及其自动化 / 9

　1.5　自主性与自动化 / 11

　1.6　自动驾驶的形式 / 13

　1.7　术语的重要性 / 16

　1.8　未来之路 / 18

第 2 章　安全优先：新旧风险 / 27

　2.1　安全性论证 / 28

　2.2　伦理技术？ / 31

　2.3　规范性问题 / 33

　2.4　认知问题 / 37

　2.5　新型安全风险：网络安全及其他 / 41

　2.6　自动驾驶与人类作为 / 47

第 3 章　数据驱动：隐私、监视与操纵 / 57

　3.1　新形式与新风险：隐私问题 / 58

3.2　自动驾驶的数据环境 / 61

3.3　隐私是什么？为何如此重要？ / 68

3.4　监视与操纵：两个案例研究 / 76

3.5　应对隐私挑战：设计、监管与社会教育 / 84

3.6　认识人工行动与人类行为之间差异的重要性 / 86

第 4 章　不可避免的碰撞：道德判断的自动化 / 93

4.1　不可避免的碰撞：走近机器伦理学 / 94

4.2　道德判断自动化：规范性方法 / 97

4.3　从哲学伦理学到道德心理学：描述性方法 / 112

4.4　对论辩提出质疑："电车难题"之争 / 117

4.5　CAVs 与人工智能道德能动性 / 123

第 5 章　谁在控制？——自主权、责任感与可解释性 / 139

5.1　控制难题 / 140

5.2　自主权 / 143

5.3　责任感 / 150

5.4　可解释性 / 156

5.5　自动驾驶——不再是人类直接控制的驾驶行为 / 160

第 6 章　可持续性交通出行：从自动驾驶到伦理使命 / 171

6.1　可持续性自动驾驶：如何实现这一目标 / 172

6.2　搭建舞台：可持续性、交通与人工智能 / 173

6.3　环境影响 / 179

6.4　经济与劳动力市场影响 / 182

6.5　社会公平 / 185

6.6　伦理使命 / 189

第 7 章　康庄大道：自动驾驶、人类价值观与人工能动者 / 201

　　7.1　关于人工能动者的问题 / 202

　　7.2　自动驾驶伦理：两个主要结论 / 205

　　7.3　走向人工能动者哲学 / 210

索引 / 215

第 1 章

坎坷之旅：伦理学、自动驾驶与人工代理

1.1　人工代理与自动驾驶伦理

毋庸置疑，自动驾驶是在过去几十年当中研究最多、讨论最热烈、宣传最广、争议最大的技术革新之一。许多文学作品、电视节目和电影作品都对其进行了诸多探讨——想象有一天汽车将具备代替人类进行自主驾驶的能力。从阿西莫夫(Isaac Asimov)的短篇小说《莎莉》(*Sally*)到电影《蝙蝠侠》中的蝙蝠车，从电影《全面回忆》中的自动驾驶汽车 Johnny Cab 再到"普利茅斯·复仇女神"——根据斯蒂芬·金(Stephen King)同名小说改编的电影《克里斯汀魅力》中的一辆 1958 年产的二手汽车，自动驾驶早已成为我们诗意化想象的一部分。事实上，无论是汽车(Marsh，1986；Volti，2004；Wollen & Kerr，2004)还是自动化(Kang，2011；Mayor，2018)都极大地吸引着人类的想象力，我们总是用我们的预期、情感与想象来给这些工程技术的核心部分增光添彩。

最早针对自动驾驶的技术尝试要比人们想象得早一些。令人惊讶的是，它们竟然可以追溯到 20 世纪 20 年代。无论是在过去还是在当下，人类关于自动驾驶汽车的预测总是充满了乐观色彩，认为自动驾驶汽车的普及时代即将到来，结果严重低估了自动驾驶技术所面临的巨大挑战。正如克勒格尔(Kröger)(2016：41)所指出的那样，"令人惊讶的是，在过去的近百年中，实现这个梦想始终与我们有 20 年之遥"。时至今日，早日实现这一梦想的急切心情更是显而易见。大型汽车公司纷纷开始布局自动驾驶领域，在相关研究、研发与测试等领域进行大力投资。Alphabet、阿里巴巴、亚马逊、百度、微软等数字经济领域的巨头公司也纷纷下场，投入大量资源，谋求进一步推动自动驾驶技术的研发。特斯拉、优步等汽车行业的新贵同样加大了对于自动驾驶领域的押注。此外，大量初创公司如雨后春笋般涌现，进一步助推自动驾驶技术趋向蓬勃发展。与此同时，许多新型卡车与轿车甚至已经装配了一些自动驾驶功能。尽管能够完全自行驾驶的车辆还未上路，但先进的自动驾驶功能正日益代表我们处理某些特定驾驶任务。或快或慢，自动驾驶时代正在到来（Burns & Shulgan，2018；Herrmann，et al.，2018）。

同样，评论家们一直在热火朝天地参与自动驾驶领域的这场"生动冒险"。交通专家、哲学家、社会科学家和法律学者都在不同程度地强调，当我们在畅想自动驾驶的美好未来之时，需要认真考量人类价值观的重要性（Jenkins，et al.，2022；Lin，et al.，2017；Lipson & Kurman，2016；Maurer，et al.，2016；Meyer & Beiker，2014；Michelfelder，2022）。这些来自不同领域的评论家们对于自动驾驶前景的热切关注与当下自动驾驶技术领域的蓬勃发展高度一致。尽管这方面的研究产出在数量上着实令人震撼，但是真正有前景的具体研究实在是凤毛麟角。实际上，交通与自动化被广泛认为属于技术范畴，其中的伦理考量仍然至关重要。正因如此，技术与伦理之间的纠葛势必会引发激烈的论争。

毋庸置疑，交通领域具有重要的伦理意义（Anciaes & Thomopoulos，2015；van Wee，2011）。个人的福祉与社会的繁荣在很大程度上都取决于交通。便捷的交通能使人们获得关键的机会与享受型服务。反之，缺乏有效的交通方案就会导致社会层面的排斥、差距与不公。众所周知，健康的食物、社会关系、高质量的医疗援助、教育设施、理想职业、政治参与等资源的获得在很大程度上都要受到交通因素的制约。换言之，交通在很大程度上决定了公民行使民事权利与政治权利的质量，以及追求个人幸福与价值的可能性。同时，交通还是人类世界诸多具体困境的核心影响因素。从交通伤亡事故到空气污染、二氧化碳排放，现代交通与严重影响人类生存与生态环境的诸多重大挑战密不可分。鉴于此,交通领域显然需要伦理价值的介入。

在我们看来,自动驾驶有望促使交通现状发生根本性的改变。凭借人工智能(AI)的强大力量,数字系统正在日益具备执行各项驾驶任务的能力。从这个意义上讲,驾驶将不再是人类的专属特权,而是越来越多地委托于科技产品的众多人类行为之一。人工智能技术刺激着全新产品的设计,使其能够"自主"完成多种复杂功能,例如在不需要人类监视或干预的情况下自主适应环境。鉴于它们主要是代人行事,类似的系统通常被冠以人工代理(Floridi & Sanders,2004;Franklin & Graesser,1997;Nyholm,2020)之名。诸如医疗保健、公私管辖、财政管理、军队训练、司法实践以及法律实施等伦理敏感领域当中的许多复杂任务都已经外包给了人工代理。具体到自动驾驶领域,其则致力于把复杂的驾驶任务交由人工代理处理。

要想设计出不需要人类监视或干预就能自主处理复杂驾驶任务的车辆,这在很大程度上离不开人工智能技术的介入。通过给先进的计算解决方案配以海量数据,驾驶系统方能构建详细的环境表征、识别相关物体、计算操作步骤并予以精准执行。在过去几年里,关于人工智能伦理学的广泛讨论充分表明——这些技术产生的社会影响可能极为复杂(Coeckelbergh,2020;Dubber et al.,2020;Liao,2020)。当人类行为被自动化的人工智能系统取而代之的时候,伦理反思的重要性和紧迫性也就不言而喻。交通行业与人工智能的结合无疑会强化人类对伦理价值可以被改造、重构与协商的方式的批判性思考。

将驾驶从人类行为转化为机器功能必然会带来一个全新的交通世界。人类的在场性——对车辆运行状态的控制——构成了自动驾驶被构想、组织、训练与管理的基本要素。道德责任与伦理框架通常也预设了"人类需要坐在方向盘的后面"。自动驾驶的出现意味着,不仅仅是相关的技术、经济、社会、管理、政治、基础设施等传统交通领域将被完全颠覆,驾驶伦理也将同样经历改变。新模式的出现也会带来全新的机遇与风险。驾驶员、乘客、行人、制造商、监管机构、政府部门等各利益相关方都将面临责任与伦理价值的转变。因此，我们有必要对伦理价值与道路交通之间的融合点重新予以仔细考量。鉴于交通对于人类生活与地球环境的影响，这种哲学维度深度思考所隐含的利害关系绝对不容小觑。

1.2 本书的目标

基于上述考量，本书旨在实现如下两个主要目标：

第一，针对自动驾驶与伦理价值之间的交互方式进行全面的哲学分析。鉴于自动驾驶在未来几年之内可能发挥的作用，从道德视角对其潜在的利弊展开批判性讨论就显得尤为关键。只有充分了解了可能面临的诸多挑战，方能推动交通系统与方式的革新朝着积极伦理方向发展。为此，本书对正在勃兴的自动驾驶伦理领域进行了深入探究。此外，本书还批判性地讨论了自动驾驶与伦理价值之间关系的不同表现形式。因此，本书将有助于提高人们对于自动驾驶领域当中那些亟待解决的最核心问题的认识，从而希望为各利益相关方——不仅关涉哲学家、社会科学家以及法律学者，同时还牵涉工程师、计算机科学家、制造商、政策制定者以及普罗大众——提供一些有关悬而未决的伦理问题的宝贵知识。

第二，我们研究了自动驾驶的诸多相关案例，以此探究人工代理与伦理价值之间的普遍性联系。如前所述，人工代理主要代人行事，因而，从某种意义上看，它们取代了人类。这一点在自动驾驶的相关案例当中体现得尤为明显。其中，自动驾驶汽车可以被理解为代表我们执行驾驶操作的人工代理。人们热切地期望它们能使人类驾驶员成为明日黄花，并取而代之。然而，与其他许多委托于人工代理的行为一样，驾驶行为需要道德判断的介入才能使之在具体操作时对人负责。此外，驾驶行为本身也涉及重要的人类价值。人类的驾驶行为往往与驾驶经验以及自主决策紧密相关。不同的驾驶方式可以传达不同的道德理念，关乎安全、隐私、环境可持续性以及个人偏好。此外，驾驶行为也可以为他人服务，从而成为一种展现爱意、关怀或良善之心的具体方式。作为一种人类行为，驾驶无疑是一种牵涉道德的活动，因此，将其委托于人工代理势必会带来诸多哲学问题。例如，当驾驶行为被委托于人工代理时，其伦理层面会发生哪些变化？它们会像我们一样具备"道德属性"吗？它们与伦理价值的关系是否应该以人类道德经验作为蓝本来进行设想？我们能否将人类道德的全部范围也委托给它们？它们能否为我们实现既定伦理目标？它们能否代替我们作出道德决策？它们又能否代表我们做出积极行为，例如，它们是否可以把既定委托行为执行好，并像人一样表示出"良善之心"？

对于上述问题的探索在很大程度上涉及人工代理的哲学维度。显然，以上问题仅仅是相关哲学思考的一部分，其所关注的议题也并非仅限于自动驾驶层面。然而，自动驾驶的确包括人工代理将具有道德意义的人类行为进行自动化处理的过程。因此，这为我们深入研究人工代理的道德轮廓提供了一个千载难逢的机会，进而为解决诸多争议性问题——这些问题对在自动驾驶领域形成一个整体性哲学方法至关重要——提供了重要的启示。阐明人工代理及其伦理规范的问题以及人工代理与人类主体之间的关系是实现其自觉性与自律性社会应用的必由之路。在这方面，对人工代理的哲学探究大有裨益。对自动驾驶与伦理价值之间关系的研究将为人在其中需要扮演什么样的角色提供富有价值的参考建议。

究其根本，本书所追求的上述两个目标最终将是同向同行——实现人工代理（以自动驾驶为代表）与伦理价值的高度统一。现如今，随着人工代理日渐形塑着我们的生活世界，积极地促进其与社会伦理价值的结合就显得至关重要。比如，自动驾驶就很有可能给交通出行带来革命性巨变，同时也会带来大好机遇与严峻挑战——这将是一场坎坷之旅。因此，洞悉人工代理的能动性与伦理价值观之间自他纠缠的关系可能会为人类应对自动驾驶革命提供极大的智慧助力。为了在实践当中趋近这一理想，我们需要所有利益相关方都积极参与其中。这样来看，促进各方之间的合作就成了重中之重，而本书所做的研究正是意在为之做好铺垫。汽车工程师、计算机科学家、行业代表、政策制定者、监管机构、交通专家、哲学家以及普罗大众都可以信手一读，或许开卷有益。

1.3 "自动驾驶"表达中的误解

在正式开始分析之前，我们有必要进行一些初步的思考。

正如许多基于人工智能的技术所经历的那样，无数美好想象所构成的光环扭曲了自动驾驶的真实轮廓。人们对自动驾驶的期望空前高涨。铺天盖地的广告无不有声有色地勾勒着自动驾驶领域存在的无限可能，受这些媒体渲染的影响，人们对于实现自动驾驶也日渐变得急不可耐，因此很容易将自动驾驶领域的前景与现状混为一谈。鉴于此，更清楚地了解人工代理的应用范畴及其特质对于自动驾驶而言颇为重要——这也是贯穿全书始终的研究脉络。然而，有些方面需要提前予以澄清。为了避免可能存在的显性误解，让我们先将自动驾驶简化为一项技术工作——这将有助于说明关键性术语选择的合理性，并为后续分析奠定基础。

直觉上来看，自动驾驶可以说是通过技术手段复现人类驾驶。这一技术的终极目标就是取代人类驾驶员——或者说，将他们变为乘客。自动驾驶系统通常被想象般赋予具有从人类手中接过驾驶权并进行自主导航的能力。当然，自主权所引发的局部冲突不可避免。驾驶员对于车辆进行控制的自主权被转移到技术系统之上，技术系统被赋予了自行管理驾驶行为的任务。相应地，用户被从必须自行驾驶的负担当中解放出来——这一优点也可以在自主权层面进行框定（更多详细说明见第5章）。然而，就驾驶任务的执行而言，驾驶的自主权也就从人类手里转移到人工代理身上。

自动驾驶能够赋予数字系统以自主权的本能思维在人类围绕该技术的重重想象之中可谓根深蒂固。我们可以试着思考一下用于描述自动驾驶产品的常规表达方式。"自主驾驶汽车"（self-driving cars）与"自动驾驶汽车"（autonomous vehicles）这两个标签都直接提到了驾驶系统的自主性。形容词"无人驾驶的"（driverless）、"无人驾驶汽车"（"driverless cars"）则暗示着该系统不需要任何人类驾驶员的帮助就能完全自行操作驾驶任务。这些表达当中无不透露出人类对于自动驾驶技术发展急不可耐的心情。与其说它们传达了与这项技术相关的信息，倒不如说这些标签精准地捕捉了人类对于自动驾驶的理想化期待。它们囊括了人类所期望的自动驾驶的美好前景——希冀驾驶系统能像人类一样自主驾驶。可以说，语言先于技术将自主性扩展到了驾驶系统之中。

与此同时，这些标签固化了人们的期望，并且强化了人类对这项技术的心理模型——这些模型从一开始就已经深深植根于人类的想象之中。结果，自动驾驶不再被认为是一个仍然易变并且有待协商的动态技术过程。相反，它被看作是一种必然结果抑或命中注定。像"自动驾驶汽车""自主驾驶汽车""无人驾驶汽车"这样的表述几乎没有为不确定性或可调整性留下任何空间。它们不仅意味着自动驾驶必须而且必然会实现对人类驾驶员的技术拷贝，同时也表明人类对于人类驾驶员的期望与对应的人工代理的期望别无两样。简而言之，这些就意味着人类驾驶与人工智能驾驶在行为本质上同构同向，应该使用相同的概念术语来予以界定。既然人类驾驶需要自主性，那么驾驶系统也必须具备自主性。

然而，如果将自动驾驶视为一项技术探索并给予相应关注，那么很显然，像"自动驾驶汽车""自主驾驶汽车"和"无人驾驶汽车"这样的标签在某些方面可能言过其实，而在另外一些方面则可能言之不及。言过其实之处在于：现有的驾驶系统尚且无法做到在不需要人为干预的情况下安全地处理所有驾驶任务；而言之不及之处在于：自动驾驶的前景远比这些标签所描述的要更加丰富多样。设计能够完全替代人类驾驶员的系统并非自动驾驶的唯一目的。即便是将驾驶任务完全委托于人工系统，也可以用不同的方式来予以阐述。人类驾驶的技术性复现是一个开放的过程，其间涉及不同的目标、范式及方法。自动驾驶领域比这些标签所明示的更为复杂多样，其未来前景在很大程度上是不确定的，存在诸的可能性。此外，自动驾驶研究可以遵循不同的路径，使其朝着满足诸多伦理要求的发展空间巨大。

1.4　人类驾驶及其自动化

上述讨论鼓励我们不要过分依赖人类驾驶员这一蓝本来规定自动驾驶的种种特征。相反，最好根据其自身条件开展构思。

以人类驾驶员为蓝本有助于为自动驾驶的构思搭建基本框架，毕竟，这种正在经历自动化的行为最初也是一种人类行为。然而，一旦人类行为被转化为机器化功能，人类化概念就需要予以修正、确定并重新思考。因此，其中很可能就会出现新的词话——这些词语只能在特定语境中使用相关，而不再与人为因素关联。只有在此基础之上，才能充分识别相关的伦理机遇与挑战。

鉴于上述情形，使用人类化语言可以轻而易举地勾勒出自动驾驶的技术要求，而这并不稀奇。下面，我们将以博世公司为例进行说明。在该公司的一个专门网页上，[①]自动驾驶通过参照著名的机器人"感知-思考-行动"模型来进行有效的表征（Arkin，1998；Siemens，2020）。为了保证驾驶行为自动化，系统必须能够**感知**环境，识别环境的相关特征以及系统自身在环境中的位置与自身状态。

---

① https://www. bosch-mobility-solutions. com/en/mobility-topics/automated-driving-sense-thinkact/.

其次，系统必须能够根据其任务及可用信息决定其所要采取的行为。最后，系统必须采取行动：它们必须按照计划执行驾驶操作。在这样一个抽象层面上对人类驾驶与自动驾驶之间进行比较似乎颇为中肯，同时也是富有成效。它为自动驾驶提供了一个直观生动的实现路径。其成功之处在于——人类化的表达在被广泛用于描述驾驶系统操作方面具有的便捷性。

然而，这种比较性意义也仅限于此。一旦舞台搭建完毕，人类驾驶经验便会失去其指导性作用。系统的感知、思考、行动都必须按照其自身条件进行个性化设定。

例如，为了探讨系统的原型平台，阿里戈尼（Arrigoni）等人（2021）选择了一种不太拟人化的语言。他们发现：自动驾驶的三个主要组件现在有了更多的技术标签，具体包括：传感器数据采集、数据处理、控制计算以及机械驱动。各种传感器技术（Ahangar et al.，2021）——雷达、声呐、激光雷达、摄像头、诊断与动态传感器——用于收集有关环境和驾驶系统的信息。内置地图提供了进一步的环境信息，并能通过全球导航卫星系统（GNSS）天线实现具体定位。复杂的算法能够分析并融合来自不同传感器的数据，对物体进行分类，并对环境进行详细的结构化表征。路线规划算法能够计算在最大化预设参数的同时到达预期目的地的路径与方式。控制逻辑（如轨迹规划算法）能够计算机械制动器所执行的驾驶指令。随着人类驾驶行为被划分为更小的子任务并逐渐实现自动化，人类化的表达必须让位于更为精确的表达方式。要想探究自动驾驶的伦理学维度，针对这一层次的细化则是一个绕不过去的话题——它必须揭开自动驾驶当中与人类相似的神秘面纱，进而考察其技术的特殊性。

此外，自动驾驶的某些方面并不能很好地映射到人类驾驶当中。尽管如此，就像其伦理意义一样，它们所扮演的角色可能至关重要。例如，我们可以一起看一下其中所涉及的通信方式。从广义上讲，通信包括驾驶系统与用户以及各种设备之间的信息交流。用户界面允许设定目的地以及其他命令、设置首选项、显示状态信息、提供娱乐服务，以及处理一般性的人机交互任务（Stanton et al.，2021）。各种通信技术能够与其他车辆（V2V）、基础设施设备（V2I）或其他系统（V2X）交换数据，从而提供更多的信息来为系统行为的实施奠定基础（Ahangar et al.，2021；Wang et al.，2019）。这已经被整合为"感知-思考-行动"模型（Siegel，2003）的第四个维度，成为自动驾驶的一个关键组件，但通信方式同样伴随着与生俱来的伦理机遇与伦理问题（Silva & Iqbal，2019）。

总而言之，自动驾驶是复杂技术系统之间相互作用的结果。如果严格参照人类驾驶来对其进行构思，极有可能会引起误解。我们应当将人类驾驶视为一个用于实现自动驾驶目标的垫脚石，在这一点上，超越人类驾驶员这一蓝本的桎梏尤为关键。从更为细化的层面上看，自动驾驶必须形成自己的话语体系。

1.5 自主性与自动化

在自动驾驶背景下，"自主性"的含义也将沿着这一思路得以具体说明。当然，通过与人类驾驶的自主性进行整体比较最初会有助于我们勾勒出自动驾驶的样貌。如果要将驾驶权委托于人工代理（Artificial Agency），则必须使得系统能够像人类驾驶员那样自行操作。"自主驾驶汽车"与"自动驾驶汽车"这两个标签能强烈地传达这一理念。然而，要想充分了解"自主驾驶"或"自动驾驶"的实际所指功能，则需要我们在这一方面开展更加细化的积极探索。

有趣的是，汽车自主性的技术实践已经明确了其对人类自主性的各种依赖形式。美国国家公路交通安全管理局（NHTSA，2013）、德国联邦公路研究所（Gasser et al.，2013）以及国际汽车工程师协会（SAE，2014）所发布的三个最常用的框架详细说明了自动驾驶的形式。所有这些框架都不是通过系统自主性本身，而是通过参照潜在用户的必然行为来描述系统自主性的。在自动驾驶背景之下，机器自主性只有在更广泛的人类自主能动性范围之内才能得以想象。这其中涉及的矛盾之处在于——它仅限于为人类自主性服务。人类驾驶员这一蓝本在其中发挥了不同的作用。它并没有提供一个可以完整复现人类能动性的模型，相反，它为汽车自主性设定了意义条件。

这样说来，自动驾驶展现了与"自动驾驶汽车""无人驾驶汽车"以及"自主驾驶汽车"等表述不同的风貌，其目标不一定是将人类因素完全排除在驾驶行为之外。恰恰相反，自动驾驶在这里被看作是人机协作的一种形式——它追求的是在人类自主性条件下实现驾驶任务的自动化，而不是将完全取代人类驾驶。因此，如果期望汽车自主性与人类驾驶员的自主性完全一致，那将会大错特错。由于自动驾驶只是以嵌入式的方式存在于人类自主性之中（Tennant & Stilgoe，2021），因此我们不能完全以人类自主性的方式来对其进行构思。汽车自主性的构建必须将人类驾驶员视为背景，而不是视为所谓的蓝本。归根结底，驾驶系统的自主性必须按照其自身条件来予以界定。

SAE J3016 文件当中给出了一套最受欢迎的自动驾驶框架，详细说明了机器自主性在自动驾驶当中的意义。该文件最初于 2014 年颁布，此后又进行了不同程度的更新调整（SAE，2021）。它提出了从 0 到 5 共 6 个自动驾驶等级，分别代表着人机驾驶协作的不同配置。有趣的是，这些等级更多的是为了服务于描述性与信息性目的，而非规范性目的——尽管对不同等级的渐进式编号的选择几乎很难表达这一观点（Stayton & Stilgoe，2020；van Loon & Martens，2015）。换言之，这些等级应该只是针对人机协作可能的形式的界定，并没有假设哪一种是值得追求的主要形式。

因此，用人工代理完全取代人类驾驶员既非其内在要求，亦非其命定之事。它只是一种可能性，甚至可以说是一种乌托邦式的希冀。每种等级都是针对人类自主性与自动驾驶的相互融合，其本身具有自洽性，而非作为迈向下一等级的中间步骤。出于这个原因，也许将其称之为"自动驾驶的形式"要比"自动驾驶的等级"更为合适。然而，即便如此，我们始终不能忘记一点——自动驾驶唯有在嵌入人类自主性的情况之下才有意义。

实际上，纵使人类因素在自动驾驶框架当中已然发挥了巨大的作用，许多评论家（Noy et al., 2018；Stayton & Stilgoe，2020）仍然认为这还远远不够，并且有待进一步强化。我认为——自动驾驶应明确纳入人机协作之中。以下是 SAE J3016 当中提出的 6 种自动驾驶等级。

1.6　自动驾驶的形式

自动驾驶的 6 种等级——更准确地说是 6 种形式——的描述性阐释将作为后文的参考框架。下面我们通过强调自动驾驶所处的人类环境来对其作出简要介绍。

自动驾驶是通过将驾驶行为分解为愈加简单的动态驾驶子任务并对其进行自动化操作来予以实现的。如上所述，人类自主性被预设为维持与说明动态驾驶子任务的一般背景。这些等级描绘了人类自主性与自动驾驶的不同形式——人机协作的不同配置（见图 1.1）。

L0 - L2 级描述了较低程度的自动化形式。这里，自动化功能的目的是为用户提供支持，人类仍然是完全意义上的汽车驾驶员。正因如此，在这些等级当中实施的技术功能通常被称为先进驾驶辅助系统（ADAS）。这三个等级之间的差异仅与允准驾驶员同时激活的 ADAS 的种类与数量有关。L0 级（无自动化）仅包括预警与瞬态辅助功能，如自动紧急制动和车道偏离预警系统。L1 级（驾驶辅助）包括系统的横向（如转向）或纵向（如加减速）控制辅助。L2 级（部分自动化）允许系统在驾驶员的密切监控下同时执行横向及纵向控制功能。

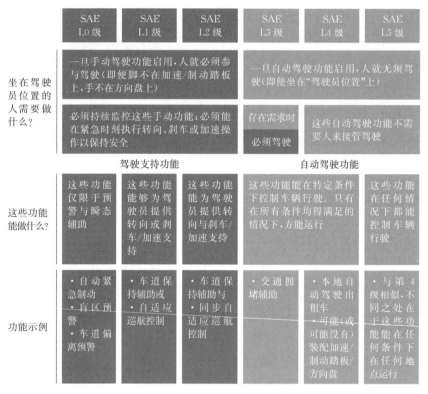

图 1.1　SAE J3016 自动驾驶等级

　　L2 级到 L3 级之间的等级飞跃相对较大。从 L3 级开始，驾驶行为将不再是部分委托于系统，而是作为一个整体被托管。然而，这种托管不具备相同程度的一致性与可靠性，根据不同的情况，需要不同程度的人类监控与干预。在这个意义上，不同程度的差异决定了人机协作的不同形式。在任何情况下，用户都不再是传统意义上的驾驶员，他们的角色发生了转变，但还没有被明确地予以界定。L3 级（有条件自动化）描述的是仅在特定运行设计域（ODD）内可以实现自动驾驶的功能。ODD 是一组先决条件，包括天气、温度、道路和交通状况，这些条件规定了可以安全激活自动驾驶功能的情况。L3 级则要求人类在 ODD 发生转换时以及在特定 ODD 内面临意外情况时接管驾驶。接管操作——在人类与系统之间切换驾驶管理权——是有条件自动化驾驶的一个关键环节。换言之,在这一等级当中,人类有可能退居幕后,坐享其成。此外,该系统可能(不)会提示用户进行接管,这意味着驾驶员必须始终保持警惕与专注,人为干预在任何时候都可能具有必要性。正如后文当中将要讨论的那样,接管操作在安全方面引发了人们的重重隐忧,这对该种形式的自动驾驶构成了巨大挑战。

L4 级(高度自动化)这种自动驾驶形式将使接管操作在大多数情况下失去用武之地,它描述了一种能够在特定 ODD 之中不需要用户监督或干预而对车辆进行操作的系统。如果发生安全危急情况,具备 L4 等级的系统应该也能完全自行处理或控制车辆安全停下(在技术术语中,这属于"最低风险条件"),根本不需要用户参与。当类似的自动驾驶功能被激活时,用户就变成了乘客。如果配备 L4 等级自动驾驶系统的车辆仅在其 ODD 内行驶,比如通过隔离(Alessandrini et al.,2014)或地理围栏(Gurumurthy et al.,2021),那么方向盘或加速/制动踏板甚至将不再必需。然而,如果同样的车辆在普通街道上行驶,ODD 将在整个行程中发生变化,这将需要执行接管操作。因此,L4 等级系统当中的人类自主性范围不仅取决于系统能力,还取决于基础设施与环境因素。这鼓励我们在对某一特定驾驶系统的自主性进行描述时,不要狭隘地只专注于自动化功能与人类用户的重要性。正如诺伊(Noy)等人(2018)所强调的那样,其他与自动驾驶相关的更广泛的社会技术环境因素也必须被仔细研究并且考量。为了实现对给某一特定自动驾驶实例的全面描述,必须将与应用环境及有关基础设施相关的信息涵括其中。

L5 级(完全自动化)的系统能够在所有可能的 ODD(即在任何地点和任何条件下)中管理所有动态驾驶子任务。配备 L5 等级自动驾驶功能的车辆将能够在不需要用户干预或监管的情况下处理所有交通状况。因此,用户需要做的仅仅是设置目的地、指定系统偏好,并在需要时通过专用指令要求车辆停车。同样，在这种情况下，汽车可能不会装配加速/制动踏板、方向盘或其他控制设备。然而，如果用户被认为有权脱离自动驾驶功能并切换为人工驾驶，那么可能仍需要像 L4 等级中那样的控制界面，而这将带来接管问题。

正如 L5 等级当中的讨论所示，关于价值与权利的不同主张对于不同形式的自动驾驶所特有的技术要求影响显著。虽然出于安全考虑，我们可能更建议限制或禁止 L4 或 L5 等级自动驾驶系统当中的脱离接管，但其他价值（如个人自主性）反而可能要求它的存在。事实上，伦理与自动驾驶息息相关，它形塑着自动驾驶的发展。不同形式的自动驾驶对于不同的伦理价值的反应千差万别。由于任何形式的自动驾驶都不一定能实现或表征其自然结果，因此我们需要一定的伦理考量来影响其创新进程。迈向这一目标的第一步就是，提倡选择有助于彰显自动驾驶的完整形象及其所需应对的挑战的术语。

1.7 术语的重要性

SAE 对于自动驾驶中机器自主性的描述阐明了谨慎措词的重要性。像"自主驾驶汽车""自动驾驶汽车""无人驾驶汽车"这样的标签无不诱导人们将自动驾驶扁平化为 L5 等级的自动驾驶及其替代范式，因而忽视了自动驾驶的其他各种形式。同时，这些标签也诱导用户错误地相信每一种自动驾驶形式都能充分彰显人类的自主性，进而使得他们摆脱监督系统运行以及在需要之时进行干预的责任。由此产生的混淆视听表现出明显的伦理相关性，它促进生成了技术欺骗性心理模型，并直接导致了人类不负责任行为的产生，比如在 L0 至 L2 等级的自动驾驶当中未能保持警惕、未能认真监督机器的运行。自动驾驶的言说方式传达了人们的期望，然而，如果期望毫无根据，就可能会造成伤害。因此，我们需要明智地选择自动驾驶的言说方式。

这种对于自动驾驶言说方式的关注具有共通性。SAE J3016 专门在一整节中对于"不建议使用的术语"进行了介绍，这些术语会造成不同自动驾驶形式之间的相互混淆以及误信，所以应当尽量避免使用。"自动驾驶汽车""自主驾驶汽车"以及"无人驾驶汽车等名词均不被业界认可，"自动驾驶系统"这一术语是其鼓励人们使用的首选术语。故此，在下文当中，我们将把重点放在自动驾驶（而非自主驾驶汽车或自动驾驶汽车）的伦理维度分析上。

至此，我们只剩下一个关键问题，即如何称呼具备自动驾驶功能的产品。"自动驾驶汽车""自主驾驶汽车"和"无人驾驶汽车"这三个术语显然不在其列。J3016 文件的作者指出，直接提及"汽车"一词也可能引起混淆，因为自动驾驶的主体是系统，而非汽车。然而，如果没有任何标签能够用于直接指称某种具有自动驾驶功能的汽车，下文所做的哲学讨论将无法展开。为了能够明确区分驾驶系统与汽车，标签的引入必不可少。因此，这里我们将配备有自动驾驶系统的公路用汽车命名为"互联与自动驾驶车辆"（简称为 CAVs）。

我相信使用这一表达足以满足本书的写作目的，同时它方式——也是最近欧盟委员会自动驾驶伦理专家组所采用的官方名称（Horizon，2020）。一方面，这一表达选择使用"自动化"一词（而非"自主性"一词），这为人机协作配置这一公认的自动驾驶核心问题留下了足够的空间。另一方面，它指代的是通信的技术维度，其所代表的是技术当中较为隐蔽化的一个重要部分。总之，这一术语在传达出自动驾驶本质的同时，弱化了人们对其能力的过分期望。这也正是为什么它被选中，并将在整本书中被一以贯之地予以使用的原因。

我们用来言说自动驾驶的语言表达至关重要，合理的术语使用不仅有利于我们对于技术能力的全面了解，同时也有助于对其伦理规范作出准确界定。对于语言使用的批判性评价将是下文中的一个共同主线。语言不仅能使我们了解创新技术，同时也共同塑造了我们获得这些技术的路径（Coeckelbergh，2017）。用于框定 CAVs 道德意义的人类化表达在有些方面可能过于宽泛，而在有些方面可能又过于狭隘。为了深入理解 CAVs 与伦理价值之间的关系，批判性地选择我们的术语表达就显得尤为关键。当然，同样的情况也适用于更为普遍的人工代理的情况(Fossa，2021)。

1.8　未来之路

至此，本书研究的基本主题已经明确，下面让我们来仔细看看其中所涉及的主要问题。

自动驾驶与伦理价值之间的关系在很多方面都已经有了明确的规定。然而，有一种情况显得格外惹人注目。自动驾驶一直被认为是一种在本质上比目前的人类驾驶更为安全的选择。的确，它所带来的安全效益将具革命性。事实上，根据所谓的安全协议，CAVs 将化解目前绝大多数导致交通伤亡的原因——人为过失。CAVs 将取代人类驾驶员，力求防止大多数事故的发生，从而以前所未有的方式维护道路安全。

在此基础上，自动驾驶本身往往被视为一种伦理创新形式。人们认为，鉴于其技术结构，CAVs 必然会提高交通安全，使其防护水平达到人类驾驶难以企及的高度。出于上述考量，本书第 2 章将自动驾驶视为本质上体现安全伦理价值的一种技术创新，重点围绕以下问题展开：能否将 CAVs 理解为一种内在的伦理创新形式？或者，用更是普遍性的说法来讲，能否将人工代理视为一种内在的伦理创新形式？

对于上述问题的认真思考将有助于我们深入了解自动驾驶与安全伦理价值之间的关系。如果只是简单地将二者等同起来，则难免会挂一漏万。事实上，要想实现高安全期望，就离不开我们的严格审查。关于规范性与认识性的讨论，以及针对新兴风险的考量，无不表明安全水平的改善不能被单纯地认为是自动驾驶可以保证实现的结果。

将自动驾驶与安全联系起来并不一定能如实说明 CAVs 所带来的伦理风险。若想要明晰自动驾驶在安全方面的美好前景，我们就有必要针对这些风险进行识别与评估。相应地，对 CAVs 所特有的伦理风险进行深入细致的批判性评估同样势在必行。要做到这一点，必须要对"自动驾驶只是人类驾驶的一种完美形式"这一假设提出质疑。确切地说，必须根据自动驾驶本身的条件对其进行审视，并确定其自身的特殊风险。

事实上，自动驾驶带来了与过去人类驾驶没有关联的伦理风险，其中一些安全直接相关。例如，网络安全漏洞可能会让犯罪分子有机可乘，使他们能够控制车辆并造成巨大的安全威胁。然而，重大的伦理风险早已超出常规意义上的安全范畴。特别是在隐私风险方面，数字技术对于个人隐私的侵犯可谓"臭名昭著"，自动驾驶也不例外。尊重个人隐私将是自动驾驶伦理学研究的一个重要目标，相关的伦理挑战必须予以考虑。然而，将 CAVs 视为一种内在的伦理技术并不能为类似问题的合理化探讨提供足够的空间。有鉴于此，自动驾驶与伦理价值之间的预设关系必须加以修正。

为了进一步强调关注自动驾驶所特有的伦理风险的重要性，本书第 3 章深入探讨了由 CAVs 引起的隐私问题。与人类驾驶员不同，CAVs 还是一种数据收集与通信设备。收集与共享越来越多的自动驾驶环节的数据几乎是所有交通利益相关方的关注焦点。不同的利益驱使各方努力获取或要求获取对 CAVs 收集的数据的访问权限，由此产生的利益网络盘根错节。同样，隐私侵犯所带来的风险也是多种多样，具体涉及目标定位、操纵、监视等诸多层面。自主、自决、自尊以及（行使公民权利与政治权利的）自由等重要的伦理价值面临巨大挑战。如果不对这些新型风险予以充分思考，就无法真正地认识自动驾驶中的伦理问题。

关于安全与隐私的讨论表明，自动驾驶在伦理上的可接受性并非不言自明。此外，伦理方面的成就不能被简单地归为技术进步与社会应用的副产品。以这种方式来确定自动驾驶与伦理价值之间的关系恐怕很难令人满意。事实上，人工代理无法代表人类解决伦理问题，还需要其他事物介入其中。

自动驾驶本身并不能改善道路交通对人类生活的伦理影响。然而，它可能会引导驾驶行为朝着更加合乎伦理的方向发展。在驾驶伦理方面，人类毫无疑问可能做得更好。一般来说，人类期望自动驾驶能够在驾驶方面表现得更好。因此，期望 CAVs 能够表现出更加符合伦理价值的驾驶行为似乎也在情理之中。CAVs 可以通过合乎伦理的方式代表我们人类执行驾驶操作，甚至比我们做得更好。

自动驾驶与伦理价值之间的第二种关系由此浮出水面。具体而言，人类驾驶员与 CAVs 在伦理价值方面表现出相同的本质，只是程度各异而已。囿于人类自身的局限性，人类驾驶员未能很好地遵守相关的伦理价值，甚至有所违背。与之相反，CAVs 并未受到同样的藩篱限制。通过自动化处理，伦理型驾驶方式可以委托于更具可靠性与一致性的人工代理。换言之，伦理价值能够在道德型人工代理身上得到完美演绎。

然而，将伦理型驾驶方式委托于人工代理势必会引发棘手的哲学问题。比如：在何种情况下，人类的道德判断可以委托于 CAVs？将 CAVs 描述为道德型人工代理的动机是什么？将 CAVs 与伦理价值之间的关系看作是对人类伦理价值的强化，这一说法是否准确？伦理型驾驶方式能够完全委托于 CAVs 吗？如果可以，这意味着什么？需要什么条件？

第 4 章通过讨论碰撞优化算法来解决这些问题。从某种意义上讲，碰撞优化算法需要将道德判断自动化，以便驾驶系统能够在执行任务时可以代表人类做出伦理决策。由于驾驶行为是由一系列伦理决策构成的，因此能够复刻人类道德判断的算法对于应对某些特定交通状况似乎确有必要性。其中，有一种特殊的交通状况引起了社会的广泛关注，即不可避免的碰撞。在这种情况下，CAVs 将不得不对人类造成伤害。或者进一步说，可以通过碰撞优化算法来实现关于在相关各方之间进行伤害分配——这显然是一种伦理抉择——的规则与路径。通过在恰当的时刻执行这些规则，CAVs 可以代表我们人类做出合乎伦理的行为——即便是在我们能力受限之际，也能免受影响。不过，这类算法是如何被设定的呢？

在 CAVs 不得不对人类造成伤害时，如何应对这种困境引发了伦理难题。车辆控制逻辑中应该实施什么样的道德理论？在不对任何特定社会群体造成歧视的情况下，我们应当如何在利益相关方之间进行伤害分配？谁应该决定在我们的自动驾驶系统中嵌入哪种价值，以及如何嵌入？我们如何才能尊重伦理信仰上的个体差异与文化差异？

类似的种种忧虑早已跨越学术领域，在社会、政治以及制度层面引发了如火如荼的讨论。这些讨论引发了人们极大的兴趣，也有助于揭示对于人工代理哲学而言至关重要的问题。特别是将道德抉择委托于 CAVs 还引发了许多与其本体论和道德立场相关的问题。当然，这也为探究人类道德能动性与人工智能道德能动性之间的异同提供了一个独特的分析视角。此外，它还有助于明晰人工代理的范畴及其与伦理价值之间的关系，以及人类道德中不能委托于 CAVs 的诸多方面。

将驾驶任务委托于 CAVs 不只会影响人类的道德判断，它同样改变了人类道德体验的其他许多重要方面。主观能动控制是伦理学中的一个基本要素。个人自主权与责任感等关键价值元素在很大程度上取决于此。然而，将驾驶行为委托于 CAVs 必然意味着解除人类对于某些驾驶操作的控制。那么，就 CAVs 与伦理价值之间的关系而言就出现了一个新问题：将驾驶任务委托于 CAVs 将如何改变责任感与自主权等伦理价值？或者，更笼统地说，将驾驶任务委托于人工代理将如何改变人类的自主权与责任感？

第 5 章讨论了与自动驾驶如何改变人类控制相关的伦理问题。首先，它探讨了有关尊重与支持个人自主权方面的问题。其次，它确定并提出了道德责任问题。最后，本章将可解释性作为一种支持个人自主权与道德责任感的伦理价值进行了分析。对于自动驾驶当中人类控制的研究表明——当人类的能动性被委托于人工代理并由其从中调节时，责任感、自主权以及自决权等重要的道德概念将发生重大变化。此外，它还表明在自动驾驶这一全新实践领域中，需要新的价值（例如可解释性）来维护兼具责任感与自主性的行为。

在这一点上，自动驾驶与伦理价值之间的关系显然比想象中还要模棱两可。其中，有两种关系已经被确定了下来。一方面，CAVs 被看作是一种在本质上合乎伦理的技术，它必定会带来一个道德感高的交通世界。另一方面，CAVs 被视为一种具有超高道德感的驾驶员，它能促使驾驶任务的执行更加符合伦理要求。在这两种情况下，伦理都被委托于人工代理，它们有望代表我们解决相关的伦理挑战。然而，这两种关系都禁不起仔细推敲——伦理本身不能像驾驶行为一样委托于 CAVs，它还需要其他事物的介入。因此，这里还存在最后一个关键问题，那就是——为了促进 CAVs 等人工代理与伦理价值之间的一致性，还需要做些什么？

最后一个问题在第 6 章当中结合可持续性伦理价值得到了探讨。与安全价值一样，可持续性也是自动驾驶中的一种核心价值。事实上，它在很大程度上影响了交通与人工智能的伦理学维度。关于自动驾驶的可持续发展前景的讨论可以弥补之前讨论中所忽视的问题。就 CAVs 而言，它认为将自动驾驶的技术维度与伦理层面之间的积极效紧密联系的观点是片面的，我们必须要意识到潜在的风险与问题的认识。在广义上讲，这有助于我们认识到我们不能指望人工代理本身来提升正确的道德价值。人类依旧处于道德舞台的中心位置。伦理使命与批判性思维是人工代理以合适的方式介入伦理价值的必要条件。自动驾驶与伦理价值之间的关系同我们与伦理价值之间的关系并不重叠。因此，CAVs 不能取代人类的努力与使命。在人工代理时代，伦理目标仍然是我们矢志追求的目标，这也是我们的责任所在。

最后，第7章对全书内容进行了总结。自动驾驶为交通出行的未来带来了广阔的发展前景，它的伦理影响也是难以估量的。然而，若想将其变为现实，需要多方努力、从多角度考虑，更需要人类有长远的目光，担负起使命，而阐明自动驾驶与伦理价值之间的关系于此大有裨益。相反，如果对二者之间的关系，并且简单粗暴地予以偏见性和模糊化的处理将会阻碍人类道德仍需发挥的基本作用。此外，这也使得人们在无法弄清楚接下来需要努力的方向。

本书的写作目的在于澄清自动驾驶伦理观中的一些错误性认知与误导性期望，以便更好地界定此间涉及的人类责任和义务。反过来，对于自动驾驶伦理学的深入探讨揭示了学界对于人工代理及其与人类能动性的独特区别的宝贵见解。在某种程度上，这可以作为人工代理哲学研究的起点，其紧迫性将随着人工代理在技术先进型社会中的广泛使用而加剧。对这项富有现实价值与未来意义的研究将为未来的哲学工作开辟几种全新的途径。现在，就让我们一起开启这场有关自动驾驶伦理学的探索之旅。

参考文献

Ahangar，M. N.，Ahmed，Q. Z.，Khan，F. A.，& Hafeez，M.（2021）. A survey of autonomous vehicles：Enabling communication technologies and challenges. *Sensors*，21(3)，706，1－33. https://doi.org/ 10.3390/s2103070.

Alessandrini，A.，Cattivera，A.，Holguin，C.，& Stam，D.（2014）. CityMobil2：Challenges and opportunities of fully automated mobility. In G. Meyer & S. Beiker（Eds.），*Road vehicle automation. Lecture Notes in Mobility*（pp.169－184）. Springer. https://doi.org/10.1007/978－3－319－059907_15.

Anciaes，P. R.，& Thomopoulos，N.（2015）. Ethical issues in transportation. In M. Garrett（Ed.），*Encyclopedia of transportation：Social science and policy*（pp.534－541）. SAGE Publications.

Arkin，R.C.（1998）. *Behavior-based robotics*. MIT Press.

Arrigoni, S., Mentasti, S., Cheli, F., Matteucci, M., & Braghin, F. (2021). Design of a prototypical platform for autonomous and connected vehicles. In *AEIT International Conference on Electrical and Electronic Technologies for Automotive* (*AEIT AUTOMOTIVE*) (pp. 1 - 6). https://doi. org/10. 23919/AEITAUTOMOTIVE52815.2021.9662926.

Burns, L. D., & Shulgan, C. (2018). *Autonomy: The quest to build the driverless car-and how it will reshape our world*. HarperCollins.

Coeckelbergh, M. (2017). *Using words and things. Language and philosophy of technology*. Taylor and Francis.

Coeckelbergh, M. (2020). *AI ethics*. MIT Press.

Dubber, M. D., Pasquale, F., & Das, S. (Eds.). (2020). *The Oxford handbook of ethics of AI*. Oxford University Press.

Floridi, L., & Sanders, J. (2004). On the morality of artificial agents. *Minds and Machines*, 14, 349 - 379. https://doi. org/10. 1023/B: MIND. 0000035461.63578.9d.

Fossa, F. (2021). Artificial agency and the game of semantic extension. *Interdisciplinary Science Reviews*, 46(4), 440 - 457. https://doi. org/10. 1080/03080188.2020.1868684.

Franklin, S., & Graesser, A. (1997). Is it an agent, or just a program? A taxonomy for autonomous agents. In J. P. Müller, M. J. Wooldridge, & N. R. Jennings (Eds.), *Intelligent agents III agent theories, architectures, and languages, ATAL 1996. Lecture Notes in Computer Science* (Vol. 1193, pp.21 - 35). Springer. https://doi.org/10.1007/BFb0013570.

Gasser, T. M., Arzt, C., Ayoubi, M., Bartels, A., Bürkle, L., Eier, J., Flemisch, F., Häcker, D., Hesse, T., Huber, W., Lotz, C., Maurer, M., Ruth-Schumacher, S., Schwarz, J., & Vogt, W. (2013). *Legal consequences of an increase in vehicle automation*. Bundesanstalt für Straßenwesen. https://opus4. hbz-nrw. de/opus45-bast/frontdoor/deliver/index/docId/689/file/Legal_ con sequences _ of _ an _ increase _ in _ vehicle _ automation.pdf.

Gurumurthy, K.M., Auld, J., & Kockelman, K. (2021). A system of shared autonomous vehicles for Chicago: Understanding the effects of geofencing the service. *Journal of Transport and Land Use*, 14 (1), 933 - 948. https://doi.org/10.5198/jtlu.2021.1926.

Herrmann, A., Brenner, W., & Stadler, R. (2018). *Autonomous driving. How the driverless revolution will change the world*. Emerald Publishing Limited.

Horizon 2020 Commission Expert Group to advise on specific ethical issues raised by driverless mobility (E03659). (2020). *Ethics of connected and automated vehicles: Recommendations on road safety, privacy, fairness, explainability and responsibility*. Publication Office of the European Union. https://op. europa. eu/en/publication-detail/-/publication/89624e2cf98c11ea - b44f - 01aa75ed71a1/language-en.

Jenkins, R., Cerny, D., & Hribek, T. (2022). *Autonomous vehicle ethics*. Oxford University Press.

Kang, M. (2011). *Sublime dreams of living machines. The automaton in the European imagination*. Harvard University Press.

Kröger, F. (2016). Automated driving in its social, historical and cultural contexts. In M. Maurer, J. Gerdes, B. Lenz, & H., Winner (Eds.), *Autonomous driving* (pp.41 - 64). Springer. https://doi. org/10.1007/978 - 3 - 662 - 48847 - 8_3.

Liao, S.M. (Ed.). (2020). *Ethics of artificial intelligence*. Oxford University Press.

Lin, P., Abney, K., & Jenkins, R. (Eds.). (2017). *Robot ethics 2.0: From autonomous cars to artificial intelligence*. Oxford University Press.

Lipson, H., & Kurman, H. (2016). *Driverless*. MIT Press.

Marsh, P. (1986). *Driving passion. The psychology of the car*. Cape.

Maurer, M., Gerdes, J., Lenz, B., & Winner, H. (Eds.). (2016). *Autonomous driving*. Springer.

Mayor, A. (2018). *Gods and robots. Myths, machines, and ancient dreams of technology*. Princeton University Press.

Meyer, G., & Beiker, S. (Eds.). (2014). *Road vehicle automation. Lecture Notes in Mobility*. Springer.

Michelfelder, D. (Ed.). (2022). *Test-driving the future. Autonomous vehicles and the ethics of technological change*. Rowman & Littlefield Publishers.

NHTSA — National Highway Traffic Safety Administration. (2013). *Preliminary statement of policy concerning automated vehicles*. https://www.google. it/url? sa = t&rct = j&q = &esrc = s& source = web&cd = &ved = 2ahUKEwit4ujG1Pr3AhWDi_0HHbmbBF0QFnoECA0QAQ&url = https%3A%2F%2Fwww. nhtsa. gov%2Fstaticfiles%2Frulemaking%2Fpdf%2FAutomated_Veh icles_Policy. pdf&usg = AOvVaw1kzgMhDIOOc-olHnCFb4os

Noy, I.Y., Shinar, D., & Horrey, W. J. (2018). Automated driving: Safety blind spots. *Safety Science*, *102*, 68 - 78. https://doi.org/10.1016/j. ssci. 2017.07.018.

Nyholm, S. (2020). *Humans and robots. Ethics, agency, and anthropomorphism*.

Rowman & Littlefield.

SAE International. (2014). *J3016. (R) Taxonomy and definitions for terms related to driving automation systems for on-road motor vehicles.* SAE International. (2021). *J3016. (R) Taxonomy and definitions for terms related to driving automation systems for on-road motor vehicles. Superseding J3016 JUN2018.*

Siegel, M. (2003). The sense-think-act paradigm revisited. In *1st International Workshop on Robotic Sensing*, ROSE'03 (pp.1 - 5). IEEE. https://doi.org/10.1109/ROSE.2003.1218700.

Siemens. (2020). *The sense-think-act-model. Accelerating design and validation of autonomous vehicles.* White Paper. https://www.plm.automation.siemens.com/media/global/de/Siemens-SWThe%20sense-think-act-model-White%20Paper_tcm53 - 81439.pdf.

Silva, R., & Iqbal, R. (2019). Ethical implications of social internet of vehicles systems. *IEEE Internet of Things Journal*, 6(1), 517 - 531. https://doi.org/10.1109/JIOT.2018.2841969.

Stanton, N, Revell, K.M.A., & Langdon, P. (Eds.). (2021). *Designing interaction and interfaces for automated vehicles. User-centred ecological design and testing.* CRC Press.

Stayton, E., & Stilgoe, J. (2020). It's time to rethink levels of automation for self-driving vehicles. *IEEE Technology and Society Magazine*, 39(3), 13 - 19. https://doi.org/10.1109/MTS.2020.301 2315.

Tennant, C., & Stilgoe, J. (2021). The attachments of 'autonomous' vehicles. *Social Studies of Science*, 51 (6), 846 - 870. https://doi.org/10.1177/03063127211038752.

van Loon, R.J., & Martens, M.H. (2015). Automated driving and its effect on the safety ecosystem: How do compatibility issues affect the transition period? *Procedia Manufacturing*, 3, 3280 - 3285. https://doi.org/10.1016/j.promfg.2015.07.401.

van Wee, B. (2011). *Transport and ethics. Ethics and the evaluation of transport policies and projects.* Edward Elgar.

Volti, R. (2004). *Cars and culture.* John Hopkins University Press.

Wang, J., Liu, J., & Kato, N. (2019). Networking and communications in autonomous driving: A survey. *IEEE Communications Surveys & Tutorials*, 21 (2), 1243 - 1274. https://doi.org/10.1109/COMST.2018.2888904.

Wollen, P., & Kerr, J. (Eds). (2004). *Autopia. Cars and culture.* Reaktion Books.

第 2 章

安全优先：新旧风险

2.1 安全性论证

作为交通领域中被公认的共享伦理价值,安全使得工程、技术与伦理之间的纽带关系变得切实可见。事实上,安全是交通的核心要义。纵然并非每个自动驾驶领域的参与主体都将安全视为首要目标,但我们有理由将其视为交通领域中的首要社会目标,而且也可以将之视为所有利益相关方之间广泛认同的目标之一(Loh & Misselhorn,2019)。实际上,在过去数十年间,交通系统在符合基本安全标准方面已然大有改观——较之过去,基础设施已经大大改善,道路法规也日趋完善,车载技术创新更可谓层出不穷(Elvik et al.,2009;OECD,2008;Shalom Hakkert & Gitelman,2014)。欧洲汽车制造商协会(ACEA)①、国际汽车联合会(FIA)②、美国国家公路交通安全管理局(NHTSA)③、世界道路协会(PIARC))④等汽车协会均支持在道路安全方面作出的种种承诺。此外,联合国(UN)⑤、联合国欧洲经济委员会(UNECE)⑥、经合组织(OECD)国际交通论坛(ITF)⑦以及世界卫生组织(WHO)⑧等国际机构也同样关注道路安全问题,认为道路安全是全球范围内最为重要的社会目标之一。当

① https://www.acea.auto/nav/? tag=safe-reliable.
② https://www.fia.com/road-safety.
③ https://www.nhtsa.gov/road-safety.
④ https://www. piarc. org/en/PIARC-knowledge-base-Roads-and-Road-Transportation/Road-Safety-Sustainability.
⑤ https://www.un.org/en/safety-and-security/road-safety.
⑥ https://unece.org/road-traffic-safety - 1.
⑦ https://www.itf-oecd.org/IRTAD.
⑧ https://www.who.int/health-topics/road-safety.

然,安全相关的伦理价值与汽车行业之间的恩怨纠葛颇深,这也从根本上决定了汽车的设计、制造与应用等关键层面的问题。

当然,自动驾驶也不例外。与传统车辆一样,安全维度同样是CAVs设计与研发当中一项广为认同的核心价值。紧急制动、碰撞预警系统、自适应巡航、车道保持系统以及驾驶员监控技术(分心监测、疲劳监测)等先进驾驶辅助系统日益在社会中采用,这显然提升了道路交通的安全级别,据此许多人将其视为更高水平自动化的垫脚石(Winkle, 2016)[①]。然而,二者之间的不同之处在于,自动驾驶有望彻底改变道路安全格局,并能提供一个全新的交通系统,其中,过去人们所关注的诸多交通安全威胁将会变得无关紧要。事实上,从自动驾驶的角度来看,绝大多数严重的交通事故都属于可避免型碰撞(avoidable collision)。正如人们所设想的那样,把驾驶任务委托于可靠的计算设备将为实现前所未有的最高安全级别交通系统奠定基础。

沿着这一路径,我们认为,在技术讨论中,安全的关键作用不仅仅体现在它是一种需要遵守的伦理价值,更体现在它是一种证明研究合理性以及保障投资与公众认可度的主要动力。事实上,CAVs被广泛地认为是一种安全增强型技术。自动驾驶在社会上的应用总是离不开人们对其在降低道路伤亡率方面的厚望。许多相关文献都一致认为安全是CAV技术的核心竞争力(如Arkin, 2016；Borenstein et al., 2019；Gogoll & Müller, 2017；Goodall, 2014a；Gurney, 2016；Singleton et al., 2020；Sparrow & Howard, 2017；Stilgoe, 2021),因而这些文献也被归为"安全性论证"类别下(Cunneen et al., 2019, 2020；Hicks, 2018)。

这些频频出现的"安全性论证"具有一种共同的结构。它们会先从当前道路安全的数据开始分析,其目的在于强调两个主要观点。第一个前提是思考世界范围内道路交通事故造成的伤亡人数。据世

---

① 值得注意的是,ADAS作为CAVs也会引发自身的风险问题(Bellet et al., 2019；Nyholm & Smids, 2018)。

界卫生组织统计,世界各地每年高达 135 万人因道路交通事故而丧生,其中大多数人属于交通弱势群体(包括行人、骑自行车的人以及骑摩托车的人),而受伤人数则在 2 000 万至 5 000 万之间①。由此可见,如此严峻的数据记录激发了人们改善这一惨痛现状的强烈愿望,迫使人们努力建设更为安全的道路交通,这为技术创新开辟了道路。第二个前提建立在这一点的基础上,并增添了与实现自动驾驶高度相关的因素。事实上,它强调,绝大多数道路交通事故(据欧洲议会统计,②高达 95%)都是由人为过失或不当驾驶行为引起的,比如鲁莽、分心、酒驾、疲劳、压力等。威胁道路使用者生命安全背后的大多数原因都可以归咎于人为因素。

上述安全性论证结论的推导其实并不复杂。通过将驾驶权交由更为稳定可靠的数字控制系统,CAVs 在很大程度上可能是解决当前道路伤亡问题的最佳途径。大力推广自动驾驶的研用将有助于摆脱那些将无数驾驶员与其他道路使用者置于危险境地的人类生理与心理缺陷,进而可能挽救万千生命免于罹难。此外,安全与公共健康状况的改善将不仅仅表现为它能以最安全的方式积极预防或处理交通事故。事实上,自动驾驶同样有助于解决压力与疲劳问题——两者通常被认为是引起高血压等非传染性疾病的始作俑者(Crayton & Meier,2017)。自动驾驶有望在交通领域带来巨大的安全改进,因此,它有时也被看作是实现"零伤亡愿景"③(即零交通伤亡、零重大事故)这一宏伟目标的重要机缘。这一道路安全构想最初由瑞典提出,现在已被许多国家普遍接受(Belin et al.,2012；Tingvall & Haworth,1999；Winkle,2016)。总而言之,在诸多因素的推波助澜下,自动驾驶受到社会各界大力追捧并被视为"21 世纪最重要的公共

---

① https://www.who.int/news-room/fact-sheets/detail/road-traffic-injuries.

② https://www. europarl. europa. eu/news/en/headlines/society/20190410STO36615/
road-fatalitystatistics-in-the-eu-infographic.

③ https://visionzerochallenge.org/vision-zero? locale=en.

卫生进步之一"(Fleetwood，2017，p.532)。

2.2 伦理技术?

自动驾驶最引人瞩目的伦理影响主要来自对于 CAVs 在安全方面巨大潜力的考量。事实上，如果这些安全改进的期望能得以实现，这项技术无疑会催生巨大的伦理价值。这样一来，向 CAVs 过渡将不再只是便捷性或商业性问题，更重要的是，它将事关人类福祉。换言之，自动驾驶在安全方面的发展潜力使其有可能成为一项伦理创新。在这一点上，该技术的研发甚至可以被视为一种道德责任(Bonnefon et al.，2015；Hevelke & Nida-Rümelin，2015；Nyholm，2018)。自动驾驶不仅能在伦理上改善人类生活满意度与幸福感，而且能够化解人类所面临的生命威胁与痛苦遭遇。有鉴于此，我们有理由认为，CAVs 的技术研发与社会应用理应成为技术先进型社会的首选。

当然，CAVs 若想要在道德方面得到认可，必须满足一些基本条件。此时，CAVs 的应用伦理标准应运而生。诚然，如果在其安全层级尚未达到人工驾驶员平均水平之际就贸然推广并使用 CAVs，势必会产生伦理问题。这无异于是给本就充满危险的驾驶行为再添风险，看似立竿见影，实则目光短浅、极不负责。尽管这一伦理标准只能部分适用，但由于开放道路测试是其交付使用之前的必然阶段，所以它仍然可以为如何应对从测试试验到全面应用这一过渡阶段提供指导。事实上，一旦达到特定阈值，向 CAVs 过渡将成为一种道德义务，以便于克服人类在安全方面的诸多不足(Nyholm & Smids，2018)。相应地，这就意味着，鉴于人类驾驶会给人类道路使用者带来诸多本可避免的不必要风险，它将被视为一种有悖伦理的行为(Sparrow & Howard，2017)，应在法律维度上予以禁止(Müller & Gogoll，2020)。如果能对人类驾驶车辆的安全性能与 CAVs 的安全性能进行信度比较，那么该标准不仅可以作为监督其向自动驾驶过渡的伦理准则，还可以作为一个关键的立足点，由此批判性地讨论那些急于将CAVs推向市场的其他社会力量的合理性（Borenstein et al.，2019）。如果考虑到其伦理意义，安全应该胜过其他一切不良动机，那么确保CAVs的引入是出于安全考虑而非其他因素，将成为我们权衡过程当中的重中之重。

总之，该论证表明，在关于自动驾驶的社会讨论当中，安全主要体现在两个不同的层面。一方面，根据汽车领域中的现有观点，安全是一项CAVs必须始终遵循的伦理价值。正如传统汽车一样，安全标准必须成为设计师与部署实施人员在研发社会技术交通系统过程中的指导方针，必须始终将安全作为核心目标。另一方面，值得注意的是，安全的内涵也变得愈加丰富。事实上，对于安全的要求已经发生由"量"向"质"的转型，自动驾驶甚至将安全作为其伦理正当性与可取性的主要凭证。人们认为，CAVs有望带来的安全改进将为整个自动驾驶领域赢得道德美名，因此，它理应得到更多的投资支持，从而进一步蓬勃发展。由此看来，将CAVs看作是创建更为安全的交通系统的主导力量的话语论述变成了一种实实在在的主张，即该行业应当获得更多的社会关注与社会资源。这一点是基于一个简单的伦理性事实：CAVs本身就是一种安全增强型技术。

尽管广为人知，但是安全性论证及其伦理含义仍然极具争议性。人们对其中的一些方面持怀疑态度，这些质疑无不针对其把自动驾驶与安全改进之间的关联处理得太过简单，而没有作出进一步的研判。

下面几个部分将厘清并讨论三个彼此相互关联的、对安全性论证预设构成挑战的问题。首先是关于规范性问题的分析。随着人们逐渐意识到自动驾驶的安全影响并不只是技术创新的副产品那么简单，将CAVs本身视为一种安全增强型伦理技术的观念自然也遭到了反对。相反，如果要实现这一安全性预期，就必须通过学术研究、技术革新、制度建设、政治呼吁、法律监管以及社会组织等多方行动，将其明确地确立为 CAVs 设计与应用的目标。其次，我们研究了认知层面的问题。在通过提供可靠数据来衡量 CAVs 相对于人工驾驶的安全优势方面，目前还存在着严重的认知难题。尽管比较这两种驾驶模式的安全数据的想法乍一看初具可行性，但二者之间的差异有时似乎并不显著。为了证实这种普遍性差异，一些人对于相关数据的质量提出了批评，这反过来又有助于阐明在收集真正与安全目的相关的数据时所存在的明显缺陷。鉴于这种与伦理标准相关的衡量方法对于引入 CAVs 的重要性，这一问题已成为道德层面最关心的问题。第三，我们针对风险相关的问题进行了探讨。在我们看来，社会对于自动驾驶伦理影响的理想化愿景有待商榷，因为他们只是看到了其积极的一面，却未能对 CAVs 可能引发的特定风险有所评估。正如其他任何技术一样，CAVs 本身也会带来安全责任问题，这一点不容忽视。对自动驾驶的安全评估不应当仅仅关注其对抗旧有安全威胁的潜力，还应该包括针对其可能带来的新型安全风险的深入分析。

上述考量因素不仅能为深入讨论 CAVs 安全难题建立坚实基础，还有助于提高人们将安全纳入自动驾驶当中所必须面临的诸多挑战方面的认识。讨论结果表明，通过自动驾驶保障与提升交通安全不能简单地委托于技术创新本身，必须将其作为一个社会目标来予以追求。CAVs 是否会成为一种安全增强型技术，完全取决于人类的抉择以及为之付出的诸多努力。

2.3 规范性问题

首先，让我们仔细审视一下其中的规范性问题。当安全性论证在社会技术层面遭到诘难时，自动驾驶与其安全优势的线性关联一时之间也充满了复杂性。从规范性角度来看，在某些情况下，一味追求安全可能会导致其与隐私权、自主性以及包容度等其他相关价值之间的冲突（Bergmann，2022），这种价值冲突对技术的伦理性应用构成了切实的威胁，如果低估了它们，那么很有可能就会引发我们不愿看到的伦理问题以及社会抵制。在技术设计与应用选择过程中，如何看待这些既相矛盾又相关联的伦理价值？如何有差异性地追求这些伦理价值？关于这些伦理价值与技术应用之间总理的讨论，必须要面对在多样性与多元条件下的多方面挑战，即在促进技术创新的同时，还要提升技术应用的伦理充分性、用户可接受性以及社会的信任。

如前所述，安全的价值在汽车领域可谓根深蒂固。几十年来，人们在践行这种安全价值方面已经做出了不懈努力。毫无疑问，安全在道路交通伦理的价值框架中具有不可或缺的功能与意义。然而，规范性问题使得本来毫无争议的安全问题变得错综复杂。在某些情况下，对于安全的追求可能会引发严重的价值冲突。

可以确定的是，相互竞争的价值之间的冲突具有可预见性。它们之间的紧张关系主要由两种原因造成。从内因来看，安全的可操作化尝试可能会带来与设想的安全概念不一致的结果，这就需要重新界定并进一步阐明安全概念本身。从外因来看，其他伦理价值同样也应予以关注和尊重。因此，我们有必要进一步探讨关于道路交通伦理更广泛的价值框架以及相互竞争的伦理价值给予之间的关系，以求证明某种优先决策的合理性，或对可能存在的不同伦理价值之间的压制或权衡约束严格的约束。然而，这些规范性难题的重要之处在于它们的解决与所谓的可靠性技术之间并无太大关联。事实上，它们之间存在一个共同之处。正如任何与技术相关的伦理价值一样，安全不能被完全归结为一种技术概念。相反，安全是一种哲学讨论与社会协商的结果。

首先，冲突的内在根源可以归为交通安全的复杂性。在提及交通时，这一概念本身的含义容易受到不同解读方式的影响。不同的道路使用者（如行人、骑自行车或摩托车的人、私家车用户、职业司机等等)对于什么是安全型交通往往有着不同的直觉性认识。此外，如果从系统层面或机构层面来看，这些单一类型的道路使用者对于安全概念的个人认识往往很成问题。

即便存在普遍认可的安全概念，它们也可能包含着相互矛盾的元素，彼此之间很难调和兼容。有些学者注意到(Dietrich & Weisswange，2019；Menon & Alexander，2020)，交通安全似乎普遍都从结果主义的视角来加以审视，即尽可能给最少的人带来最小的伤害。然而，人们对于这种做法褒贬不一。正如第 4 章和第 6 章所详细讨论的那样，结果主义中的交通安全概念可能会导致伤害在不同类型的道路使用者之间分配不公，许多人认为这种结果在伦理上难以接受。此类交通安全定义的内在失谐也会影响其操作性，特别是影响衡量与比较驾驶性能所需的量化参数设定。

除了内部阻碍，规范性问题还源于安全与道路交通伦理维度的其他价值之间的外部关系。如果只是一味追求安全目标，势必会对人类生活的其他价值层面产生负面影响(Himmelreich，2018)。借此，关于决定优先考虑哪种价值以及为何选择这种价值需要给出伦理性解释。相关伦理价值之间的诸多冲突与博弈将在本书的后续章节中予以详细介绍。然而，这里我们对其进行的简要概述将有助于澄清一点，即在规范层面上追求安全并非一个完美的选择。

其中，一个备受关注的价值冲突就体现在安全性与个人自主性的对立之上(Hancock，2019；Santoni de Sio，2021；Sparrow & Howard，2017)。如前所述，出于安全考虑，对于 CAVs 的伦理性应用限制了人类手动驾驶的自由。无论是基于法律规定还是伦理缘由，摒弃传统车辆似乎早已是道德标准的隐含内容，出于安全考虑，风险系数较高的交通方式将被抛弃，取而代之的是更为安全的备选方式。这对人类自由以及自我决策的影响不言自明：那些倾向于人工驾驶的人们，无论是出于何种原因(获得驾驶乐趣、操作方便、享受掌控感或是对创新技术的不信任)，都将无法继续根据个人喜好选择驾驶方式。也正因为这一标准与人们自身对于安全性与个人自主性的看法无关，因此在权衡哪种价值应该被系统优先考虑时，将会产生巨大的社会分歧。

价值冲突也可能或多或少地以直接的形式出现。事实上，在两种价值之间做出非此即彼的选择所产生的影响可能会导致问题进一步复杂化。这里，我们可以再思考一下安全性与个人自主性之间的冲突。假设自动驾驶对于安全的改善获得了社会的认可，认为其应用价值胜过对于驾驶乐趣的体验或直接驾驶的掌控感。这种情况下，CAVs的使用被法律强制实施（见第5章）。这代表了一种可能的价值权衡方案。然而，可能出现的结果是同样的价值权衡可能会以新的形式出现。出于安全考量，强制过渡到CAVs阶段可能使用户面临新形式的风险，这些风险与过去的人类驾驶无关而是源自自动驾驶。这些新形式的风险反过来可能会再次导致安全性与个人自主性之间的冲突。

下面，我们将以隐私风险为例来讨论相关问题。正如第3章中所讨论的那样，鉴于通过CAVs收集的数据可以直接获取或者间接推断出海量的个人信息，所以CAVs的使用很容易增加隐私侵犯的风险。然而，全方位的数据收集对于保证安全合规与安全升级尤为重要。例如，为了科学地评估事故发生的原因并预防事故再次发生，就需要收集各种信息（Stilgoe，2019）。此外，翔实的数据对于研发信息型驾驶模拟系统至关重要，这有助于提高交通安全（Cunneen et al.，2020；Dhar，2016）。因此，在平日常见的场景当中，CAVs用户可能会看到自身的隐私保护因为强行服务于安全目的而有所削弱，但又别无选择。尽管安全性与自主性之间的零和博弈或许可以通过技术或监管方案得以避免，但是价值权衡与保护身体完整性与个人隐私性等重要价值一样重要，如果低估了其伦理价值，那将大错特错。此外，侵犯隐私后续可能会对个人自主性构成更为严重的威胁。实现某种权衡的同时可能会伴随着在相同的价值之间导致新的对立。

此时此刻，我们面临着一个左右为难的社会决策问题，这从横向上反映了人们对于伦理与技术创新之间关系的反思。一方面，在没有征得用户明确同意的情况下，根据固化的伦理优先顺序单方面进行权衡，可能会轻易错过享受新技术潜在功用所带来的宝贵机遇。另一方面，通过对用户抑或民众进行调查来管理富有影响力的系统层的问题，可以掩饰其对机构决策的不信任，这种全民性调查可谓是一种达成真正的社会利益驱动型解决方案的最可靠途径。针对自动驾驶，如果一味坚持安全而不适当关注个人自主性与隐私性等相关价值，很可能会导致 CAVs 被弃之不用，这将使我们失去一个提高交通安全的绝佳机会。然而，在公众认可的基础之上调整伦理措施，可能会阻碍实现需要从机构（而非个人）视角来充分认识的既定社会目标（这与道路安全最大化的目标同等重要）。

在接下来的几年里，如何处理这些复杂问题将对自动驾驶的未来产生深远影响（Santoni de Sio，2021）。已经很清楚的是，安全与其他重要的社会价值之间的冲突需要被承认并予以认真讨论。总而言之，单纯地将 CAVs 视为安全增强型技术似乎太过理想化。这在很大程度上是因为其忽略了以下两个事实：第一，相关价值框架会影响人们对 CAVs 的认识；第二，社会协商在明确自动驾驶的安全内涵方面发挥着关键作用（Stilgoe，2019）。

2.4 认知问题

规范性问题并不是通往安全之路的唯一障碍。正如我们所见，如果不能阐明其主要概念特征，同样不利于在衡量车辆驾驶性能以及进行显著性性能比较方面为其设置所需的量化参数。安全性论证已经预设了我们需要提供高信度标准来评估不同驾驶模式的安全性。然而这种预设在现实考量中却难以令人满意。

ISO 26262 可以看作是最早围绕安全概念当中的认知难题进行探

讨的国际标准——该标准重点关注车辆安全问题。ISO 26262 将"安全"定义为"车辆当中不存在不合理的风险"（Johansson & Nilsson，2016）。乍一看，这一定义似乎毫无争议。然而，要将其转化为既适用于手动驾驶、又适用于自动驾驶的量化标准则并非易事。显而易见，这种定义只是针对不同驾驶模式中安全问题的宏观描述。在不同的驾驶情境中，区分合理风险与不合理风险的阈值可能会有所不同。此外，对于风险合理性的看法可能因文化特征、个人经历抑或行为态度而有差异。在自动驾驶情境中，CAVs 带来的哪些安全风险应该被认为是合理的，哪些是不合理的（Reschka，2016）？这一问题并没有明确的答案。事实证明，风险合理性是一个极不稳定的观测基础，而人们正要在此基础上为安全驾驶性能评估提供科学可靠的量化参数，这显然有待进一步考证。具体而言，当自动驾驶达到目前用于描述人工驾驶的安全阈值时，需要进一步制定高信度的测量方法以验证其风险大小。

此外，对于安全出行的定义也是一个颇具社会争议的问题。诚然，人工驾驶将为测量 CAVs 性能提供一个可靠的基础，这一论断不容忽视。然而，公众对于风险的认知可能与倾向制度化的测量方式大相径庭。普通民众可能会拒绝承认基于人工驾驶性能的安全阈值的重要性（Cohen et al.，2020；Kalra & Groves，2017；Stilgoe & Cummings，2020；Stilgoe，2021），而是认为自动驾驶的标准要求更高。此外，安全预期可能也会因"境"而异：那些在较差路况下驾驶低安全性车辆的人可能比那些在优质路况下驾驶高安全性车辆的人更愿意接受自动驾驶所带来的风险。因此，设定一个既能满足技术专家期望又能满足整个社会需求的安全阈值将是一个不容低估的挑战。

显然，这一问题还牵涉到对于风险合理性条件的详细说明。就自动驾驶而言，我们的任务包括确定其安全状态等。比如，能够在无须人为干预的情况下靠边停车并在非危险位置泊车的自动驾驶系统，可以说是已经通过编程达到了安全状态。然而，其实现前提是高水平的自动化已然胜券在握。自动驾驶当中更为常见的情形则是，安全状态只能通过将控制权交予操作员才能得以真正实现。然而，由于操作员自身心理或行为因素的限制会影响操作员的反应，因此这种交接操作也被视为自动驾驶当中最具危险性的一个维度（见第 5 章）。

　　因此，矛盾之处在于，交接操作既是一种安全措施，同样也是一种安全隐患。那么其合理性如何？虽然关注驾驶员自身的限制因素可能会带来不合理性风险，但我们认为驾驶员会意识到自身有责任监督特定自动驾驶车辆的运行，并在必要时进行控制。这将使得理解交接操作的后果具有可能性，其中的风险可以通过在合理的范围内正确地设计预防措施来应对。测量反应时间的参数或者针对操作员自动行驶过程当中的行为经验分析可以用来支持其中某一既定主张，但是很难得出定论。这表明，在自动驾驶背景下，可能很难确定风险的合理性。在如此微妙的背景下设定阈值不仅仅是一个技术性问题，认知性与规范性问题同样掺杂其中。因此，安全自动驾驶问题属于一个更广泛的社会技术层面的问题。

　　即使假设可以达成一个公认的关于风险合理性的定义，其他认知性问题同样值得关注。安全性论证的有效性取决于满足其所提出的高期望的实际能力。然而，该论证在本质上具有推测性（Cunneen et al.，2019；Goodall，2014b；Santoni de Sio，2021）：它建立在 CAVs 可能带来的潜在安全改进之上。事实上，目前还没有关于高度自动驾驶车辆在现实场景当中相关性能的全方位测量以及经验或观测证据，因此我们并不能确切无疑地证明 CAVs 技术在安全方面的预期（Hicks，2018）。所以，关键是要意识到如何参照人类的表现来科学地证明并测量 CAVs 的安全性。

　　当然这并非易事，而且会引起严重的认知问题。① 一些学者指

① 作为一种安全保证形式，测试也会遇到类似的问题："我们如何测试各种潜在的边缘性问题？自动驾驶汽车会像人类一样具有很强的适应力吗？我们应该如何避免技术开发人员'应试而教'？安全许可是本地化的，还是可移植到其他 ODDs？安全软件升级之后，原有认证是否仍然有效？"（Stilgoe，2021：642）。

出，在这些广为人知的安全阈值或测量标准的背后，隐藏着人们异想天开（例如，以自动驾驶在每英里发生事故的数量为衡量标准的认知（Cunneen et al.，2019；Noy et al.，2018；Santoni de Sio，2021）。正如斯蒂尔戈（Stilgoe）（2021）在讨论"数字反映安全"时指出的那样，这些衡量标准在数量和质量上都存在问题。

在数量方面，仅仅是在人类驾驶与自动驾驶之间进行实质性与科学合理性比较所需的里程数就可能令人望而却步。在不发生交通事故的情况数据下，自动驾驶车辆需要行驶多少英里才能与人工驾驶的统计数据进行有效的比较呢？例如，一份经常被引用的兰德公司的报告（Kalra & Paddock，2016）指出，参照人工驾驶每 1 亿英里的死亡率来证明 CAVs 的安全性，至少需要不少于 2.75 亿英里的无故障自动驾驶里程数据。然而，如果要想提供更为严格的证明，将需要 88 亿至 110 亿英里的无故障自动驾驶里程数据。事实上，除非得到广泛应用，否则自动驾驶的里程数据不可能很快就达到类似阈值。这促使兰德公司的专家鼓励研发"替代方法，作为现实世界测试的补充，以便评估自动驾驶汽车的安全性，制定适当的政策法规"（Kalra & Paddock，2016：11；另见 Blumenthal & Fraade-Blanar，2020）。更有甚者声称，为 CAVs 的应用制定过于严苛的安全标准可能会适得其反。的确，这可能会推迟我们在事故规避方面可以享受到的有限但切实可见的好处。换言之，这种过于苛刻的完美标准很可能会造成一种"求全则毁"的局面（Kalra & Groves，2017；另见 Hansson，2021）。

在质量方面，必须就如何把控特定 CAVs 安全测量当中的所有相关方面达成共识。例如，人们可能想知道其他事件（如侥幸脱险事件）是否应该包含在所需跟踪的数据当中，以及如何将其包含其中。此外，有人提出，测量方式应该对 CAVs 在安全测试期间的不同驾驶条件保持敏锐感知。的确，"并非所有的行程都别无二致"（Stilgoe，2021：639）。例如，我们需要考虑路况的差异（城市街道、州际公路、高速公路）及其安全特征。我们还需要考虑不同的天气条件（晴天、雨天、雪天、炎热或寒冷的天气)或交通条件带来的挑战。正如诺伊(Noy)等人(2018：71)所指出的那样,基于特定里程内事故发生数量的安全比较很可能偏向于CAVs,毕竟CAVs"始终有一到两名训练有素的测试驾驶员进行密切监督"且"仅在理想条件下以自动模式驾驶",甚至还有"非常明显的标识用来提醒其他道路使用者"。除非针对上述情形以及其他可能情况进行详细说明,并将其与人工驾驶统计数据进行仔细比较,否则仅仅提供特定里程内事故发生数量的信息几乎毫无意义。

很多人认为CAVs对安全的改进有数据支撑,但实际上这些数据在"质"的"量"建立在数据收集的基础上,因此,缺陷,这表明,人们对于助力实现安全预期的社会因素知之甚少(Stilgoe,2021;Wachenfeld & Winner,2016)。针对自动驾驶安全性的积极影响的可靠性预测上存在,数据收集是一项重要的任务CAVs。多数人理所当然地认为CAVs将使道路交通变得更加安全,这种简单粗暴的认知偏向问题需要予以充分关注。

2.5　新型安全风险：网络安全及其他

除了规范性与认知性问题,安全性论证还必须应付那些针对其他相关风险的另一假设的反驳。[①] 这一论点显然是基于这样一个假设：鉴于CAVs可以避免人为过失,因此它们将比传统汽车更加安全。理论上讲,人为过失的消除足以证明自动驾驶是一种安全增强型创新。人们认为,自动驾驶通过夺取人类手中的驾驶权,并以一己之力消灭造成安全风险的罪魁祸首,这将为交通行业带来天翻地覆

---

① 哲学家们已经对风险概念的理论、认识论与伦理意义进行了广泛研究,例如,可参见汉松(Hansson)(2013)和勒译(Roeser)等人(2012)的文章。正如本章以下内容(以及第4章)所示,从风险角度来界定CAVs的伦理问题在社会讨论中越来越普遍。进一步探索技术风险的哲学伦理与自动驾驶案例之间的联系,可能会为本书当中讨论的许多问题提供一个全新的视角。

的变化。

尽管安全性论证所使用的计算方式非常直观,但在我看来,它在很大程度上顾此失彼。它似乎只关注到自动驾驶可以消除一些已有风险,但却没能注意到随之而来的新型潜在风险。然而,我们对于CAVs的安全性预期不应仅仅停留在其可以帮助我们规避的风险等级之上。在得出任何最终结果之前,还应适当考虑自动驾驶可能带来的潜在安全风险。

即便我们假设与人类弱点相关的传统安全风险全部都被考虑在内并且予以充分解决,同任何一项技术一样,CAVs 还会引入自身的风险(Menon & Alexander, 2020;Noy et al., 2018;Schäffner, 2021;Winkle, 2016)。在我看来,如果只能看到 CAVs 所带来的种种好处,那就太过天真,甚至渎职失责。事实上,用于化解人为过失的技术本身并非没有关键性安全漏洞。要想对自动驾驶可能产生的安全影响进行深入的分析,就必须确保与道路使用者身体完整性相关的新型风险来源也被充分考虑在内。这样一来,鉴于存在事先预测、个性化识别、具体化明晰以及尽可能处理 CAVs 提出的潜在风险等多种需求,风险评估与风险管理就成了洞悉自动驾驶安全前景的必由之路(Cunneen et al., 2019;Goodall, 2016)。总而言之,类似的评估要求我们需要对 CAVs 在道路安全方面的作用形成更加深入的认识。

事实上,与 CAVs 的社会应用相伴相生的诸多安全风险极有可能源自那些为自动驾驶赋能的相关技术的内部特征。例如,相关软硬件因素存在的某些漏洞的确可能会造成严重的安全威胁。此外,新的安全风险情形也可能源自系统与用户之间的互动,二者的不相协调可能会造成不堪设想的后果。为了充分认识 CAVs 上路所带来的新风险的严重性与复杂性,让我们一起深入研究这个问题,并讨论一下其中一些新的潜在风险因素。这里,我们先从可能是自动驾驶应用带来的最麻烦的新安全风险源开始:CAVs 被黑客入侵以及被外部控制的风险。

在自动驾驶上路所带来的所有新型安全风险中，网络安全威胁可能是最为显眼、最让人忧心的问题。可以说，网络安全为我们提供了一个特别恰当的风险因素示例。在过去，该风险因素似乎与驾驶实践毫无关联，但在自动驾驶中则需要立即引起注意，因此，网络安全威胁很快被认为是自动驾驶应用的一个重大障碍。要想安全地研发与应用CAVs，对网络安全威胁的管理至关重要。

正如任何其他计算设备一样，CAVs本质上很容易遭到黑客入侵（Eugensson et al.，2014）。作为一个复杂系统，或者更确切地说，系统的系统，CAVs本质上存在很多漏洞。当被恶意利用时，攻击者可以控制车辆操作，比如进行制动、转向、超速、通信等。此外，系统漏洞可能会导致难以想象的潜在灾难性攻击——从窃取或篡改数据到数据劫持、控制车辆、造成大规模交通中断，以及将CAVs变成恐怖袭击的武器等等（Banerjee，2021；Collingwood，2017；Hansson et al.，2021；Karnouskos & Kerschbaum，2018；Lim & Taeihagh，2018；Taeihagh & Lim，2019）。此类事件将对整个社会构成重大威胁，并会严重影响公众对CAVs的信任度与接受度（Liu et al.，2020；Nikitas et al.，2019）。正如卡特拉扎卡斯（Katrazakas）等人所总结的那样（2020：75），网络安全需要"限制安全漏洞或软件、传感器、网络故障的信息物理影响，并确保数字或通信网络用户的安全与隐私"。

考虑到安全与隐私（这是CAVs领域需要考虑的两种主要价值）面临的种种挑战，网络安全中显然蕴含着伦理意义，因此几乎没有必要强调其重要性或阐明其与自动驾驶相关的道德特征。① 实际上，识别、预防以及减轻网络安全风险的重要性已然得到了广泛认可。此外，相关学者已经发现，鲁棒性、适应性、（信息）保密性、完整性以及可用性等重要网络安全价值同样适用于CAVs，因而可为构建共享型

---

① 关于网络安全伦理的总体概述，参见克里斯滕（Christen）等人（2020）的文章。

规范框架提供关键性参考（Karnouskos & Kerschbaum，2018；Le et al.，2018；Lim & Taeihagh，2018）。因此，相关讨论主要集中在风险识别与风险管理策略，以便更好地预防风险或减轻负面结果。

就风险分析而言，考虑到CAVs可能受到黑客攻击的各种场景与方式，一些学者针对相关技术的分类、相关漏洞、攻击类型以及安全影响的量化进行了系统研究（Aliwa et al.，2021；Deng et al.，2020；Kim et al.，2021；Le et al.，2018；Lim et al.，2018；Petit & Shladover，2015；Rizvi et al.，2017）。通过编码进行攻击以及通过发射干扰信号恶意篡改传感器功能进行攻击是其中讨论最多的案例。此外，他们还间或讨论了预期功能与其网络安全风险之间的权衡问题。例如，允许执法部门或租车车主远程访问或控制CAVs操作可能会为实现特定目的提供便利，但会增加漏洞风险（Lin，2015）。类似地，数据收集、系统连接以及信息娱乐系统本应提高CAVs的可操作性与可接受度，但实际上，它们同时也极大增加了外部入侵风险，可能导致数据劫持或远程控制。

针对自动驾驶与环境的交互的攻击手段尽管少有提及，但同样重要。在不通过编码进行黑客攻击或发射干扰信号的情况下，仅仅通过操纵自动驾驶系统与环境之间的交互因素或"玩弄"系统的方式就可能会使系统责任或行为模式轻易为人所用（Lin，2015）。例如，环境因素可能会被篡改以迷惑CAVs传感器；交通标志也可能会被恶意修改，进而弱化图像识别算法的作用，并引发安全隐患。同样，数字地图上的交通信息也可能会被操纵，从而影响路线规划算法或导致车辆出现不安全行为。此外，一旦障碍规避算法或轨迹规划算法背后的逻辑被不法分子掌握，他们可能会利用CAVs的行为模式有预谋地影响车辆运行，从而将乘客或其他道路使用者置于危险境地。

在风险管理方面，其主要目标是对CAVs进行编程，使网络安全攻击能够立即得到个性化的安全处理（Le et al.，2018）。对策研究大多是基于安全设计方法的技术解决方案，如通信加密、强身份验证、信息访问控制以及基于数据监测分析的自动威胁预测等（Katrazakas et al.，2020）。在更大的组织与社会层面上，推荐性行动方案包括：制定指导方针、新的行业标准，以及法律法规、寻求最佳实践方法、支持培育企业社会责任以及开展公共教育（Liu et al.，2020）。

尽管 CAVs 面临众多安全风险，但可以说，仅网络安全风险就足以让人质疑安全性论证所依据的假设的合理性。这类新型安全风险在过去的人工驾驶当中只是隐约可见，现如今却对交通安全构成了显性威胁，因而需要加以妥善处理。然而，与 CAVs 相关的新型安全风险不仅限于网络安全方面的问题。鉴于 CAVs 不仅是个人车辆，而且是一种与其他 CAVs、其他道路使用者以及基础设施相交互的系统（Borenstein et al.，2019，2020），所遭遇的新型安全风险将受的种因素影响。从这个意义上讲，技术漏洞以及交互问题也只是其关注的所有物理伤害来源的代表。

从技术层面上看，与 CAVs 一样先进的系统问题复杂性往往会引发技术缺陷与故障（Mariani，2018）。同样，系统本身的局限性与不透明性也有可能会对行人以及其他道路使用者构成安全威胁。当然，具有挑战性的处境，如不利的环境条件、不可预见抑或进退两难的情况（见第 3 章）所带来的安全威胁也必须加以考虑。此外，貌似合理的编程选择也可能导致安全风险。例如，如果将 CAVs 编程为在任何情况下都严格遵守所有交通规则，那么就可能会产生人类驾驶员无法预测或理解的反常行为反应，从而导致危险情况发生。此外，在基于自由市场的社会中，CAVs 模型的多样性可能会带来双向操作性问题，比如，存在竞争关系的公司在设计选择上的差异很有可能会导致交互或通信问题。

在人机交互中，也出现了一些安全风险。其中，与接管操作相关的问题研究大行其道，突出了在不同驾驶模式之间进行安全过渡所面临的诸多挑战（Morales-Alvarez et al.，2020）。同样，失去适时监督与干预所必备的驾驶技能也可能会增加安全风险（Nikitas et al.，2019）。此外，混合交通场景（即，道路由人类驾驶汽车与各式自动驾驶汽车所共享的交通状况也充满了新风险必须予以考虑，的确，兼容性问题势必会浮出水面（van Loons & Martens，2015）。正如在严格遵守交通规则的案例中，自动驾驶的独特风格可能会使人类驾驶员难以充分理解 CAVs 的行为、难以预测接下来的交通状况并做出相应的反应。直观上看，这个问题可以通过以人类驾驶为蓝本的驾驶算法编程来解决。这样一来，CAVs 的行为方式将会更趋常规化，这将大大提高混合式道路交通的安全性。然而，这也意味着我们将放弃自动驾驶在提升交通效率方面的优势——据说交通效率的提升会在缓解心理压力、减少时间浪费以及保护环境的可持续性等方面产生切实的好处。

系统行为的非常规性并非是其中唯一的问题，人类行为也是如此（Brooks，2017）。那些惯常性人类行为（例如我们对于非正式交通规则和文化敏感性手势的依赖）可能很难为 CAVs 所理解（Färber，2016）。其他道路使用者不可预测的或不守常规的行为同样可能会引发系统的意外反应，进而构成全新的风险场景（Nyholm & Smids，2018）。此外，对于系统安全能力的过度自信可能会导致难以预测的反噬作用（Loh & Misselhorn，2019）以及危险行为。比如，用户可能会解开安全带来肆意享受自动驾驶带来的所谓"自由"；其他道路使用者可能故意在 CAVs 附近做出危险行为——因为他们认定 CAVs 无论在任何情况下都会采取可靠的安全措施（Hansson et al.，2021；Millard-Ball，2018；Sparrow & Howard，2017；Taeihagh & Lim，2019；van Loons & Martens，2015）。下面，我举个具体的例子——当行人知道驾驶系统的配备是为了将他们被撞的风险降到最低时，他们可能会过度维护自己的通行权，或是毫无顾忌地在马路间穿行，这实际上仍然颇具风险，而且还会扰乱交通秩序。从公共健康的角度来看，风险通常体现在——CAVs 大大降低了人们积极选择更为健康的出行方式（比如走路或骑行）的概率，这将加剧已经普遍存在的久坐的生活方式，导致肥胖、糖尿病、心血管和呼吸系统疾病等一系列非传染性疾病（Crayton & Meier，2017；Singleton et al.，2020）。除此之外，作为技术创新的"未知数"部分，很多风险即便并非完全不可能，但也很难预测。在提及未来风险时，严重的不确定性是一个必然因素（Stilgoe，2021），因此我们应当呼吁人们不要将创新技术简单地等同为安全增强型技术，而是应当谨慎行事。

为了应对如此纷繁复杂的风险，工程学与伦理学必须合作开发全新的策略与方法，以支持 CAVs 的安全发展。各种安全设计解决方案——从冗余设计、故障保险系统、自动应急处理系统，到监控乘客安全、互操作性与安全标准，以及针对未来使用与误用的预测（Borenstein et al.，2019；Reschka，2016）——目前都正处于评估之中。此外，学界还提出了将安全融入整个 CAVs 设计过程的方法（Menon & Alexander，2020；Thornton et al.，2017）。然而，正如斯蒂尔戈（2021）所指出的那样，若想弥合对 CAV 技术的安全性预期与实现预期的可用资源之间的差距，仍有许多工作要做。这是因为促使 CAVs 应用的技术创新与法律框架越丰富，需要关注与解决的安全问题自然也就越多。总而言之，对于自动驾驶的未来而言，妥善处理这些安全问题至关重要。

2.6　自动驾驶与人类作为

通过前文中对安全性论证的批判性研究，可以得出以下结论：将自动驾驶本身视为一种伦理创新不仅是片面的，而且也极其危险。首先，其片面之处在于，它歪曲了技术创新在追求伦理价值方面可能发挥的作用。实际上，我们不能指望技术能为我们实现伦理目标，因为技术的道德价值完全取决于人类的能动性。同样，将 CAVs 视为一种具有伦理性的技术也很危险，因为这种想法掩盖了其中对人类参与、人类责任以及人类作为的本质需要。可以说，关于自动驾驶中安全问题的讨论有助于我们意识到我们不能委托人工代理来代表我们人类解决伦理问题。相反，与人工代理相关的复杂问题凸显了人类的道德能动性。归根结底，人工代理的作用取决于所有利益相关方的伦理意识与相关预期。

安全性论证简单化了自动驾驶可能产生的影响，促使人们将CAVs视为一种安全增强型技术，进而将其看作是一种在伦理维度上是值得推荐的技术。其主要逻辑在于，每年大量的交通事故都是由人为过失造成的，这可以通过自动驾驶技术得以规避。然而，其逻辑谬误在于它并未引入相应的风险因素。总而言之，这种论证表明，自动驾驶本身（即其本质）有利于道路安全。

这种乐观性看法掩盖了自动驾驶以及人工代理中两个关键性伦理维度。首先，就像其他类型的人工代理一样，CAVs将被置入极其复杂的社会技术系统中进行考量，因此对其伦理影响的片面描述似乎并不合理（如果不是居心叵测的话）。出于责任感，我们需要深入研究，需要跨越的技术障碍、远离的思维陷阱以及存在的风险，继而来谨慎看待对其未来前景的直觉性认知——相关研究。总而言之，对于创新技术采取批判性态度有利于使潜在问题得到关注并采取相应对策。其次，伦理判断往往只是错误地与技术本身联系在一起。像CAVs这样的人工代理并不会因其特殊性就将我们所关心的价值纳入其中。人工代理能够调节伦理价值，但这并不意味着技术创新会带来心随我愿的精准价值。为了实现这一目标，即创造出社会认可的伦理价值调节技术，所有利益相关方需要明确地将其作为一个社会目标来践行（Cohen et al.，2020）。将CAVs视为安全增强型技术可能会陷入这样的谬论之中——无论我们做什么，道路安全始终会因技术创新而得到改善。实际上，事实并非如此，我们的作为才最重要。

事实上，对这一问题的进一步分析表明，自动驾驶的安全性预期不仅存在理念与现实的鸿沟，甚至难以用语言清晰界定。交通安全的价值错综复杂，有必要对其予以进一步研究，从而确定其与其他竞争性价值之间的关系。同样，CAVs 的安全性能几乎难以界定抑或量化，也难与人类的驾驶表现进行有意义的比较。此外，那些新型风险因素必须予以仔细识别并有所讨论，从便能全面了解 CAVs 上路时的道路安全情况。所有这些努力对于自动驾驶背景下充分并可行地界定道路安全价值尤为关键。

价值的可行性操作是提供足够安全的未来交通系统可靠性指南、法律法规以及技术实践的必由之路。即使风险与不确定性无法估量，自动驾驶确定可能改变道路安全。识别并阐明这项技术所必须面临的安全挑战并不等同于对其全盘否定。相反，当我们以负责任的方式追寻自动驾驶在安全方面的美好前景时，这种意识至关重要。

驾驶行为通过技术模仿进行转型所带来的新型风险在很多方面影响了道路交通的伦理规范，其中最为典型的就是网络安全漏洞问题，这表明我们需要考虑自动驾驶所带来的直接的安全威胁。然而，其实问题远远超出了交通安全的范畴。其他宝贵的社会共享性伦理价值也可能由于其向互联型自动化交通形式的过渡而遭遇严峻的挑战。在我看来，对自动驾驶潜在的伦理影响的道德反思必须摸清这种转变的脉搏。为了阐明为什么自动驾驶必然会引发价值争论，下一章我们将把注意力集中在道路隐私上。

参考文献

Aliwa，E.，Rana，O.，Perera，C.，& Burnap，P.（2021）. Cyberattacks and countermeasures for invehicle networks. *ACM Computing Surveys*，54(1)，21，1 - 37. https://doi.org/10.1145/3431233.

Arkin，R. C.（2016）. Ethics and autonomous systems: Perils and promises. *Proceedings of the IEEE*，104(10)，1779 - 1781. https://doi.org/10.1109/JPROC.2016.2601162.

Banerjee，S.（2021）. Autonomous vehicles: A review of the ethical, social and economic implications of the AI revolution. *International Journal of Intelligent Unmanned Systems*, 9(4), 302 - 312. https://doi.org/10.1108/IJIUS - 07 - 2020 - 0027.

Bonnefon, J.-F., Shariff, A., & Rahwan, I. (2015). Autonomous vehicles need experimental ethics: Are we ready for utilitarian cars? ArXiv abs/1510. 03346. https://arxiv.org/pdf/1510.03346v1.pdf.

Belin, M.-Å., Tillgren, P., & Vedung, E. (2012). Vision zero — A road safety policy innovation. International *Journal of Injury Control and Safety Promotion*, 19 (2), 171 - 179. https://doi.org/10.1080/17457300. 2011.635213.

Bellet, T., Cunneen, M., Mullins, M., Murphy, F., Pütz, F., Spickermann, F., Braendle, C., & Baumann, M. F. (2019). From semi to fully autonomous vehicles: New emerging risks and ethico-legal challenges for human-machine interactions. *Transportation Research Part F: Traffic Psychology and Behaviour*, 63, 153 - 164. https://doi.org/10.1016/j.trf. 2019.04.004.

Bergmann, L.T. (2022). Ethical issues in automated driving — Opportunities, dangers, and obligations. In A. Riener, M. Jeon, & I. Alvarez (Eds.), *User experience design in the era of automated driving. Studies in Computational Intelligence* (Vol. 980, pp.99 - 121). Springer. https://doi. org/10.1007/978 - 3 - 030 - 77726 - 5_5.

Blumenthal, M.S., & Fraade-Blanar, L. (2020). Can automated vehicles prove themselves to be safe? *Issues in Science and Technology*, 36(4), 71 - 80. https://www.jstor.org/stable/26949169.

Borenstein, J., Herkert, J. R., & Miller, K. W. (2019). Self-driving cars and engineering ethics: The need for a system level analysis. *Science and Engineering Ethics*, 25, 383 - 398. https://doi.org/10.1007/s11948 - 017 - 0006 - 0.

Borenstein, J., Herkert, J.R., & Miller, K. (2020). Autonomous vehicles and the ethical tension between occupant and non-occupant safety. *Journal of Sociotechnical Critique*, 1(1), 1 - 14. https:// doi.org/10.25779/5g55 - hw09.

Brooks, R. (2017). The big problem with self driving cars is people. And we'll go out of our way to make the problem worse. *IEEE Spectrum*. https:// www.cs.dartmouth.edu/~ccpalmer/teaching/ cs55/Resources/Reading/ The% 20Big% 20Problem% 20With% 20Self-Driving% 20Cars% 20Is% 20People% 20 -% 20IEEE% 20Spectrum.pdf.

Christen, M., Gordijn, B., & Loi, M. (2020). *The Ethics of Cybersecurity.*

Springer. https://doi.org/10.1007/978 - 3 - 030 - 29053 - 5.

Cohen, T., Stilgoe, J., Stares, S., Akyelken, N., Cavoli, C., Day, J., Dickinson, J., Fors, V., Hopkins, D., Lyons, G., Marres, N., Newman, J., Reardon, L., Sipe, N., Tennant, C., Wadud, Z., & Wigley, E. (2020). A constructive role for social science in the development of automated vehicles. *Transportation Research Interdisciplinary Perspectives*, 6, 100133. https://doi.org/10.1016/j.trip. 2020.100133.

Collingwood, L. (2017). Privacy implications and liability issues of autonomous vehicles. *Information & Communications Technology Law*, 26(1), 32 - 45. https://doi.org/10.1080/13600834.2017. 1269871.

Crayton, T. J., & Meier, B. M. (2017). Autonomous vehicles: Developing a public health research agenda to frame the future of transportation policy. *Journal of Transport & Health*, 6, 245 - 252. https://doi.org/10.1016/j. jth.2017.04.004.

Cunneen, M., Mullins, M., & Murphy, F. (2019). Autonomous vehicles and embedded artificial intelligence: The challenges of framing machine driving decisions. *Applied Artificial Intelligence*, 33(8), 706 - 731. https://doi. org/10.1080/08839514.2019.1600301.

Cunneen, M., Mullins, M., Murphy, F., Shannon, D., Furxhi, I., & Ryan, C. (2020). Autonomous vehicles and avoiding the trolley (dilemma): Vehicle perception, classification, and the challenges of framing decision ethics. *Cybernetics and Systems*, 51(1), 59 - 80. https://doi.org/10. 1080/019 69722.2019.1660541.

Deng, Y., Zheng, X., Zhang, T., Chen, C., Lou, G., & Kim, M. (2020). An analysis of adversarial attacks and defenses on autonomous driving models. In *2020 IEEE International Conference on Pervasive Computing and Communications (PerCom)* (pp.1 - 10). IEEE. https://doi.org/10. 48550/ arXiv.2002.02175.

Dietrich, M., & Weisswange, T. H. (2019). Distributive justice as an ethical principle for autonomous vehicle behavior beyond hazard scenarios. *Ethics of Information Technology*, 21, 227 - 239. https:// doi.org/10.1007/s10676 - 019 - 09504 - 3.

Dhar, V. (2016). Equity, safety, and privacy in the autonomous vehicle era. *IEEE Computer*, 49(11), 80 - 83. https://doi.org/10.1109/MC.2016.326.

Elvik, R., Hoya, A., Vaa, T., & Sorensen, M. (2009). *The handbook of road safety measures* (2nd ed.). Emerald Group Publishing.

Eugensson, A., Brännström, M., Frasher, D., Rothoff, M., Solyom, S., & Robertsson, A. (2014). Environmental, safety, legal and societal implications of autonomous driving systems. In *23rd International Technical Conference on the Enhanced Safety of Vehicles（ESV）: Research Collaboration to Benefit Safety of All Road Users 13 - 0467*（pp. 1 - 15）. http://www-esv.nhtsa.dot.gov/ Proceedings/23/isv7/main.htm.

Färber, B.（2016）. Communication and communication problems between autonomous vehicles and human drivers. In M. Maurer, J. Gerdes, B. Lenz, & H. Winner（Eds.）, *Autonomous driving*（pp. 125 - 144）. Springer. https://doi.org/10.1007/978 - 3 - 662 - 48847 - 8_7.

Fleetwood, J.（2017）. Public health, ethics, and autonomous vehicles. *American Journal of Public Health*, 107, 532 - 537. https://doi.org/10.2105/AJPH. 2016.303628.

Gogoll, J., & Müller, J. F.（2017）. Autonomous cars: In favor of a mandatory ethics setting. *Science and Engineering Ethics*, 23, 681 - 700. https://doi. org/10.1007/s11948 - 016 - 9806 - x.

Goodall, N. J.（2014a）. Ethical decision making during automated vehicle crashes. *Transportation Research Record*, 2424（1）, 58 - 65. https://doi. org/10.3141/2424 - 07.

Goodall, N.J.（2014b）. Machine ethics and automated vehicles. In G. Meyer & S. Beiker（Eds.）, Road vehicle automation. *Lecture Notes in Mobility*（pp. 93 - 102）. Springer. https://doi.org/10. 1007/978 - 3 - 319 - 05990 - 7_9.

Goodall, N.J.（2016）. Away from trolley problems and toward risk management. *Applied Artificial Intelligence*, 30（8）, 810 - 821. https://doi.org/10. 1080/08839514.2016.1229922.

Gurney, J.K.（2016）. Crashing into the unknown: An examination of crash-optimization algorithms through the two lanes of ethics and law. *Albany Law Review*, 79（1）, 183 - 267. http://www. albany lawreview. org/ Articles/vol79_1/183%20Gurney%20Production.pdf.

Hancock, P. A.（2019）. Some pitfalls in the promises of automated and autonomous vehicles. *Ergonomics*, 62（4）, 479 - 495. https://doi.org/10. 1080/00140139.2018.1498136.

Hansson, S.O.（2013）. *The ethics of risk. Ethical analysis in an uncertain world*. Palgrave Macmillan. https://doi.org/10.1057/9781137333650.

Hansson, S. O., Belin, M. Å., & Lundgren, B.（2021）. Self-driving vehicles — An ethical overview. *Philosophy of Technology*, 34, 1383 - 1408. https:// doi.org/10.1007/s13347 - 021 - 00464 - 5.

Hevelke, A., & Nida-Rümelin, J.（2015）. Responsibility for crashes of autonomous vehicles: An ethical analysis. *Science and Engineering Ethics*, 21, 619 - 630. https://doi.org/10.1007/s11948014 - 9565 - 5.

Hicks, D. J. (2018). The safety of autonomous vehicles: Lessons from philosophy of science. *IEEE Technology and Society Magazine*, 37 (1), 62 – 69. https://doi.org/10.1109/MTS.2018.2795123.

Himmelreich, J. (2018). Never mind the trolley: The ethics of autonomous vehicles in mundane situations. *Ethical Theory and Moral Practice*, 21, 669 – 684. https://doi.org/10.1007/s10677 – 0189896 – 4.

Johansson, R., & Nilsson, J. (2016). Disarming the trolley problem — Why self-driving cars do not need to choose whom to kill. In *Workshop CARS 2016 — Critical Automotive Applications: Robustness & Safety*, September 2016, Göteborg (hal-01375606). https://hal.archives-ouvertes.fr/hal – 01375606.

Kalra, N., & Groves, D. G. (2017). *The enemy of good: Estimating the cost of waiting for nearly perfect automated vehicles*. RAND Corporation. https://www.rand.org/pubs/research_reports/ RR2150.html.

Kalra, N., & Paddock, S. M. (2016). *Driving to safety. How many miles of driving would it take to demonstrate autonomous vehicle reliability?* RAND Corporation. https://www. rand. org/content/dam/rand/pubs/research _ reports/RR1400/RR1478/RAND_RR1478.pdf.

Karnouskos, S., & Kerschbaum, F. (2018). Privacy and integrity considerations in hyperconnected autonomousvehicles. *Proceedings of the IEEE*, 106(1), 160 – 170. https://doi.org/10.1109/JPROC. 2017.2725339.

Katrakazas, C., Theofilatos, A., Papastefanatos, G., Härri, J., & Antoniou, C. (2020). Cyber security and its impact on CAV safety: Overview, policy needs and challenges. In D. Milakis, N. Thomopoulos, & B. van Wee (Eds.), *Advances in transport policy and planning* (pp.73 – 94). Academic Press. https://doi.org/10.1016/bs.atpp.2020.05.001.

Kim, K., Kim, J.-S., Jeong, S., Park, J.-H., & Kim, H. K. (2021). Cybersecurity for autonomous vehicles: Review of attacks and defense. *Computers & Security*, 103(102150), 1 – 27. https://doi. org/10.1016/j. cose.2020.102150.

Le, V. H., den Hartog, J., & Zannone, N. (2018). Security and privacy for innovative automotive applications: A survey. *Computer Communications*, 132, 17 – 41. https://doi.org/10.1016/j.com com.2018.09.010.

Lim, B. S., Keoh, S. L., & Thing, V. L. (2018). Autonomous vehicle ultrasonic sensor vulnerability and impact assessment. In *IEEE World Forum on Internet of Things (WF-IoT)* (pp.231 – 236). IEEE. https://doi.org/10. 1109/WF-IoT.2018.8355132.

Lim, H. S. M., & Taeihagh, A. (2018). Autonomous vehicles for smart and sustainable cities: An in-depth exploration of privacy and cybersecurity implications. *Energies*, 11(5), 1062. https://doi.org/10.3390/en11051062.

Lin, P. (2015). Why ethics matters for autonomous cars. In M. Maurer, J. Gerdes, B. Lenz, & H. Winner (Eds.), *Autonomes Fahren* (pp. 69 – 85). Springer. https://doi.org/10.1007/978 – 3 – 662 – 458 54 – 9_4.

Liu, N., Nikitas, A., & Parkinson, S. (2020). Exploring expert perceptions about the cyber security and privacy of connected and autonomous vehicles: A thematic analysis approach. *Transportation Research Part F: Traffic Psychology and Behaviour*, 75, 66 – 86. https://doi.org/10.1016/j.trf. 2020.09.019.

Loh, W., & Misselhorn, C. (2019). Autonomous driving and perverse incentives. *Philosophy of Technology*, 32, 575 – 590. https://doi.org/10. 1007/s13347 – 018 – 0322 – 6.

Mariani, R. (2018). An overview of autonomous vehicles safety. In *2018 IEEE International Reliability Physics Symposium* (IRPS) (6A.1 – 1 – 6A.1 – 6). IEEE. https://doi.org/10.1109/IRPS.2018.8353618.

Menon, C., & Alexander, R. (2020). A safety-case approach to the ethics of autonomous vehicles. *Safety and Reliability*, 39(1), 33 – 58. https://doi. org/10.1080/09617353.2019.1697918.

Millard-Ball, A. (2018). Pedestrians, autonomous vehicles, and cities. *Journal of Planning Education and Research*, 38(1), 6 – 12. https://doi.org/10. 1177/0739456X16675674.

Morales-Alvarez, W., Sipele, O., Léberon, R., Tadjine, H. H., & Olaverri-Monreal, C. (2020). Automated driving: A literature review of the takeover request in conditional automation. *Electronics*, 9(12), 2087. https://doi. org/10.3390/electronics91220.

Müller, J. F., & Gogoll, J. (2020). Should manual driving be (eventually) outlawed? Science and *Engineering Ethics*, 26, 1549 – 1567. https://doi. org/10.1007/s11948 – 020 – 00190 – 9.

Nikitas, A., Tchouamou Njoya, E., & Dani, S. (2019). Examining the myths of connected and autonomous vehicles: Analysing the pathway to a driverless mobility paradigm. *International Journal of Automotive Technology and Management*, 19(1 – 2), 10 – 30. https://doi.org/10.1504/ IJATM. 2019.098513.

Noy, I.Y., Shinar, D., & Horrey, W.J. (2018). Automated driving: Safety blind spots. *Safety Science*, 102, 68 – 78. https://doi.org/10.1016/j.ssci. 2017.07.018.

Nyholm, S. (2018). The ethics of crashes with self-driving cars: A roadmap I.

Philosophy Compass，13（7），［e12507］．https：//doi. org/10. 1111/phc3.12507.

Nyholm, S., & Smids, J.（2018）．Automated cars meet human drivers： Responsible human-robot coordination and the ethics of mixed traffic. *Ethics and Information Technology*，22，335 – 344. https：//doi. org/10. 1007/s10676 – 018 – 9445 – 9.

OECD — Organization for Economic Co-operation and Development.（2008）． *Towards zero. Ambitious road safety targets and the safe system approach.* International Transport Forum. https：// doi.org/10.1787/9789282101964 – en.

Petit, J., & Shladover, S. E.（2015）．Potential cyberattacks on automated vehicles. *IEEE Transactions on Intelligent Transportation Systems*，16(2)， 546 – 556. https：//doi.org/10.1109/TITS.2014.234 2271.

Reschka, A.（2016）．Safety concept for autonomous vehicles. In M. Maurer, J. Gerdes, B. Lenz, & H., Winner（Eds.），*Autonomous driving*（pp. 473 – 496）. Springer. https：//doi.org/10.1007/978 – 3662 – 48847 – 8_23.

Rizvi, S., Willet, J., Perino, D., Marasco, S., & Condo, C.（2017）．A threat to vehicular cyber security and the urgency for correction. *Procedia Computer Science*，114，100 – 105. https：//doi. org/10.1016/j.procs.2017. 09.021.

Roeser, S., Hillerbrand, R., Sandin, P., & Peterson, M.（Eds.）.（2012）． *Handbook of risk theory. Epistemology, decision theory, ethics, and social implications of risks*. Springer. https：//doi.org/10.1007/978 – 94 – 007 – 1433 – 5.

Santoni de Sio, F.（2021）．The European Commission report on ethics of connected and automated vehicles and the future of ethics of transportation. *Ethics and Information Technology*，23，713 – 726. https：//doi. org/10. 1007/s10676 – 021 – 09609 – 8.

Schäffner, V.（2021）．Between real world and thought experiment： Framing moral decision-making in self-driving car dilemmas. *Humanistic Management Journal*，6，249 – 272. https：//doi.org/10. 1007/s41463 – 020 – 00101 – x.

Shalom Hakkert, A., & Gitelman, V.（2014）．Thinking about the history of road safety research： Past achievements and future challenges. *Transportation Research Part F: Traffic Psychology and Behaviour*，25（B），137 – 149. https：//doi.org/10.1016/j.trf.2014.02.005.

Singleton, P. A., De Vos, J., Heinen, E., & Pud-ane, B.（2020）．Potential health and well-being implications of autonomous vehicles. In D. Milakis, N. Thomopoulos, & B. van Wee（Eds.），*Advances in transport policy and planning*（Chap. 7，Vol. 5，pp. 163 – 190）. Academic Press. https：//doi.org/

10.1016/bs.atpp.2020.02.002.

Sparrow, R., & Howard, M. (2017). When human beings are like drunk robots: Driverless vehicles, ethics, and the future of transport. *Transportation Research Part C: Emerging Technologies*, 80, 206 - 215. https://doi.org/10.1016/j.trc.2017.04.014.

Stilgoe, J. (2019). Self-driving cars will take a while to get right. *Nature Machine Intelligence*, 1, 202 - 203. https://doi.org/10.1038/s42256 - 019 - 0046 - z.

Stilgoe, J. (2021). How can we know a self-driving car is safe? *Ethics and Information Technology*, 23, 635 - 647. https://doi.org/10.1007/s10676 - 021 - 09602 - 1.

Stilgoe, J., & Cummings, M. (2020). Can driverless vehicles prove themselves safe? Issues in *Science and Technology*, 37(1), 12 - 14. https://www.jstor.org/stable/26949183.

Taeihagh, A., & Lim, H. S. M. (2019). Governing autonomous vehicles: Emerging responses for safety, liability, privacy, cybersecurity, and industry risks. *Transport Reviews*, 39(1), 103 - 128. https://doi.org/10.1080/01441647.2018.1494640.

Tingvall, C., & Haworth, N. (1999). Vision-zero: An ethical approach to safety and mobility. In *Proceedings of the 6th ITE International Conference*, *Road Safety and Traffic Enforcement Beyond* 2000, Melbourne, Australia. https://eprints.qut.edu.au/134991/.

Thornton, S.M., Pan, S., Erlien, S.M., & Gerdes, J.C. (2017). Incorporating ethical considerations into automated vehicle control. *IEEE Transactions on Intelligent Transportation Systems*, 18(6), 1429 - 1439. https://doi.org/10.1109/TITS.2016.2609339.

van Loon, R.J., & Martens, M.H. (2015). Automated driving and its effect on the safety ecosystem: How do compatibility issues affect the transition period? *Procedia Manufacturing*, 3, 3280 - 3285. https://doi.org/10.1016/j.promfg.2015.07.401.

Wachenfeld, W., & Winner, H. (2016). Do autonomous vehicles learn? In M. Maurer, J. Gerdes, B. Lenz, & H., Winner (Eds.), *Autonomous driving* (pp.451 - 471). Springer. https://doi.org/10.1007/978 - 3 - 662 - 48847 - 8_22.

Winkle, T. (2016). Safety benefits of automated vehicles: Extended findings from accident research for development, validation and testing. In M. Maurer, J. Gerdes, B. Lenz, & H. Winner (Eds.), *Autonomous driving* (pp. 335 - 364). Springer. https://doi.org/10.1007/978 - 3 - 662 - 48847 - 8_17.

第 3 章

数据驱动：隐私、监视与操纵

3.1 新形式与新风险：隐私问题

自动驾驶有望在许多方面超越人工驾驶，尤其是在安全方面。然而，正如安全性论证所谈论的那样，自动驾驶同样会带来特定的风险。其中，尤以网络安全风险最为惹人关注。为了实现自动驾驶，在车辆与基础设施中大规模地整合计算机技术尤为关键，这就要求我们能够正确识别、评估并且管理网络安全风险。

显然，如果不能设计出安全可靠且能随机应变的 CAVs，就将会导致安全危机。通过利用网络安全漏洞，网络入侵者可以轻而易举地就将乘客以及其他道路使用者的生命置于危险境地。然而，这些攻击者的目的不仅于此，甚至可能更加复杂。比如，黑客可能偷偷潜入系统当中窃取乘客或其他道路使用者的相关数据信息。值得注意的是，网络安全漏洞可能会使 CAVs 收集、存储以及中继的敏感信息暴露于外，而这些信息极易落入不法分子之手，从而被用于犯罪（如敲诈、恐吓等）。这样看来，在自动驾驶这一新背景下，不仅是道路使用者的生命处于危险之中，其隐私安全同样也岌岌可危。

实际上，自动驾驶对于交通隐私的影响不仅仅局限于网络安全，网络安全问题只不过是一场更大变革——其将彻底改变车辆与隐私的关联方式——中的一个因素。

在 CAVs 介入交通出行版图以前，私家车通常被视为个人空间组成部分。人工驾驶汽车也往往被冠以"移动的伊甸园"之名——其中，人们的驾驶行为有理由不受其他任何人或事物的观察、监视、窥探、研究抑或打扰（Paterson，2007）。从这个意义上看，长期以来汽车不仅被视为增强个人自主性的一种方式，同时也被看作是个人隐私空间的一种延伸（Jannusch et al.，2021；Rannenberg，2016）。事实上，驾驶自由主要体现在两个方面：第一，人类对机器享有控制权，后者可以完全依照个人意愿进行动作；第二，人类享有充分的自由，可以免受轻佻的目光、无谓的干涉以及不当的干扰。

然而，人人欣羡的不受窥探或侵犯的驾驶自由并没有持续太久。随着各种数字设备（交通摄像头、行车记录仪、数字收费站、GPS 追踪器等）不断涌现，关于个人或公共车辆的驾驶情况以及用户情况的海量数据信息收集已然成为可能（Reiman，1995）。那些对不同传感器所捕捉的交通数据进行存储、解析、聚合、共享或分析的软硬件技术对于理想的交通隐私范式当头就是一棒（Boeglin，2015）。现如今，人类驾驶员不得不重新调整其原有的隐私期待，以便适应数字监视器随处可见的全新环境——人们的动向无时无刻不受到监视。

尽管人类可能需要对其隐私期待作出调整抑或细化，原有的那些合乎情理的交通隐私诉求仍然可以保留（Collingwood，2017；Schoonmaker，2016）。道路使用者所享有的个人隐私免受过度的以及非必要的外部审查的权利并未被当作是前数字交通时代的多此一举之笔，相反，它被视为数据化时代应当予以珍视并进一步推广的价值凸显。数字设备在交通数据收集层面的权限愈大，其所关联的交通隐私问题也就愈发显眼。

自动驾驶在交通数据化的已有进程上又向前迈进了一步——准确来说，这是一大步，很有可能是道路使用者隐私有史以来所面临的最大威胁（Grunwald，2016；Kumfer et al.，2016）。具体而言，为交通任务自动化赋能的技术系统要求或鼓励大规模搜集乘客与交通参与者的多种数据信息。换言之，它与过去汽车作为"隐私增强型技术"的初衷渐行渐远，甚至变成了"车轮上的隐私梦魇"。这也使得人工代理与人类行为自动化之间的一个关键维度浮出水面。可以说，将驾驶任务委托于人工代理意味着人类驾驶行为的转变。这两类主体实际执行驾驶行为的方式可谓大相径庭，然而，这种深刻的转变往往被这两种行为通常采用相同的概念与术语所掩盖。比如，当我们谈及它们之时，CAVs与人类一样具备转向、刹车、泊车、加速、谨慎驾驶等能力。由于这种语义上的引申（Fossa，2021），这两种行为方式之间的差异在很大程度上就变得模糊不清。相反，二者之间的相似性却格外惹人注目，以至于我们将人工代理视为将要代替我们行事的（准）天选之子。

在自动驾驶的情境中，CAVs确实通常被视为一种准驾驶员，随时准备将人类从驾驶位置上一脚踢开。然而，人工代理复现人类相应行为的特定方式不应被视而不见。实际上，这些特定的实践方式为在技术维度复现人类相应行为提供了新的可能性，但这种新的可能性同样伴随着新的伦理风险。

CAVs生成的交通数据在这些新的可能性与风险性所构成的网络中处于核心地位。这完全要归因于自动驾驶的特殊性——其成功地将智能驾驶功能与人类驾驶行为区分开来。若要成为一名优秀的驾驶员，人类需要处处留心、不断练习；CAVs则需要海量的数据训练以及高端算法支持。在数据收集方面，人类驾驶员可能存在局限性；相反，CAVs则为数据化提供了绝佳的平台支持。

直观上，汽车在向数据信息收集者转变方面存在的巨大潜质大大加剧了隐私问题的严峻性。原先用于对抗外部审查与干预的庇护所一夜之间竟然变成了个人隐私的对立面——成为收集各种用户信息与交通信息的绝佳监视工具。这种转变无疑颠覆了汽车作为隐私增强型技术的理想形象。在自动驾驶的加持之下，汽车最终演变成了一种与其最初作为隐私保护手段截然相反的事物。可以说，在隐私方面，它们从"天堂"一下子跌入了"炼狱"。

数据的强大力量是导致这种根本性改变的主要原因。毋庸置疑，数据在当前的数字革命过程中发挥着举足轻重的作用（Floridi，2014），这在自动驾驶中也不例外。对于交通领域的所有利益相关方而言，在自动驾驶情境中，收集、共享日渐增多的数据信息至关重要。

不同的利益驱使着这些团体要求获得 CAVs 所收集的数据信息的访问权限，随之而来的后果则极其错综复杂。而对其主要因素进行分析或许有助于我们阐明：为什么即使在 CAVs 时代，隐私的价值依然有必要予以重申。在 3.2 小节中，我们简要概述了自动驾驶数据环境的基本架构。基于此，我们在 3.3 小节中详细地阐释了这一特定背景下隐私的概念、伦理特征以及从哲学和法学层面看可能会面临的主要风险。在 3.4 小节中，我们讨论了两个案例研究，旨在说明与自动驾驶相关的隐私风险存在的现实性。3.5 小节概述了在设计、监管及教育层面解决隐私问题的相关提议与举措。最后，我们在 3.6 小节中指出，关于隐私问题的讨论清晰地表明：就人工代理问题而言，不要过分依赖人类与人工代理之间的相似性十分重要。与之相反，深入探寻二者之间的差异性并以此为基础开展后续研究至关重要。

3.2　自动驾驶的数据环境

对于高度自动化车辆所能生成的数据量的评估可谓千差万别：从 25G/小时（Karnouskos & Kerschbaum，2018）或 1T/天（Mulder & Vellinga，2021），到 32T/天（Mellor，2020）不等。这种极端差异性表明，在这一问题上存在着极大的不确定性。然而，可以肯定的是，CAVs 将能生成并同时处理海量的数据信息。它们所配备的各种传感器与应用程序能够收集大量涉及车辆状态、用户、车辆运作的环境条件及其交互对象的各种数据。此外，驾驶系统所提取或存储的信息可以不同程度地在车辆间（V2V）、车辆与基础设施（V2I）或其他设备（V2X）之间共享。实现自动驾驶所需的预期数据信息交换量大到至少基于 5G 技术的高速连接经常被列为 CAVs 广泛应用的必备要求之一。除此之外，出于个人目的而访问私人数据的潜在利益相关群体日渐扩大，这也给通信方式带来了严重的隐私风险（Boeglin，2015；Glancy，2012；Karnouskos & Kerschbaum，2018）。

CAVs 可以/可能收集的多种数据包含了对多方都很宝贵的信息。在交通领域，几乎每个利益相关方都有充分的理由来要求获取数据信息的访问权。对 CAVs 所能收集的数据信息的种类及其方式将有助于我们明晰相关问题：哪些利益相关方在寻求对于哪些数据信息的访问权和控制权以及他们为什么要这样做。通过对所谓的自动驾驶数据环境的简要概述，将为探究可能带来隐私风险的数据信息的种类或用法提供一个坚实的基础（Glancy，2012；Jannusch et al.，2021；Krontiris et al.，2020；Nur & Gammons，2019；Rannenberg，2016；Schoonmaker，2016）。

开启这一研究的最佳着眼点可能是确定 CAVs 所捕捉或存储的数据当中包含哪些信息。为了实现这一目标，我们有必要通览所有能够生成或存储数据的技术。在自动驾驶中，最为显著的数据生成技术是传感器，根据其所收集的数据种类，传感器大致可以分为以下三种：环境传感器、汽车传感器与用户传感器。环境传感器主要包括摄像头、雷达、声呐传感器以及激光雷达。它们能够输出车辆外部环境和周边实物的图像以及多种表征方式，其他道路使用者同样也会包含其中。具体而言，这些数据涵盖多种信息，如交通状况、道路状况、天气状况、其他道路使用者的活动以及建筑结构等等。汽车传感器可能是我们最为熟知的，用于收集系统状态及动态操作的相关信息，如惯性测量单元（IMU）等动态传感器（用于确定方向和速度）或胎压监测系统（TPMSs）等诊断传感器。从某种意义上讲，通过全球导航卫星系统（GNSS）进行定位也属于提供车辆状态与操作信息的同一类传感器。具体而言，这些数据当中包含多种信息，如诊断记录、实时位置（以及速度与路向）、日常出发地以及停靠点与目的地、旅行模式等。最后，有些传感器用于捕捉用户的输入内容。这类传感器包括内置麦克风、内置摄像头、眼动追踪设备、心率监测传感器以及指纹读取器等。因此，这些数据同样包含多种信息，如用户的生理或心理状态、健康状况、生物特征信息（指纹、面部、心率信息等）以及用户的可能行为、言谈与惯习。

即便从广义上来看，传感器也没能穷尽 CAVs 中所有可能的数据来源。至少还有两种因素必须考虑在内。首先，CAVs 中可能设有一个与经过授权的第三方共享的数据存储库，其中包含有关车辆规格、车主和特定细节（如保险范围）的数据。此外，信息娱乐系统可能会收集有关用户偏好与品位、购买记录与支付方式等各种数据。同样，信息娱乐系统与智能手机等外部设备的配对也会允准用户访问操作系统及其他运行程序所记录并存储的数据，从而进一步扩大 CAVs 的信息覆盖范围。

然而，纵然有了诸多补充，一些数据来源仍然可能有所疏漏，有待未来进一步完善。有鉴于此，相应的数据分析不应被视为详尽无遗，相反，我们应该将其看作是迈向进一步系统化、持续性研究的第一步。表 3.1 为 CAVs 收集的数据来源、数据类别及相关信息内容概览。

表 3.1　CAVs 处理的数据来源、数据类别及信息

数 据 来 源		数据类别	信 息 内 容
传感器	环境 摄像头	图像	其他道路使用者及周边环境
	环境 声呐、雷达、激光雷达	空间表征	
	车辆 诊断传感器	技术反馈	车辆状态与操作信息
	车辆 动态传感器	分力、角速度、方向	速度、加速度、路向
	车辆 全球导航卫星系统	定位	实时位置；日常出发地、停靠点及目的地；旅行模式
	用户 麦克风	录音	声音与对话主题
	用户 摄像头	图像	乘客数量、身体特征（外貌特征）、行为

续　表

数　据　来　源		数据类别	信　息　内　容
传感器	用户　眼动追踪	图像	心理与生理状况
	用户　心率监测	心率读取	健康与心理状况
	用户　指纹读取器	指纹读取	生物特征信息（指纹）
数据存储库		文本	车辆规格（品牌、型号、功能）；车主；更多详细信息（保险范围）
信息娱乐系统		App 数据	用户偏好与品位；购买记录；支付方式
...			

　　CAVs 收集的数据清单有利于我们了解不同利益相关方热衷于访问这些数据的种种原因。鉴于该数据清单不具备穷尽性，勾勒出主要利益相关方在自动驾驶数据环境中的状况可能会有所帮助。比如，阐明各利益相关方的数据关注点及其原因可能有助于揭示交通隐私可能受到威胁的情况。此外，这也有利于厘定还有哪些价值可能与隐私保护发生冲突。

　　（广义上的）研发者是 CAVs 数据中最主要的利益相关群体。首先，研发者需要数据来使 CAVs 正常工作。CAVs 的运作很大程度上离不开传感器所收集的数据，数据是计算机对环境、车辆及用户进行表征的基础，这些计算表征对于制定行之有效的导航程序规划至关重要。此外，数据收集在改善总体性能以及提供更好的驾驶服务方面意义重大。与驾驶环节和人机交互相关的数据对于纠正错误、识别缺陷、减少浪费以及增强安全尤为关键。要做到这一点，拥有对环境、车辆、用户相关的各种数据的访问权则成为重中之重。例如，诊断数据对于预防交通事故或发生故障的情况下进行故障排除必不可少；路线优化反馈需要获取诸如实时位置、旅行时间、出发地及目的地等信息，以便与替代路线、交通状况、能源消耗估算等相关数据彼此匹配；眼动追踪与心率数据对于监控用户在关键性安全接管操作期间的生理与心理状态不可或缺。总之，正是高效性、可持续性及安全性支持着研发者对CAVs数据的重点关注。在这个意义上，允许研发者获取并利用CAVs数据不仅符合其个人利益，同样也符合增进社会福祉这一伦理目标。然而，在伦理基础上证实研发者数据访问要求的合理性将预示着安全性、可持续性以及隐私考量之间的价值冲突。

安全性与社会福祉同样也是各机构要求获取CAVs数据的基础。例如，智慧城市可能受益于能够针对道路网络的交通流进行持续优化的交通控制中心，从而改善交通安全、缓解交通拥堵、减少尾气排放、节约化石能源。这将意味着出行路线、旅行模式、道路使用者、车辆规格等交通数据的对外共享。市政与交通运输部门等政府行政机构也可能会对交通数据感兴趣，以此为如土地使用与公共交通等关键事项的决策与规划提供支持。此外，值得注意的是，交通执法机构与情报机构同样可能会对CAVs数据感兴趣，并从公共安全与安保防护的角度为其观点提供合法性依据。可以说，这种情况意味着可以访问广泛的数据集，还包括关于车主、乘客、行为、言谈与惯习等信息。总之，各机构追求的社会福祉与公共安全可能会与CAVs用户及其他道路使用者的隐私期望发生冲突。

人们也可能以公正的名义要求访问CAVs数据。在发生交通事故与诉讼时，法庭必须在相关各方之间予以公允的责任判定，这就需要相关数据具有透明性。从原则上讲，诉讼当事人、律师及法官可以针对任何一条有助于解决争议事件的信息提出合法性主张。同样，专家与评论员也可以提出类似的主张，用于对案例进行研究或对有关各方的道德责任进行反思——这种道德责任的反思不需要与法律责任的分配完全一致。事实上，在美国的一些州县区域，法律强制要求行车记录器收集并存储汽车事故所涉及的信息（Schoonmaker，2016：17），加利福尼亚州也对CAVs提出了类似的强制要求（Boeglin，

2015：174）。从这个意义上看，对公平正义价值观的维护可能会与隐私保护的主张相互冲突。

最后，各个私营公司显然也对CAVs（可能）生成的数据饶有兴趣。众所周知，数字资本主义与平台经济极度渴求数据信息（Zuboff，2019）。正如CAVs所能搜集到的信息一样，其中遍布着五花八门的商业机会。无论是传统企业还是新兴产业，都将从中受益。汽车制造商正日益将平台经济元素纳入其商业模式当中（Alvarez-Léon，2019）。保险公司可以利用用户的驾驶习惯与健康数据对其保费进行微调并为其提供量身定制的保险方案（Dhar，2016）。汽车共享、叫车服务以及机器人出租车公司等车行运营商可能会利用其CAVs车队所收集的用户数据来提供差异化定价并以此来提高消费者的忠诚度。定位广告服务同样也会创造许多全新的可能。例如，商店或餐馆可以与汽车公司合作，使得路线规划算法优先考虑将潜在客户带到他们商店附近。此外，广告公司将把海量数据提供给机器学习算法进行训练，用于寻找规律模式、构建用户画像，并有针对性地将广告投放到信息娱乐屏幕以及与其匹配的设备上。

虽然很难在伦理层面证实这些私营公司利益的合理性，但如此朝气蓬勃、欣欣向荣的经济似乎在一定程度上可以解释其伦理适切性。然而，一个公司如果通过对环境条件、道路使用者、乘客及CAVs等相关交通数据进行大规模收集与分析来寻求其商业利益，这极有可能对个人合理的隐私期望构成侵犯。无论个人对商业利益的追求是否会促进伦理目标的实现，不同社会群体之间的利益冲突都必须通过伦理上的多方权衡来予以解决。借此，我们必须要承认企业利益与个人隐私之间存在的价值冲突。

正如表3.2所总结的那样，许多利益相关方都在竞相占领自动驾驶数据环境，他们试图获取对有利地实现其不同目的信息的访问权。虽然有些利益在表面上看并不具备伦理属性，但大多数利益符合相关的社会伦理目标。无论如何，我们的一只脚已然迈入了"自动驾驶"这条河流。正如卡努斯科斯（Karnouskos）和克施鲍姆（Kerschbaum）（2018：168）所说，"在网络物理系统当中，为消费者以及整个经济谋取福利"已经是"一种可持续的道路"。由于理想的交通隐私范式已经受到现有交通数据化过程的威胁，因此这种持续性压力势必会削弱这种理想范式。然而，至少从直觉上看，即便是在未来由 CAVs 主导的交通环境中，CAVs 车主、用户和其他道路使用者似乎仍然有权索求隐私保护。这就需要达成一种平衡。由此看来，提倡限制第三方可以合法监测并收集与道路网络相关的个人信息似乎是明智之举。换言之，在直觉上看，即使是在自动驾驶层面，支持与维护交通隐私似乎是合情合理的。

表 3.2　利益相关方、原因及伦理价值

利益相关方		原　　因	伦 理 价 值
研发者		改善驾驶性能、提供更好的服务	交通安全、可持续性
交通控制中心		优化交通流	
机　构		优化社会规划、政策制定以及公共交通	交通安全、可持续性、社会福祉
执法机构		加强执法	交通安全、公平正义
情报机构		加强监控	公共安全、安保工作
法　庭		责任的公平分配	
公共舆论		讨论道德责任	公平正义
私营公司	保　险	收益最大化	经济福祉（？）
	叫车服务等		
	商　店		
	广　告		
	……		
……			

然而，直觉的作用仅限于此。对于"CAVs 数据收集可能会引发隐私问题"的认识揭露了一系列必须予以解决的更加深入的问题。为何将某些信息针对第三方予以屏蔽如此重要？出于何种原因，隐私应该被认定为一种伦理价值？如果完全对交通隐私置之不理，会造成什么样的伦理影响？哪些形式的数据收集、解析及共享在隐私方面存在问题？是什么让某些数据类别有资格获得隐私保护？在下一节中，我们将跨越直觉的藩篱，进一步讨论隐私如何被构建并具化为自动驾驶的相关伦理价值。

3.3 隐私是什么？为何如此重要？

正如上一节所说，在整个自动驾驶数据环境当中，多方团体都明确提出了其利益诉求，力图保障他们获取宝贵信息资源的权利。从直觉上来看，他们的诉求极有可能将道路使用者的个人隐私置于危险之中。然而，尚需确定的是，隐私权主张在多大程度上能够得到伦理价值维度的承认，从而值得予以强制执行和保护。在下文当中，我们将讨论在奔赴自动驾驶美好愿景的过程中，隐私作为一个关键的、值得尊重的伦理约束如何得以构建和阐释。

CAVs 可能会由于其（可能）收集到的数据的数量与质量而带来隐私风险，对于这一点的认识促使学界将目光转向了对隐私概念的界定以及对自动驾驶所涉隐私问题的探讨。他们主要引入了哲学与法学这两种视角来阐释隐私与自动驾驶之间的关系问题。人们往往将哲学视为分析的重要基础，用来阐明隐私的伦理内涵、广义内涵阐释以及隐私保护不周的后果。同样，法学方面的讨论也对隐私侵犯的风险有所关注，并且借助必要的概念阐释指出问题做法及行为。

哲学视角

詹努施（Jannusch）等人最近从哲学角度深入探讨了自动驾驶中存

在的隐私问题(2021)，他们找到了相关讨论中三个重要的参照点：边沁(Jeremy Bentham)的全景敞视监狱理论，福柯(Michel Foucault)的权力哲学以及尼森鲍姆(Helen Nissenbaum)的场景一致性理论。

若想说明汽车从隐私区域到监视工具这种天翻地覆的转变，我们可以将全景敞视监狱理论视为一个独特的参照点(Bentham，2010)。英国哲学家边沁设想了一个承担拘留所作用的建筑模型——全景敞视监狱，旨在通过剥夺囚犯的隐私来管教其行为。简而言之，该建筑设计——至少是在原则上——能将每个囚犯都置于警卫的持续监控之下，这将迫使每名囚犯都能遵守并最终内化理想的行为准则。

法国哲学家米歇尔·福柯在强调全景敞视监狱理论当中的压抑、操纵及约束等维度的基础上，进一步回答了"当个人被剥夺隐私时会失去什么"的问题(Foucault，1995)。对个人行为的持续监视或诱使个人相信他们受到持续监视，可以看作是通过限制其自由与自我表达、操纵其个人选择，并且根据特定的准则与期望来调节其行为，最终对其施加权力的手段。在追求集体灌输的社会制度中，详细的外部审查与监视对于旨在挫败批判性思维以及消灭个人自决的惩罚与补偿实践至关重要。因此，侵犯个人隐私可以看作是操纵与压迫的同义词。

从这个意义上看，允许广泛且精细化数据收集的监视技术对个人构成了极其严重的威胁，因此，应谨慎限制其监视的可能范畴。在某种程度上，CAVs 似乎可以被看作是一种移动的全景敞视监狱(Glancy，2012：1215)，能为相关利益方提供监视并影响乘客与道路使用者行为的机会。由于无法确定其是否处于被监视之中，乘客或道路使用者将不得不使其行为符合大众许可的准则，唯恐因尝试异常的、非常规的或新奇的行为而遭到报复或惩罚。由此，政治自由与公民自由将受到损害。囿于 CAVs 的存在，个人将彻底丧失其在以往通过"隐私型交通方式"实现的自由——行使并维护个人的自由，不必担心那些不请自来的社会评判以及不必要的打扰。

尽管关于隐私与权力的哲学传统在许多层面上都见解不凡，但它主要强调了数据收集的负面影响。然而，如前所述，数据收集与处理在某些情况下可能颇有裨益，或者至少可以说是无害的，因此具有可接受性。这就是为什么在阐释自动驾驶当中的隐私保护哲学理念时，选择一个更加深入细化的隐私框架就显得至关重要。从这个意义上说，海伦·尼森鲍姆的场景一致性理论可能会为"适当的隐私型信息处理方式的重要性及原因"提供宝贵的见解(Nissenbaum，2009)。

依据尼森鲍姆的核心主张，信息共享不能被抽象地定义。事实上，充分的信息流动依赖于具体的场景因素，在此基础上，信息流动的一致性才能得以确定。从这个意义上来看，隐私应被理解为个人有权决定与不同的对话者共享个人信息的种类、数量和程度。

如果不能识别、执行并保护隐私权，将会导致社会生活分崩离析。人际关系的根本特征是个人信息的差异化分布，如果没有管理个人信息流动的自由，就不可能建立一个可以反映亲密程度、相互尊重程度、共同利益以及共同目标不同的人际关系网络。私密性——对特定对话者保持某些信息隐私的可能性——不仅是增进个人福祉的关键要素，也是促进社会福利的重中之重。因此，隐私权是构成美好社会生活的基本条件(Regan，2015)。

除了个人对于自身信息共享的态度之外，多元人际关系形成与发展的原因也可以表明：什么样的信息流动是充分的，什么样的不是。简而言之，充分的信息交流将带来健康有用的关系(Rachels，1975)。反之，对信息的获取如果不符合社会关系的初衷，就会侵犯人的隐私，造成不良的伦理后果。比如，医患关系所遵守的信息规则与建立这种社会关系的初始原因休戚相关，它不能扩展到如消费者——广告商关系或公民——政府机构关系之中。就隐私而言，哪种程度的隐私适合已知关系场景完全取决于某些特定的因素，不能推而广之，普遍适用。

尼森鲍姆的隐私方法有助于构建乘客、道路使用者以及其他对于自动驾驶数据环境提出自身诉求的利益相关方之间的多元关系。将自动驾驶中隐私的场景一致性方法应用于表 3.2 中所列出的各利益相关方的观点，将有助于确定利益相关方之间的关系、明确支撑其关系形成的原因，最终阐明指导各方之间充分开展信息流动的原则。这样一来，就可以在追求与数据相关的利益的同时，为个人提供必要的保护，使其免受不当干扰、故意操纵与外部审查。总之，尼森鲍姆的方法为我们提供了一个有益的框架，可以用于学习——以及评价社会协商——如何可持续地栖居在自动驾驶数据环境之中。

以上讨论表明，可以将隐私作为自动驾驶的一种伦理价值更好地加以规范。隐私的价值主要体现在它可以作为一种制约因素，决定各个利益相关方之间的关系形态。更准确地说，它能够保护乘客与道路使用者不会失去其对合法性隐私信息的控制权。因此，保护信息的私密性可以看作是个人用于保护其所重视的生活的一种方式。换言之，并非是隐私本身需要得到认可与保护，而是因为它有助于调节亲密度、保护个人自主与自决、鼓励批判性思考、满足社会关系需要以及维护政治自由和个人尊严。总而言之，隐私可以被视为一种工具性价值（van de Poel，2009）：其价值在于它能用于保护个人出于自身利益所珍视的事物。

然而，对于道路使用者个人所认为的隐私信息的获取也有可能服务于社会性目的。将对个人数据的访问要求建立在保护和实现社会性目的基础之上，势必要在个人利益与社会利益之间进行权衡。事实上，隐私考量并非是要强化二者之间的对立，而是致力于实现更富有建设性的成果。正如詹努施等人（2021：5）所强调的那样，"我们应该弄清楚哪些数据应该被共享，与谁共享，以及为了什么目的共享"，从而兼顾社会福祉与隐私利益。

这个普遍的问题在自动驾驶当中可以呈现出多种不同的形式。事实上，对于 CAVs 生成的个人数据的保护——旨在将个人伦理价值具体化——可能会与许多通常同自动驾驶相关的社会与伦理要求相互冲突，涵盖交通安全（Dhar，2016）、可持续性、包容性（Glancy，2012）、经济繁荣以及公共安全等不同维度。实际上，以合乎伦理的方式平衡机遇与风险对于提高 CAVs 技术的大众接受度（Liu et al.，2020）及普遍信任至关重要。同样，这对于享用自动驾驶可能带来的社会效益尤为关键（Cunneen et al.，2020；Krontiris et al.，2020；Lim & Taeihagh，2018）。总而言之，我们将进一步讨论已经识别的隐私风险与利益，同时进一步通过权衡其潜在利弊以寻求个人权利与社会福祉之间的微妙平衡（Grunwald，2016；Karnouskos & Kerschbaum，2018）。

法学视角

同样，类似的考察与目标也激发了关于自动驾驶中隐私问题的法学讨论，对其重要性的辩护通常伴随着对监管方案的研讨。相应的，其中主要涉及到两种思想来源。一方面，有关学者试图界定自动驾驶对法学意义上的隐私概念的侵犯，这一著名概念即沃伦（Warren）和布兰代斯（Brandeis）（1890）所定义的"不受干扰的权利"。另一方面，欧盟《通用数据保护条例》（GDPR）①被许多人当作一个重要的法学基础，用于进一步阐释如何在不侵犯隐私权的情况下收集、共享以及处理 CAVs 生成的数据。显而易见，伦理考量对于充分理解隐私的法律地位以及致力于保护其法律地位的政策原则至关重要。因此，在这种情况下，相关的法学讨论具有重大的伦理意义，这正是其在本书当中得以明确论述的根本原因。

法学学者很快就认识到了自动驾驶在隐私方面的颠覆性潜力。实际上，凭借自动驾驶技术，"车辆自身将变成一个包含多种个人信息的集中储存库"（Glancy，2012：1206）。CAVs 获取大量数据的能

① https://gdpr-info.eu.

力要求我们从法律上评估乘客同其他道路使用者的权利是否在此过程中受到侵犯。事实上，有些信息并不是任何人都有权利予以收集和使用的，保护数据隐私的法律权利通常适用于所谓的个人信息。通过对数据访问设置法律限制，个人信息的概念可以在数字语境下关于隐私的法律讨论上发挥关键作用。如果人们发现 CAVs 生成的数据中包含个人信息——正如格兰西（Glancy）所预测的那样——那么对于这种数据的访问与使用就应该予以严格限制。因此，我们需要进一步澄清：哪些信息属于个人信息，哪些类别的 CAVs 所生成的数据可能属于个人信息。

从法律上来讲，如果信息可以追溯到某个特定的个人，那么它将被定义为个人信息（Glancy，2012：1175）。因此，个人有充分的理由要求其个人信息的私密性（Schoonmaker，2016：13-14）。这种对于个人信息的广泛描述相当普遍。例如，白宫关于网络世界当中消费者数据隐私的报告①指出，"任何可连接到特定个人的数据，包括数据集合"都必须被视为个人信息。同样，《通用数据保护条例》第 4.1 条将个人数据定义为"与已识别或可识别的自然人有关的任何信息"。此外，敏感数据——可能引发对个人的歧视性决定或侵犯个人基本权利的数据（Mulder & Vellinga，2021）——同样需要进一步保护。例如，敏感数据包括有关健康、种族或政治信仰的信息。个人数据，尤其是敏感数据，应该处于数据主体的控制之下。数据主体有权自由决定披露此类信息的时间、方式以及对象。因此，为了充分行使这一权利，并且保护数据主体的个人信息不被非法访问，个人信息及敏感数据必须予以法律保护。

CAVs 所生成的许多数据都可能涉及个人信息或敏感信息（Rannenberg，2016；Schoonmaker，2016）。只需扫一眼表 3.1，就足以知道 CAVs 生成的数据可以在多大程度上透露特定的个人信

---

① https://obamawhitehouse.archives.gov/sites/default/files/privacy-final.pdf.

息。例如,有关定位与旅行模式的数据可以将某些车辆与特定人群联系起来(Glancy,2012)。内置摄像头或麦克风所收集的数据也可以用于对经常乘车的乘客进行身份识别和用户画像(Jannusch et al.,2021)。类似地,关于所有权及保险覆盖范围的信息可以用于将车辆及其收集的数据与特定人群联系起来。可以说,信息娱乐系统所直接收集的数据或从其匹配设备当中获取的数据也属于个人信息。毋庸置疑,由内置摄像头(Jannusch et al.,2021)、心率监测或眼动追踪设备(Mulder & Vellinga,2021)所获得的健康信息同样也属于敏感数据。在一定程度上,即便是关于车辆状态与操作信息的数据,也属于个人数据之列。此外,这种不当数据收集的手段不仅牵涉到乘客的个人数据,甚至还牵涉到与CAVs共享交通空间的其他道路使用者。外部传感器所收集的数据可以追溯到特定的个人,比如在特定时刻出现在特定地点的人。此外,对于如此大面积的数据进行收集、聚合以及解析还会揭露其他各种个人信息,如健康状况、种族背景、生活习惯、社会交往、个人偏好、政治信仰、宗教信仰,等等。

个人信息在CAVs中介型数据收集中的不设防状态一次次为我们敲响了警钟(Boeglin,2015;Collingwood,2017;Glancy,2012;Schoonmaker,2016)。如果缺乏对于隐私的充分保护,将极大地危害法律系统所要保护的社会利益本身。对于出行相关的个人信息不受限制的获取将非法干预个人自决权,进而会对法律所赋予的神圣的行动自由以及不受打扰的权利造成有害影响。例如,肆无忌惮地获取位置数据可能会影响个人关于去哪里、什么时候去以及和谁一起去的决策。此外,基于CAVs所生成的数据往往将个人扁平化为用户画像,这可能会对个人身份的自主界定以及个人自决目标的实现产生负面影响(Glancy,2012:1191)。与此同时,如果CAVs收集或中继的数据可以被第三方获取,他们可能会干预个人的隐私诉求,并侵犯个人免受干扰、跟踪、监视、诱惑或持续监视的权利。特别值得一提的是，政府机构的持续监视将对言论自由与结社自由等公民自由权利的行使产生压迫性影响，同时会增加权力滥用的风险。诚如格兰西（2012：1222）所说，正是由于权力过度集中在政府手中，美国多家法院重新确认了公共道路上的隐私权，并对执法机构在数字设备的（其中可能包括 CAVs）合法使用问题上进行了监管。个体对于涉及个人自身决策的控制、免受过度入侵的自由以及对于保密权的保护，是隐私法应该帮助我们追求的目标。因此，我们应当采取恰当的法律对策，确保自动驾驶不会阻碍上述目标的实现。

总而言之，CAVs 生成的数据显然会牵涉到个人信息与敏感信息，这一事实引发了关于隐私与自动驾驶的法学维度讨论。鉴于第三方不受限制地访问与使用此类数据可能带来的伦理、社会以及政治风险，监管部门必须制定相关法律条例用以支持个人隐私的保护。换言之，必须仔细考量自动驾驶数据环境，修建屏障，使那些未经授权的不相关主体远离私人场域。此外，已经有两项隐私条款似乎得到了广泛认可。一方面，数据主体必须能够对其个人信息保持有意义的控制——能够决定个人信息可以被如何以及出于何种目的收集、分析、共享和存储。另一方面，包括个人信息在内的数据使用必须要得到数据主体（在我们的案例当中，数据主体主要指道路使用者）的明确允许——其必须是在自主且知情条件下表示同意。

总之，哲学与法学维度的讨论一致表明——自动驾驶使得具有数据利益的第三方可以轻而易举地操纵用户的选择，进而侵犯他们的合法自决权；可以对道路使用者进行有针对性的或大规模的监视，进而威胁到其要求信息受到保密以及不受打扰的权利。换言之，因未能充分保护自动化时代隐私权而引发的两大社会伦理风险主要表现为操纵与监视。然而，要指出现实生活中互联与自动化驾驶无视隐私限制，并在此过程中损害个人权利的例子可能并非易事。在下文中，我们将讨论两个假想的案例研究，以便更深入地剖析该问题。

3.4 监视与操纵：两个案例研究

将车辆转变为收集乘客与道路使用者各种数据的设备可能会对交通隐私造成严重的影响。实际上，哲学与法学维度的考量都强调了保护隐私的重要性，旨在培养与尊严、自主以及幸福同等重要的基本伦理价值。让数据主体知晓并能有意义地控制其个人数据的访问对象、访问方式、访问目的、访问时长，这对于将隐私具化为一种伦理价值并能在法律上得以适当保护至关重要。如果未能支持数据主体行使隐私权，可能会导致社会结构当中的亲密度、保密性与自决权受到严重损害，这将对个人自由、公民自由以及政治自由产生极大的负面影响。一方面，CAVs 的数据收集能力可能被用于监视利益相关方以及所有道路使用者的活动，进而导致。另一方面，CAVs 收集与共享的个人信息可能被用来对个人进行画像、预测其未来行为、操纵其个人选择，从而干预个人自由与自决。

从抽象层面上看，存在风险似乎是一目了然。然而，要在平凡的、生活化场景中想象使用 CAVs 可能会因为侵犯隐私而损害人类的自决力与福祉并非易事。与此同时，对手头具体问题的更深了解将有助于我们认识到——针对隐私的抽象思考实际上植根于对未来场景的合理想象，这对于评估解决自动驾驶中隐私问题的紧迫性至关重要。如果设想与 CAVs 相关的隐私侵犯需要基于想象的虚构场景，那么隐私的伦理内涵也必须相应地予以考量。从这个意义上讲，将自动驾驶当中的隐私问题完全视为政府专制极权控制与个人自由之间的明争暗斗，可能会适得其反。政府机构出于对公民进行监视的诉求而采用 CAVs 是必然的，但即便是在执法机构与情报机构都受到充分审查的民主社会，自动驾驶也可能会对宝贵的社会伦理价值造成威胁。换言之，"老大哥"式政府机构的反乌托邦叙事可能更容易对 CAVs 进行想象与传播，但这也可能被视为过于牵强附会而被置若罔闻。恰恰相反，出于来私人目的或商业目的而使用 CAVs 生成的出行数据带来的潜在威胁更像未来可能的结果，而这些结果需要我们迅速予以回应。

在下文中，我们将介绍并讨论两个假设的案例研究。第一个案例研究将监视与保密对立起来，而第二个案例研究则指出了操纵与自决之间的冲突。更清楚地了解 CAVs 可能给道路使用者带来的实际风险有助于强调制定可行性解决方案或将隐私的价值纳入自动驾驶实践的重要性。

艾丽斯：监视与保密

请考虑以下场景：

> 艾丽斯（Alice）是一位 63 岁的知名公众人物，她的粉丝遍布全国各地，闻名遐迩。她承认自己的声誉随着曝光而日渐鹊起，但她不喜欢一直被公众关注。因此，她尽自己最大努力保护个人隐私，并限制自己公开露面的范围与频次。

> 有一天，艾丽斯不得不从居住的乡镇小屋前往附近的城市处理一些她非常希望保密的个人事务。然而，她没有汽车，事实上，几乎没有人有车可开。最方便的交通方式无疑是通过智能出租车提供的机器人出租车服务。在她看来，在手机上下载该应用程序、登录账户，然后在满是晦涩的法律术语的弹出窗口上勾选同意框，并学习如何使用这项服务，这简直是一件再容易不过的事情。

> 说实话，艾丽斯经常听到一些关于"数字技术就是隐私的噩梦"的说辞。然而，她认为这些说法居然将像智能出租车这样广受欢迎的服务也纳入在内，简直荒谬至极。此外，当朋友或同事建议她如何在数字设备和应用程序上设置与隐私相关的偏好时，她常常困惑不已。她明白自己应该留意自己所签署同意的应用条款，但她同时也发现要想弄清

楚如何确保自己的隐私得到实际的保护几乎不可能。在一天结束之时，她会开始使用她所需要的应用程序及其提供的服务，并希望自己的隐私能够得到保护。那么，实际上会发生什么呢？

像往常一样，智能出租车机器人出租车准时地出现在艾丽斯的家门口。她上车之后，仔细检查了目的地并按下触摸屏上的"驾驶"图标，然后就放松下来了。然而，她并不知道，一家臭名昭著的新闻公司最近花了一大笔钱购买了智能出租车行程数据的完整访问权限，包括出发地与所选目的地。根据协议，这些数据（不包括任何用户信息）将实时传输给该新闻公司。在那里，计算机程序会将出发地与名人的已知家庭地址数据库进行反复核对。一旦完成匹配，程序就会通知工作人员显示智能出租车用户的可能身份、所选目的地以及预计到达时间。

当艾丽斯乘坐的智能出租车机器人出租车稳稳停在路边，并通知她目的地已经到达后，她从车里走出来，脑子里已经在想着她即将处理的棘手事务。但令艾丽斯大失所望的是，迎接她的居然是一群沸沸扬扬的狗仔队和花边记者，他们在肆意拍照，并毫无顾忌地对她发出种种尖锐的提问。显然，她对私人事务享有的保密权到此为止！

该案例研究表明，将 CAVs 作为出行即服务（MaaS）方案进行广泛部署可能会促使那些企图以牺牲用户隐私为代价来利用交通数据的各方之间达成商业协议。特别值得一提的是，智能出租车和新闻公司采集、共享并使用数据的方式毫无疑问侵犯了艾丽斯控制关于她出行的告知对象以及出行动机的权利。按照尼森鲍姆的场景一致性理论，能控制关于自身信息的流向以及能自由决定向谁透露什么信息不仅对于个人福祉与尊严至关重要，而且对于建立良好运行的社会也尤为关键。艾丽斯失去个人信息控制权这一事实表明，目前，

CAVs 急需人为干预。

由于商业原因，CAVs 生成的数据可能会在私营团体之间进行交换，这可能会对私密性构成切实的威胁。诚然，本案例研究的一些特殊性使其更容易把握问题症结所在，但也可能会削弱其现实示范性。例如，该案例研究所探讨的貌似只是一个边缘性问题。归根结底，名人属于享有特权的少数群体。尽管艾丽斯的名气可能会使她的事件在某种程度上变得无关紧要，但需要注意的是，该案例研究预示着一种潜在的情况——基本上任何道路使用者都可能是类似案例的受害者。在以自动驾驶为主的交通环境中，每个人实际上都可能遭遇类似的隐私侵犯体验。原则上讲，无论出于何种原因，每个企图获得他人详细信息的个体都可以利用 CAVs 收集的数据并将其在公开市场上予以出售。换句话说，艾丽斯与新闻公司之间的关系绝非个案。与之相反，许多利益相关方可能会意识到自己在浑然不知的情况下卷入了类似的社会问题之中。

同样，选择 MaaS 范式可能会让人认为，总有一些自动驾驶解决方案能充分避免上述问题。然而，事实并非如此。车辆生成的数据很可能会被转给汽车制造商，他们会索求这些数据的所有权，并保留其使用权。在某种程度上，传统汽车制造商已经在向基于数据驱动、平台经济构架的商业模式过渡（Alvarez-Léon，2019）。即使 MaaS 范式可以使数据所有权与数据售卖等问题更容易解决，但类似的问题也会发生在私人所有的 CAVs 身上。

回顾前面几节所讨论的内容，我们可以提出如下观点。在这种情况下，自动驾驶数据环境主要由与时间信息（出发时间与预计到达时间）匹配的位置数据组成。艾丽斯作为数据主体，是与某些交通数据相关的人，她的隐私诉求在于：要求在其个人数据外围修建屏障，以便她可以自由决定让谁进入。智能出租车和新闻公司都是声称对 CAV 生成数据拥有所有权的利益相关方，前者是因为这些数据是由其所拥有的车辆收集而来的，后者则是基于其相关的私营业务协议而得。实际上，CAVs的位置数据是否属于个人信息的范畴颇具争议。在通常情况下，它们可以被理解为与车辆及其运行有关的数据——这些数据无法立即追溯到特定的个体。然而，当它们与家庭地址匹配时，它们就变成了个人信息——这表明，数据合并可能会使第三方能够推断出他人信息，这就存在隐私问题，因此需要予以特殊保护。

如果伦理因素与价值维度均被考虑在内，那么艾丽斯（任何数据主体）控制访问主体及其访问内容的权利必须受到法律保护，并且必须强制执行。艾丽斯的私密权凌驾于新闻公司的商业利益之上，新闻公司通过对智能出租车收集到的数据进行去匿名化处理，对外公开行程对她造成了非法伤害。但，艾丽斯的隐私权其实并没有战胜智能出租车获取其匿名位置数据的要求，因为其服务的正常运转首先就离不开这些位置数据。然而，这并不意味着，在没有明确告知用户潜在风险并征得用户同意的情况下，智能出租车有权向第三方出售或传播数据，也不意味着它们能在用户明确拒绝的情况下偷偷摸摸地在后台运行。与下一个案例研究一样，本案例研究中的一个关键部分在于要想获得用户的知情同意，可谓挑战重重。如果知情同意被用作强制执行隐私权的工具，那么必须采取一定的措施确保用户知晓其中的所有风险，并允许用户可以自由设定其隐私偏好。

鲍勃：画像与操纵

收集CAVs用户的个人信息这一行为存在严重的问题，它不仅威胁着用户不受干扰的权利以及用户在不同对话者之间分发个人信息的控制权，而且与特定人群相关的信息也可能被用来篡改用户的初衷选择——用户对自身及自身行动做出不受干预的自我决策能力。与人工驾驶车辆相反，CAVs将是一种交互式机器。正如我们将在第4章中所讨论的那样，人机界面对于显示用户采取负责任行为所需的信息至关重要。此外，用户与系统之间的交互对于调节信任度信任、舒适度、安全感以及许多其他与接受度密切相关的心理方面至关重要。信息娱乐系统将为用户提供多种休闲娱乐功能,其目的在于占据用户在驾驶之余的空闲时间,这些功能具体包括:网络购物、流媒体服务、社交媒体使用等等。此外,它还为那些极度依赖收集、聚合及解析用户数据的商业服务提供了平台,将乘客变成了潜在的消费者。

请考虑以下场景:

对鲍勃(Bob)来说,这是一个苦乐参半的星期六。在过去的几个月里,他的体重不断增加,已经远远超过了标准体重范畴。早上早些时候,他去看了医生,结果被警告要多注意自己的饮食,不要让自己本就糟糕的健康状况进一步恶化。

然而,这样令人扫兴的消息带给鲍勃的担忧并没有持续多久,很快就随着他新近入手且心仪已久的自动驾驶汽车所带来的喜悦而烟消云散了。当他离开医生办公室来到汽车经销店,第一次坐在主驾驶位置上时,他感觉无比幸福!然而,他的兴奋之情,被他手机上出现的一条通知打断了,要求他将手机与驾驶系统配对并接受两台设备之间的数据共享。尽管很不情愿,他还是很快就同意了。

于是,鲍勃漫不经心就同意使用的设备配对程序立即开始发挥其魔力。多年以来,鲍勃每周都会通过手机上的外卖应用程序从他最喜欢的快餐店订购一两次午餐。然而,他压根不知道,这些拥有外卖应用程序的公司和快餐连锁店背后的公司为了促进其业务,早已与 CAVs 制造商达成了战略合作,支持对其共享消费者数据。

现在是 12 点 45 分:是时候约三两个好友见面吹嘘一下了。鲍勃想起医生的建议,于是在出门时特意带上了一盒味道清淡的沙拉。他坐上 CAVs,把健康午餐盒往前排座位一扔,然后确定了目的地。接下来,系统根据其默认设置开始计算最佳路线。其中，有 3 条路线都可行。然而，只有一条路线经过鲍勃所喜欢的快餐店附近。在鲍勃不知情的情况下，系统自发地选择了这条路线并开始出发。

在还有 8 分钟就经过该快餐店时，车辆触摸屏上的一个弹出窗口通知鲍勃，他们很快就会到达该快餐店附近。作为一个 CAVs 的新车主，他可以在他最喜欢的套餐上享受30％的折扣。与此同时，CAVs 会话助理向鲍勃表示，他只需说一句："让我们停下来吃午饭！"CAVs 将立刻前往该快餐店的免下车餐厅。

看了一眼副驾上的绿色沙拉，鲍勃顿时感觉索然无味，立马发出"停车吃饭"的指令。

用户个人信息的价值在于，它不仅可以跨越个人的保密屏障，还可能会被商业公司用来操纵个人选择以此谋利。在鲍勃的案例中，通过将不同设备收集、存储的关于其个人习惯与行为的信息聚合起来，就可以为其消费者身份进行画像、预测其未来决策，并引导其在符合相关公司利益的情况下作出决策。对于个人的品位、偏好、习惯和兴趣了解得越多，就越能利用其出行数据投放定位广告，如及时向经过的目标乘客投放产品广告（Hansson et al.，2021）。因此，由于交通出行的利益相关方与其他企图利用交互式 CAVs 作为广告平台的公司之间的协议，定向投送广告可能会呈指数级增长。

在某种程度上，类似的情况已经颇为常见。互联网浏览器、社交网络、会话代理和流媒体平台都会收集有关用户行为的信息，以期改进用户画像并强化目标广告。自动驾驶在此中发挥的作用是，推荐系统与用户之间的交互将发生在授权的背景下，其中计算路线与到达目的地这两项任务将由自动化系统处理。执行这些功能所依据的参数主要包括收集的个人信息以及与第三方签订的商业协议等特定信息。如果没有予以实时告知，用户最终可能会被各种广告包围其中，这将会对个人不受干扰的权利造成侵犯。此外，这种对于个人领域的全面侵入可能会损害个人的自决权，并使本就艰难的抉择更加难以做出。正如在鲍勃的案例中用户画像与定位广告可能会对虽然艰难但至关重要的自我护理过程构成巨大阻碍，使得数据主体更难摒弃不健康的习惯，从而更难改善他们的健康状况。

尽管如此，完全反对监视和用户画像（用户画像必然会导致操纵）也不现实。无数用户数据收集的例子表明，CAVs 用户可能希望利用相关的数据收集手段为自己谋利（Hacker，2017）。例如，出于安全感或者好奇心，一些用户可能会乐于被他人追踪，甚至深度渴望有人追踪（Glancy，2012）。心率监测和眼动追踪设备收集的数据对健康状况的信息反馈可能有助于用户控制自己的健康状况（Mulder & Vellinga，2021）。一些 CAVs 用户可能也愿意与值得信赖的第三方公司共享个人信息，以便能收到有关新品或折扣的最新消息。他们甚至可能会觉得驾驶系统自动安排的路线颇为方便，让他们有机会接触到自己想要的产品并决定是否购买。

因此，严格的隐私限制并不能自动地服务于自我决策。正如伦理分析所表明的那样，隐私是一种工具性价值。有些人为了追求其他利益，可能愿意降低他们的隐私期望。因而，这里真正重要的是，有关隐私与其他价值之间权衡的决定往往源自于针对风险及其影响的所有可及信息基础之上。用户要始终清楚建立其用户画像所依据的信息、可以访问这些信息的公司及其可能产生的后果。此外，用户应该能够对整个过程进行精细化控制，这样他们就可以确保系统建议将服务于自己自主决定的利益和第三方的利益，而不致于在满足第三方利益时损害自身的利益。在鲍勃的案例中，鲍勃应该意识到，驾驶系统可能会在他最喜欢的快餐店前停下，这样他就可以自主决定——是接受系统推荐而不理会医生的警告，还是断然拒绝这种不利于自己追求健康生活的操纵形式。

总之，第三方对个人信息的利益诉求——通过影响自动驾驶功能，从而将收益最大化可能会侵犯个人的隐私，损害个人免受骚扰与冒犯的自由。然而,隐私保护与系统推荐之间的各种平衡可以通过合法的方式得以达成。最为重要的是,权衡隐私与其他利益的选择必须基于自主知情。因此,从法律角度来看,向各利益相关方提供知情同意是以负责任的方式应对隐私的工具性特点的必要步骤。此外,提供管理或撤回同意选项的路径有利于确保用户的利益被放在首位。然而,如何合理地告知数据主体其个人数据的访问对象与访问目的,以及如何在需要时撤回同意,这将是颇为棘手的问题(Sucharski & Fabinger,2017)。基于用户知情同意的合同存在利用用户自身弱点与个人漏洞的风险。换言之,所谓假定的"知情同意合同具有剥削性质"实际上真实存在,因此,随之而来的风险应该予以妥善解决。

3.5 应对隐私挑战：设计、监管与社会教育

如前所述,自动驾驶带来了各式各样的隐私风险。只有仔细识别并负责地应对这些风险,才能提高用户接受度、增强社会信任度、实现伦理上的全面创新。关于如何做到这一点,可谓仁者见仁,智者见智(Le et al.,2018)。本节概述了关于如何应对自动驾驶中的隐私威胁的主流观点。

大体上,应对 CAVs 相关隐私问题的策略可以分为三个相互关联的组别：设计伦理学方法,监管机制以及教育方案。总体来说,规定如何将隐私纳入 CAVs 设计的指导方针越来越受到法律法规的支持——这些法律法规对于数据收集、共享和使用设置了严格的限制。与此同时,人们越来越认识到需要提高公众意识,并为未来的用户提供应对自动驾驶隐私挑战所需的工具与知识。

从设计伦理学的角度来看,社会各界已经从不同程度强调了汽车制造商在早期设计阶段进行全面的隐私影响评估的必要性以及制定明确的行业标准和最佳实践的重要性。目前,学界正在对一些旨

在通过设计加强隐私保护的观点进行评估。其中，区分车载与非车载数据处理(Boeglin，2015；Fossa et al.，2022；Glancy，2012)有助于我们找到降低隐私风险的方法。由于数据通信可能会通过向第三方提供访问权限或将处理流程暴露于外部攻击而增加隐私风险，因此，在可能的情况下，人们更倾向于通过车载数据处理来推动隐私保护。同样，根据默认隐私策略，将高级隐私保护偏好设置为 CAVs 中的默认设置将为上述一些问题提供部分解决方案(Glancy，2012；Mulder & Vellinga，2021；Schoonmaker，2016)。

　　一般来说，"隐私—设计"方法通常被认为是一个极为有用的方案，可以将隐私增强型解决方案直接融入 CAVs 的设计之中(Boeglin，2015；Glancy，2012；Karnouskos & Kerschbaum，2018；Rannenberg，2016；Schoonmaker，2016)。在这种情况下，人们已经认识到数据最小化原则的特殊作用(Glancy，2012；Rannenberg，2016)，该原则要求利益相关方在通过 CAVs 收集数据时尽可能地有所节制。此外，一些学者建议，要鼓励研发者设计相关技术，支持用户保持对个人信息的控制能力及自决能力，并保护其免受监视、入侵、操纵和利用(Hacker，2017；Krontiris et al.，2020；Rannenberg，2016；Schoonmaker，2016)。同时，一些学者还对匿名化、去中心化存储、访问限制与身份验证、加密以及系统性删除等隐私增强技术的优缺点进行了讨论与评估(Glancy，2012；Karnouskos & Kerschbaum，2018)。

　　从法律层面上看，相关人士正在建立越来越深入细化的监管框架，以便管理对 CAV 生成的个人数据的收集、使用、存储与共享，旨在保护道路使用者免受隐私侵犯，并为研发者提供有效的指导(Lim & Taeihagh，2018；Taeihagh & Lim，2019)。然而，在现阶段，这些监管因地区不同而存在各种差异，总体上仍然处于初级阶段。在学术讨论中，学者们特别关注《通用数据保护条例》及其对自动驾驶产业的影响(Costantini et al.，2020；Mulder & Vellinga，2021)。例如，他们已经讨论了符合《通用数据保护条例》的自动驾驶知情同意所面临的诸多严峻挑战,在对其充分性提出质疑的同时,也为算法公平程序和"隐私即服务"型解决方案等全新可能性开辟了路径(Hacker, 2017;Sucharski & Fabinger, 2017)。更宽泛地讲,学者们讨论了将用户知情同意作为一种恰当的方式来告知道路使用者并获得其对 CAV 数据收集和使用许可存在的诸多陷阱,这就意味着我们有必要对这一执行隐私权的关键工具进行认真的反思(Glancy, 2012;Krontiris et al., 2020;Schoonmaker, 2016)。

最后,提高对潜在风险的认识以及开展对利益相关方的有关教育也越来越被看作是加强隐私保护的重要举措(Costantini et al., 2020;Liu et al., 2020)。告知用户放弃隐私权以及隐私保护可能带来的危害是为用户自我意识创造条件的基础,也是促进用户采取负责任行为的根本。如果没有专门的教育方案与信息通知来帮助人们认识到保护交通隐私的重要性,那么即使身处自动驾驶的美好现实之中,也很难确保这种脆弱的权利能够得到相应的尊重以及切实得以执行。

3.6 认识人工行动与人类行为之间差异的重要性

将隐私作为自动驾驶关键价值的讨论表明,在不过度依赖适用于人类自主行为的概念框架的情况下,对人工代理所带来的伦理方面的风险予以评估尤为关键。当人类行为转化为机器功能时,价值框架也会相应地随之发生改变。承认这一变化具有重要意义。在我看来,对自动驾驶面临的伦理挑战的全面分析不能完全依赖于它与人类驾驶的相似性。相反,必须要找到二者之间的差异性,并以此为基础开展后续分析。

随着交通出行逐渐进入数字时代,那些威胁基本社会伦理价值的隐私风险日益需要人们予以关注。在数字革命之前,交通环境中的隐私问题通常具有积极涵义。一进到车里,手握方向盘,脚放踩踏板，人们会感觉很安全，可以免受他人的监与控制。如本章所述，将驾驶任务委托于人工代理完全改变了车辆以往的隐私性，过去适用于人工驾驶的东西似乎已成明日黄花。自动驾驶的到来更是带来了天翻地覆的变化，我们需要对其所附带的伦理价值进行全方位的重新考量。

伦理价值与驾驶体验之间传统关系的演变不仅对 CAVs 的伦理分析，而且对人工代理的哲学分析意义重大。事实上，这揭示了将人类行为转化为相应的机器功能的真正含义，其不仅仅是人工代理对人类的简单取代。虽然人工代理或多或少可以按照与人类相同的思路或参照相同的概念来理解，但是它们具有区别于人类的一些行为准则。因此，对于二者之间差异的认识至关重要。同时，我们要理解并且需要仔细寻找这些差异，这是任何人工代理哲学的关键任务所在(Fossa，2018)。

隐私问题恰恰突出了这一点。关于自动驾驶当中隐私的伦理意义的相关讨论证明了保留差异性理论空间的重要性，同时强调了充分认识人工代理所具有的特殊性特征的必要性。实际上，将自动驾驶视为是对人类定驾驶的"一比一复制"对于隐私问题的识别与管理几乎毫无帮助。如果我们假设像 CAVs 这样的人工代理能够表现出与技术对人类行为的简单复制所不同的方面，这将鼓励人们去寻找其独有的特征。在此基础上，那些过去与人类无关，但是现在却与人工代理相关的伦理问题就能得到更好的认识与解决。

总之，保留差异性空间对于提高人们认识到人工代理的设计和应用可能带来的潜在伦理风险至关重要。然而，寻找二者之间的差异也同等重要，以免将不适合展现的品质错误地投射到人工代理身上——即使这些品质通常可以在其人类原型身上找到。即便在某些情况下，二者的相似之处可能会触发有趣的碰撞，但在其他情况下，它们可能会掩盖某些关键性差异。因此，自动化的实际表现与人类行为越是相关，我们就越应该谨慎地采用合适的概念框架。

从伦理维度来看，自动化的道德判断表现与人类行为更具相关性。能够区分是非善恶是人类作为道德主体的关键特征。自主、自决与自尊等关键伦理要素与人类进行道德判断的能力密切相关。值得注意的是，这种道德判断几乎无处不在，它包括驾驶行为在内的各种人类活动。例如，人工驾驶就意味着人类需要做出道德选择。那么，当驾驶行为实现自动化时，道德判断会发生什么样的变化？

为了对驾驶的道德层面作出正确的解释，我们似乎需要从技术层面复现道德判断。CAVs 必须成为道德型人工代理。这就意味着我们要选择特定的概念与术语来对这类机器进行描述，并且在这种分类的基础上对其提出期望。换言之，这并非是一个简单的是非判断问题，尚且有待深入分析。下一章的重点是与自动驾驶相关的自动化道德决策，我们可以借此愈加清晰地了解什么是道德型人工代理？我们对它们的期望是什么？这些都是人工代理哲学所要考察的最为基本的问题。

参考文献

Alvarez-Léon, F. B. （2019）. Eyes on the road: Surveillance logics in the autonomous vehicle economy. *Surveillance & Society*, 17(1/2), 198–204. https://doi.org/10.24908/ss.v17i1/2.12932.

Bentham, J. (2010). In M. Božovič (Ed.), *The panopticon writings*. Verso.

Boeglin, J. A. (2015). The costs of self-driving cars: Reconciling freedom and privacy with tort liability in autonomous vehicle regulation. *Yale Journal of Law and Technology*, 17(4), 171–203.

Collingwood, L. (2017). Privacy implications and liability issues of autonomous vehicles. *Information & Communications Technology Law*, 26(1), 32–45. https://doi.org/10.1080/13600834.2017. 1269871.

Costantini, F., Thomopoulos, N., Steibel, F., Curl, A., Lugano, G., & Kováčiková, T. （2020）. Autonomous vehicles in a GDPR era: An international comparison. In D. Milakis, N. Thomopoulos, & B. van Wee (Eds.), *Advances in transport policy and planning* (Vol.5, pp.191–213). Academic Press. https://doi.org/10.1016/bs.atpp.2020.02.005.

Cunneen, M., Mullins, M., Murphy, F., Shannon, D., Furxhi, I., & Ryan, C.

（2020）. Autonomous vehicles and avoiding the trolley（dilemma）: Vehicle perception, classification, and the challenges of framing decision ethics. *Cybernetics and Systems*, 51(1), 59 - 80. https://doi. org/10. 1080/019 69722.2019.1660541.

Dhar, V.（2016）. Equity, safety, and privacy in the autonomous vehicle era. *IEEE Computer*, 49(11), 80 - 83. https://doi.org/10.1109/MC.2016.326.

Floridi, L.（2014）. *The fourth revolution*. Oxford University Press.

Foucault, M.（1995）. *Discipline and punish. The birth of the prison*. Random House.

Fossa, F.（2018）. Artificial moral agents: Moral mentors or sensible tools? *Ethics and Information Technology*, 20, 115 - 126. https://doi. org/10. 1007/s10676 - 018 - 9451 - y.

Fossa, F.（2021）. Artificial agency and the game of semantic extension. *Interdisciplinary Science Reviews*, 46(4), 440 - 457. https://doi.org/10. 1080/03080188.2020.1868684.

Fossa, F., Arrigoni, S., Caruso, G., Cholakkal, H.H., Dahal, P., Matteucci, M., & Cheli, F.（2022）. Operationalizing the ethics of connected and automated vehicles: An engineering perspective. *International Journal of Technoethics*, 13(1), 1 - 20. https://doi.org/10.4018/IJT.291553.

Glancy, D.J.（2012）. Privacy in autonomous vehicles. *Santa Clara Law Review*, 52(4), 3, 1171 - 1239. https://digitalcommons. law. scu. edu/cgi/viewcontent. cgi?article=2728&context= lawreview&httpsredir=1&referer=.

Grunwald, A.（2016）. Societal risk constellations for autonomous driving. Analysis, historical context and assessment. In M. Maurer, J. Gerdes, B. Lenz, & H. Winner（Eds.）, *Autonomous driving*（pp.641 - 663）. Springer. https://doi.org/10.1007/978 - 3 - 662 - 48847 - 8_30.

Hacker, P.（2017）. Personal data, exploitative contracts, and algorithmic fairness: Autonomous vehicles meet the internet of things. *International Data Privacy Law*, 7(4), 266 - 286. https://doi. org/10.1093/idpl/ipx014.

Hansson, S.O., Belin, M.-Å., & Lundgren, B.（2021）. Self-driving vehicles — An ethical overview. *Philosophy of Technology*, 34, 1383 - 1408. https:// doi.org/10.1007/s13347 - 021 - 00464 - 5.

Jannusch, T., David-Spickermann, F., Shannon, D., Ressel, J., Völler, M., Murphy, F., Furxhi, I., Cunneen, M., & Mullins, M.（2021）. Surveillance and privacy — Beyond the panopticon. An exploration of 720 - degree observation in level 3 and 4 vehicle automation. *Technology in Society*, 66, 101667. https://doi.org/10.1016/j.techsoc.2021.101667.

Karnouskos, S., & Kerschbaum, F.（2018）. Privacy and integrity considerations in hyperconnected autonomous vehicles. *Proceedings of the IEEE*, 106(1), 160 – 170. https://doi.org/10.1109/JPROC. 2017.2725339.

Krontiris, I., Grammenou, K., Terzidou, K., Zacharopoulou, M., Tsikintikou, M., Baladima, F., Sakellari, C., & Kaouras, K. (2020). Autonomous vehicles: Data protection and ethical considerations. In *Computer Science in Cars Symposium* (*CSCS' 20*) (pp. 1 – 10, Article 10). Association for Computing Machinery. https://doi.org/10.1145/3385958.3430481.

Kumfer, J. W., Levulis, S. J., Olson, M. D., & Burgess, R. A. (2016). A Human Factors Perspective on Ethical Concerns of Vehicle Automation. In *Proceedings of the Human Factors and Ergonomics Society 2016 Annual Meeting*, pp. 1844 – 1848. SAGE Publications. https://doi.org/10.1177/154 1931213601421.

Liu, N., Nikitas, A., & Parkinson, S. (2020). Exploring expert perceptions about the cyber security and privacy of connected and autonomous vehicles: A thematic analysis approach. *Transportation Research Part F: Traffic Psychology and Behaviour*, 75, 66 – 86. https://doi.org/10.1016/j.trf. 2020.09.019.

Lim, H. S. M., & Taeihagh, A. (2018). Autonomous vehicles for smart and sustainable cities: An in-depth exploration of privacy and cybersecurity implications. *Energies*, 11(5), 1062. https:// doi.org/10.3390/en11051062.

Le, V. H., den Hartog, J., & Zannone, N. (2018). Security and privacy for innovative automotive applications: A survey. *Computer Communications*, 132, 17 – 41. https://doi.org/10.1016/j.com com.2018.09.010.

Mellor, C. (2020). *Data storage estimates for intelligent vehicles vary widely.* https://blocksandfiles. com/2020/01/17/connected-car-data-storage-estimates-vary-widely/. Accessed: April 23, 2021.

Mulder, T., & Vellinga, N. E. (2021). Exploring data protection challenges of automated driving. *Computer Law & Security Review*, 40, 105530. https://doi.org/10.1016/j.clsr.2021.105530.

Nissenbaum, H. (2009). *Privacy in context. Technology, policy, and the integrity of social life.* Stanford University Press.

Nur, K., & Gammons, T. (2019). The benefits of accessing transport data to support intelligent mobility. In O. Coppola & D. Esztergár-Kiss (Eds.), *Autonomous vehicles and future mobility* (pp. 93 – 111). Elsevier. https:// doi.org/10.1016/B978 – 0 – 12 – 817696 – 2.00008 – 1.

Paterson, M. (2007). *Automobile politics: Ecology and cultural political economy.* Cambridge University Press.

Rachels, J. (1975). Why privacy is important. *Philosophy & Public Affairs*, 4

(4)，323 – 333. https：// www.jstor.org/stable/2265077.

Rannenberg，K.（2016）. Opportunities and risks associated with collecting and making usable additional data. In M. Maurer，J. Gerdes，B. Lenz，& H. Winner（Eds.），*Autonomous driving*（pp.497 – 517）. Springer. https：//doi. org/10.1007/978 – 3 – 662 – 48847 – 8_24.

Regan，P.（2015）. Privacy and the common good：Revisited. In B. Roessler & D. Mokrosinska（Eds.），*Social dimensions of privacy: Interdisciplinary perspectives*（pp.50 – 70）. Cambridge University Press. https：//doi.org/10. 1017/CBO9781107280557.004.

Reiman，J.H.（1995）. Driving to the panopticon：A philosophical exploration of the risks to privacy posed by the highway technology of the future. *Santa Clara High Technology Law Journal*，11（1），5，27 – 44. https：// digitalcommons.law.scu.edu/chtlj/vol11/iss1/5.

Schoonmaker，J.（2016）. Proactive privacy for a driverless age. *Information & Communications Technology Law*，25（2），96 – 128. https：//doi. org/10. 1080/13600834.2016.1184456.

Sucharski，I. L.，& Fabinger，P.（2017）. Privacy in the age of autonomous vehicles. *Washington & Lee Law Review Online*，73（2），7，724 – 755. https：//scholarlycommons.law.wlu.edu/wlulr-online/ vol73/iss2/7.

Taeihagh，A.，& Lim，H. S. M.（2019）. Governing autonomous vehicles：Emerging responses for safety，liability，privacy，cybersecurity，and industry risks. *Transport Reviews*，39（1），103 – 128. https：//doi.org/10. 1080/01441647.2018.1494640.

van de Poel，I.（2009）. Values in engineering design. In A. Meijers（Ed.），Philosophy of technology and engineering sciences. *Handbook of the Philosophy of Science*（pp.973 – 1006）. Elsevier. https：//doi.org/10.1016/ B978 – 0 – 444 – 51667 – 1.50040 – 9.

Warren，S.D.，& Brandeis，L.D.（1890）. The right to privacy. *Harvard Law Review*，4（5），193 – 220. http://links. jstor. org/sici? sici = 0017-811X％ 2818901215％294％3A5％3C193％3ATRTP％ 3E2.0.CO％3B2 – C.

Zuboff，S.（2019）. *The age of surveillance capitalism*. Public Affairs.

第 4 章

不可避免的碰撞：
道德判断的自动化

4.1　不可避免的碰撞：走近机器伦理学

正如关于安全性论证的讨论所表明的那样，人们相信利用技术手段可以真正地避免当今社会中的绝大多数交通事故——这也是自动驾驶技术的核心要义所在。通过利用可信赖的数字系统来避免人类过失，管理交通运行，道路交通有望在安全方面取得前所未有的进步。然而，即便自动驾驶能够大幅地减少发生交通事故的频次，交通事故仍然无法完全予以避免（Goodall，2014a；Lin，2013）。技术故障问题、基础设施问题以及人类的不当行为等将始终威胁交通安全。事实上，纵使一切运作正常，也有可能祸从天降。驾驶行为本身就是一种极为复杂的情况，充斥着不确定性、未知性与风险性。实际上，即便是从理论上来说，不幸的事件也是不可避免的，因为任何行为都有可能引起突发事件。换言之，有些事故本身就无法避免。

不可避免的碰撞场景指的是这样一种交通情景，即一无论采取任何行动，车辆都必然造成伤害（Goodall，2014b）。鉴于这些不可避免的伤害可以不同程度地分散到相关群体当中（如驾驶员、乘客、摩托车司机、骑自行车的人、行人以及其他道路使用者），这些碰撞场景显然会涉及到伦理利益（Bonnefon et al.，2015；Lin，2015）。正是在这一方面，许多令人费解的道德问题纷纷涌现。例如：是否应当以牺牲驾驶员自身与乘客的利益为代价来实现人类损失的最小化？驾驶员对其乘客所负有的责任是否要胜过对于其他道路使用者的责任？在选择撞谁抑或不撞谁之间，驾驶员应该坚持哪种价值与行为标准？

在人工驾驶的情况下，如果碰撞不可避免，如何分配伤害的伦理考量显然目前只是停留于理论层面，因此并没有引起太大波澜。实际上,若坐在方向盘后面的人突然发现自己正处于碰撞不可避免的危急时刻,他几乎没有进行道德判断的时间。纵使这一情况本身具有重大的道德意义,但对驾驶员而言,事件发生的速度以及心理上的高度紧张都不允许他进行反思性的道德判断。此时此刻,人类的本能反应占据上风,事件的发展也超出了实践理性的范畴。

然而,自动驾驶似乎改变了一切(Cunneen et al.,2019a；Schäffner,2021)。在过去,驾驶员需要即刻做出的选择现如今交到了自动驾驶系统的手里。这样一来,上述需要人类作出道德判断的困境将不复存在。要知道,计算机系统不受瞬时选择的时间紧迫性与心理紧张性的限制。在碰撞不可避免时,信息处理不会受到影响,可以像在其他正常驾驶情况下一样迅速处理。借此,在自动驾驶系统的介入下,过去难以及时作出道德判断的情境现在有望从道德方面采取行动。从原则上讲,自动化将有望使得系统行为符合伦理价值,即便是在碰撞不可避免发生的短短几秒钟之内。与此同时,伤害分配将不再是一个随机性事件。恰恰相反,它将完全成为一种道德推理行为。只要伤害可以按照是非良善进行分配,分配就必须如此进行。把伤害分配相关的伦理选择委托于 CAVs 等人工代理的现实可能性也将意味着我们有责任赋予系统所需之物,以便这些选择能够得以充分考量。

纵然 CAVs 似乎是道德控制舞台上的主角,但我们也不能忽略背后控制着 CAVs 的那双隐形之手。道德控制能够在不可避免的碰撞中得以复现,并非是因为 CAVs 可以像乘客所期待的人类专职驾驶员那样能够独立做出最佳判断。相反,CAVs 的介入表明,进行道德判断的主体从驾驶员转移到了程序员,而需要进行道德判断的情境被前置到了设计阶段。借此,自动驾驶系统变成了一种"道德缓冲"(Kumfer & Burgess,2015：131),或者是如米勒(Millar)(2016：54)所说的一种"代表其设计者行事"的道德代理人。通过这种方式,不可避免的碰撞发生时所需的道德判断就可以由处于最佳状态的人类主体予以间接处理。与驾驶员不同，程序员有足够的时间可以理性地思考系统应该采取什么样的行动，并设计出相应的所谓的碰撞优化算法。

这就是自动驾驶与机器伦理学的交叉点（Gerdes ＆ Thornton，2015；Goodall，2014b）。即便将控制权移交给人类用户可能是处理某些与伦理相关的驾驶情况的最佳方案，但在不可避免的碰撞发生时，人类在时间与心理层面的局限性将会被无限放大，这也使得那些能够独立进行道德意义重大的决策的系统成为必然（Nyholm，2018）。机器伦理学的目的就在于满足这一需求。

机器伦理学这一研究领域旨在赋予人工代理以下诸种能力，包括但不限于：处理道德信息的能力、计算道德选择的能力以及执行相应道德行为的能力（Anderson ＆ Anderson，2011；Wallach ＆ Allen，2009）。直观地看，我们将要采用的自动驾驶系统就属于道德型人工代理。因此，我们为 CAVs 在不可避免的碰撞场景中可以按照伦理原则进行伤害分配所做的努力可以被看作是构建道德型人工代理的具体尝试。正因如此，自动驾驶与机器伦理学之间的交叉点对于实现我们的目的至关重要。就任何关于人工代理的哲学理论而言，阐明人工智能道德能动性及人类道德能动性的概念都是一项关键任务。在这一点上，对于自动化道德判断及其在 CAVs 中实施的讨论将为之提供重要的指导意义。

对于自动驾驶与不可避免的碰撞的道德论辩已然引起了社会各界的广泛关注，以至于有些人将其误认为是一味地关注技术的伦理层面（Bonnefon et al.，2019，2020；Goodall，2016a）。这场论辩的参与度如此之高，以至于有人开始认为需要将其系统化（Dogan et al.，2020；Krontiris et al.，2020；Nyholm，2018）或需要回溯其历史渊源（Santoni de Sio，2021）。

在下文中，我们将对这一论述进行归纳总结，旨在批判地考查其主要观点，并深入探究人工智能道德能动性这一概念。在 4.2 小节中,我们考察了一种机器伦理学方法,该方法旨在通过伦理学理论或原则的启发来设计碰撞优化算法。4.3 小节讨论了实证研究,通过收集人们在不可避免的碰撞场景下所做出的判断,将其作为设计公众可接受的碰撞优化算法的数据基础。在 4.4 小节中,我们探讨了该论辩的意义,并对反对观点进行了探讨,这些反对观点表明:将精力用于处理那些更加紧迫的现实性问题才是明智之举。最后,我们将在4.5 小节中总结这场论辩提供的若干思路,以便更好地理解人工智能道德能动性这一新的伦理现象,同时深化认识——人工智能道德能动性需要根据自身的具体情况予以探索。

4.2 道德判断自动化:规范性方法

当不可避免碰撞涉及 CAVs 时,根据伦理价值分配伤害的可能性完全取决于能够以正确的方式阐述正确的信息的并能对车辆行为进行相应的控制的算法。这一挑战要求伦理学与计算机科学相互联手,试图设计出一种与人类道德判断功能等效的算法。如前所述,这是机器伦理学的研究目标,也可以看作是为建立道德型人工代理所做的努力。在自动驾驶这一具体案例中,程序员需要依照相关道德考量或更简单地说,相关伦理环境(Millar,2017)完成碰撞优化算法的编程操作(Lin,2015)。

哲学伦理学可以看作是实现机器伦理学目标的一个基本立足点。规范性理论——致力于阐明如何以合乎伦理的方式行事——可以为将道德判断转化为计算机语言提供无可比拟的反思与理性基础。事实上,这是机器伦理学领域中最受欢迎的研究路径之一(Anderson & Anderson,2011;Wallach & Asaro,2016),而且同样适用于对 CAVs 的研究。由于不可避免的碰撞中的伤害分配属于典型的道德判断,因此哲学伦理学可以为碰撞优化算法的制定提供重要启示。

除了规范性理论，哲学伦理学也为学者们提供了一个描绘与分析不可避免的碰撞场景的基本框架。的确，许多学者在菲利帕·富特(Philipppa Foot)提出的"电车难题"(Foot，1967；另见 Kamm，2016；Thomson，1985，2008)(这可以说是当代最受欢迎的一个关于伦理困境的例子)中发现了一个用于设想 CAVs 与其他利益相关方不同场景的宝贵蓝图。作为"电车难题"的类比变体，许多貌似不可避免的碰撞场景被相关学者引入到讨论之中，并对其进行了仔细研究，这些场景往往含括一系列痛苦的抉择，如自我牺牲或者在潜在受害者群体中进行选择(如 Bonnefon et al.，2016；Gurney，2016；Kumfer & Burgess，2015；Lin，2015；Wang et al.，2022)。正如 4.4 小节将会讨论的那样，在通过诉诸"电车难题"来研究涉及 CAVs 的不可避免的碰撞时，赞成与反对的声音此起彼伏，引发了人们对该方法在自动驾驶伦理学研究中的利弊之争。

换言之，关于电车式场景的争论愈演愈烈，这表明相关抉择结果将取决于所采用的伦理理论(de Moura et al.，2020；Kumfer & Burgess，2015；Siegel & Pappas，2021)。事实上，伦理理论是出了名的多元多变，程序员与哲学家可以选择不同的理论来对这一场景中的道德判断进行探讨。因此，各种问题纷纷涌现。一方面，伦理理论可能相互排斥，因而选择哪一种理论来为道德判断自动化辩护已然是一个巨大挑战。另一方面，当一般性主张被用于分析具体情境时，每一种伦理学理论自身都存在局限性(Etzioni & Etzioni，2017)。此外，将哲学论证转化成计算机语言也相当复杂，很难保证不出问题。尽管逻辑推理思维是哲学伦理学与计算机科学的核心(Gerdes & Thornton，2015)，但它们所包含的对象的多样性——既包括人类道德主体，又包括数字系统——同样有必要考虑在内。尽管如此，哲学伦理学已然被机器伦理学研究人员广泛视为一种关键的理论基础。如下面几个部分所示，这一主张在自动驾驶语境中同样得到了不同程度的认可。

功利主义

所有的经典伦理学理论都被作为制定碰撞优化算法的规范性基础进行了探讨（Dogan et al.，2020；Geisslinger et al.，2021）。其中，功利主义受到了极大的关注。

根据功利主义的方法，如果一个行动方案能够使得某种效用最大化，那么它就合乎伦理，相应地这个方案也会被认为是有益的。不同的理论框架对于效用的概念有着迥然不同的定义，如集体幸福感、社会福祉、无苦无厄等等。在各种备选方案之间做选择时，应该对每个方案的相关道德维度有所测度，并相互权衡。所谓最合乎伦理的选择是指那些能够保证利益最大化、伤害最小化的方案。

在交通领域中，可以预见人们将在以下方面达成一致——将道路使用者的生命与身体完整性视为需要最大化的效用（Kumfer & Burgess，2015）。因此，减少伤害的义务可能会成为从伦理上规范道路使用者（不论他们是行人、骑自行车的人、驾驶员还是 CAVs）行为的首要原则。根据这一原则，如果一个行动方案能够最大限度地保护道路使用者的身体完整性，那么其就合乎伦理。反过来，如果这些行为能够最大限度地减少对道路使用者的伤害，它们同样合乎伦理——这种说法被称为"伤害最小化原则"。为了在不同的行动方案之间做出选择，首先要对预期伤害进行量化。例如，为每一个可预见的伤害设定一个货币价值，然后在这种量化的基础上做出选择。

事实上，诸多因素都在鼓励人们基于伤害最小化原则的功利主义方法设计碰撞优化算法。该原则本身相对简单，相当直观，并且易于付诸实践，其表面上的合理性似乎为这一尝试提供了坚实的规范性基础。此外，功利主义推理很容易在风险管理与成本功能优化方面进行重构，这使得将其转化为计算机语言变得不难实现（Gerdes & Thornton，2015；Goodall，2016a；Schäffner，2018）。因此，功利主义有望将道德考量纳入 CAVs 控制逻辑之中。

然而，功利主义的伦理设定也招致了严厉的批评（Schäffner，2018，2020）。首先，对危害进行客观的量化或比较是一个极具争议性的问题（Goodall，2016b；Wang et al.，2022）。鉴于针对如此复杂的评估达成一致性意见几无可能，这将导致我们从一开始就陷入僵局。此外，伤害最小化原则可能不足以捕捉到不可避免的碰撞中真正的利害关系。例如，这种做法也曾遭到严厉反对——认为其会导致结果有失公允。遵循伤害最小化原则的功利主义框架所达成的道德平衡很少会考虑到受害者的个性特征，而这可能会产生道德上的争议。事实上，功利主义型碰撞优化算法在最大限度减少危害的同时，没有考虑到那些为了集体利益而有所牺牲的个体的权利、自主性以及合理期望等关键性道德考量（Schäffner，2020）。例如，在不可避免的碰撞事故当中，独行者、高安全系数汽车的车主以及佩戴安全设备的道路使用者最终很有可能成为撞击对象——尽管他们对于所发生的危险情况可能并不负有任何责任。

类似的争论还出现在是否使用 CAVs 这一更为广义的问题上。在这种情况下，采用伤害最小化原则会引发所谓的"非同一性"问题（Lin，2013），该问题是围绕这样的认识展开的：与目前更容易受到交通风险影响的道路使用者相比，CAVs 相关事故所牵涉到的道路使用者数量将大大减少，且可能分属不同类别。因此，"提高一个群体的安全性可能是以牺牲另一个群体为代价的"（Goodall，2014b，98）。从道德角度来看，这种重新分配是否公平仍然值得商榷（Hevelke & Nida-Rümelin，2015）。

乍一看，这个问题的解决方案可能是通过考虑相关道路使用者的个人信息来确定伤害最小化方案——这些信息的丰富性远超个体预计遭受身体伤害的严重程度。通过这种方式，可以确保不同类别的道路使用者能够或多或少地得到保护，并且可以在不可避免型碰撞过程中实现伤害最小化与其他同等（或可能更）重要的道德目标之间的权衡。例如，功利主义型伦理设定有时会以牺牲乘客为代价来保护其他道路使用者，这可能会影响用户的可接受度，进而妨碍其对 CAVs 及其所带来的利益的接受（Gurney，2016；Kumfer & Burgess，2015；Lin，2015）。因此，有人认为，应该为 CAVs 乘客提供额外的保护，并相应地将伤害降至最低。然而，正如该提议引发的热议所表明的那样——应该在多大程度上以伦理相关性的方式将乘客安全前置，这显然难有定论（Coca-Vila，2018；Bonnefon et al.，2020；Borenstein et al.，2020；De Freitas et al.，2021；Evans et al.，2020；Geisslinger et al.，2021；Kamm，2020；Karnouskos，2020；Kauppinen，2021；Santoni de Sio，2017；Schäffner，2018；Shaw et al.，2020）。

除了关于碰撞场景中各个参与者的信息，还可以通过获取利益相关方的年龄、健康状况、职业、社会地位等数据来对调整伤害最小化原则的实施（Geisslinger et al.，2021；Goodall，2014a；Gurney，2016）。然而，通过依赖碰撞优化算法对相关方个人数据的敏感来优化伤害最小化原则的想法遭到了强烈反对，因为这将会导致不可接受的歧视性后果。事实上，这是一种不尊重人格尊严、有失道德的权衡方式，因为其将个体生命赋予了不同的权重（Coca-Vila，2018；JafariNaimi，2018；Lin，2015；Liu，2016；Shaw et al.，2020；另见第 6 章）。

最后，技术考量也让人们对功利主义方法产生了怀疑。例如，CAVs 操作当中普遍存在的概率性与不确定性（Geisslinger et al.，2021；Gerdes & Thornton 2015；Lin，2015）将使其在运行时针对所有相关方的可靠风险评估计算变得困难。然而，这对于计算功利主义决策所依据的可行性预测至关重要。对未来状态与潜在危害的估算是功利主义方法的关键组成部分。然而，问题在于，针对近期和长期影响做出全面可靠的预测仍然是一个需要满足的关键条件（Santoni de Sio，2017）。

尽管功利主义方法受到了严厉的批评，但其核心准则无疑对于碰撞优化问题具有重要意义。通过对伤害最小化原则提出限制以及注意事项，可能有助于弥补直接使用该原则过程中出现的最显著的问题。事实上，伦理学理论具有多重具化微观的哲学结构，能够适应各种不同的声音。将这种内在的复杂性纳入到关于伦理设定的讨论之中，将有利于确保功利主义仍然可以为此提供一定的参考。诚如舍夫纳（Schäffner）（2020）所说，更为深入细致的功利主义方法可以为碰撞优化算法的设计提供更多启发。例如，衡量伤害最小化并非只是参照单一行为（行为功利主义），而应参照本应规范这些行为的规则（规则功利主义），这将有助于将公平和非歧视这两个约束条件纳入到伤害最小化的功利主义计算之中。正如在"组合框架"部分会讨论的那样，我们可以基于其他伦理观点生成的约束条件来对功利主义指导原则加以补足。具体到碰撞优化领域，这些伦理观点仍然非常有价值。

道义论

学界对于功利主义以外的其他伦理学理论的潜在作用也有所探索，即便程度较小。特别是从论辩开始以来，道义论或者说义务论伦理学就引起了学界的关注。道义论理论框架围绕着义务的概念展开，并依据由此产生的法律法规针对行动进行评估。因此，遵守义务以及规则就要优先于对潜在效果的考虑。实际上，道义论已然被转化成为机器伦理学的语言，为算法提供正确的约束条件或一套规则，从而使算法的输出与伦理义务的要求相一致（Gerdes & Thornton，2015；Shalev-Shwartz et al.，2017）。

为机器行为确定明确的伦理限制呈现出两个重要的特点。第一，CAVs的伦理管理框架将变得透明，对所有利益相关方均保持开放。其次，基于规则的方法明确支持保护用户免受歧视与不公待遇。除了这些优点，阿西莫夫提出的"机器人定律"同样有助于将道义论的研究方法纳入关于碰撞优化算法以及更为广泛的人工智能道德能动性相关的讨论中(Goodall，2014a；Shaw et al.，2020)。

　　然而,阿西莫夫的故事也揭示了规则型机器伦理方法的局限性。其中,人类道德能动性与人工智能道德能动性之间的一个有趣差异也在此浮出水面。规则需要以适当的方式得以应用,这至少需要两个执行操作程序。首先,掌握具体情况下的相关规则。其次,不仅要严格遵守这些规则,还要遵照其精神内核(我们通常期望人类通过运用常识来做到这一点)。对于这一关键维度的哲学认同最早可以追溯到亚里士多德,他承认这是实践判断的一个重要组成部分。

　　然而,我们不能期望机器能像人类那样通过常识来遵守规则。正如维纳(1964，2013)所强调的那样,机器极其遵循字面意义。因此,在设置规则限制时,需要涵盖每一种可能的情况并与之具体相结合,这给编程与哲学思考带来了巨大的挑战(Geisslinger et al.，2021)。同样,不同法律的等级顺序也必须予以规范化处理,这无疑使编程任务变得复杂(Goodall，2014b)。然而,由于我们不可能总能毫无争议地对各方义务进行规定,所以基于义务论的碰撞优化算法可能会面临相关义务之间彼此冲突的困境,这将导致僵局情况的发生(Gerdes & Thornton，2015；Gurney，2016；Kumfer & Burgess，2015)。因此,通过制定明确透明的伦理规则来管理 CAV 的行为的优势就被巨大的编程障碍与灵活性不足等因素无情地抵消了。

　　在构建道义型 CAVs 所面临的所有固有困难中,交通法的实施就是其中一个经典的案例(Gerdes & Thornton，2015；Goodall，2016b；Gurney，2016)。交通法涵盖了一系列所有交通参与者都必须遵守的规则。乍一看,那些主张交通法必须通过计算机形式转化为对 CAVs 行为的硬性约束条件似乎是合乎情理的。正如 A.阿兹诺尼(Etzioni)和 O. 阿兹诺尼(Etzioni)所说(2017：413),"自动驾驶汽车必须像所有其他汽车一样遵守法律,没有必要让它们能就超速以及污染等行为作出伦理判断。"然而,人类交通参与者确实会从伦理维度思考是否需要以及如何应用交通法。在某种程度上,他们甚至被期望能够以合乎伦理的方式遵守交通规则。例如，成为一名优秀的驾驶员意味着他们有时会违反交通规则——不仅是为了平稳交通流量或遵守驾驶礼节，还可能是为了遵守更高的道德要求（如出于安全原因）。

因此，CAVs 能够具有类似人类自由判断的功能尤为必要——特别是在严格遵守交通规则会产生安全下（Reed et al.，2021），尤为如此。然而，在 CAVs 遵守交通规则的方式上，类似情况无法预设。如果 CAVs 要模仿人类在遵守交通规则时所表现出的灵活性，那么例外情况与懈怠遵守的情况都必须得被明确写入控制算法之中。然而，增加规定应用交通法的操作规则并不能解决问题，反而会使事情变得愈加复杂化。此外，即便是在某些特定的情况下，明确对 CAVs 进行编程以便限制交通法，也可能会被批评为"风险太大，且容易引发责任问题"。这些及以其他类似困难促使学者们得出如下结论，道义论方法可能有助于对 CAVs 的功能设置严格的限制条件，但并不适合单独用来应对自动驾驶的道德复杂性（Goodall，2014a；Wang et al.，2022）。

契约主义

最近，受约翰·罗尔斯（John Rawls）的正义哲学启发，对 CAVs 伦理设定的阐述也从契约主义方法中获得了全新的启示。简而言之，契约主义声称，伦理原则源于社会协定，旨在允许自利型个体之间进行合作。[①] 因此，道德行为的目的是创造条件，从而让每个人都

---

① 至少到目前为止，在关于 CAVs 的伦理学讨论中，契约主义和契约论之间的区别十分模糊。莱本（Leben）在 2017 年的一篇文章中（2017）提出了一种契约主义理论，认为人类是受自身利益驱使的，但同时他也讨论了约翰·罗尔斯——他通常被认为是契约主义者的作品（Cudd & Eftekhari，2021）。因此，基林（Keeling）（2018a）将莱本的主张视为一种契约主义。我在这里采用"契约主义"一词并不是为了在这个问题上表明自己的立场，只是为了反映这样一个事实——莱本的混合方法被许布纳（Hübner）和怀特（White）（2018）、多甘（Dogan）等人（2020）以及盖斯林格（Geisslinger）等人（2021）一致称为"契约主义"。然而，考虑到为这两个框架提供信息的不同规范立场，阐明契约主义和契约论之间的区别是否与碰撞优化算法相关可能会引起一些人的关注。

尽可能地从自己实际占据的社会地位中抽离出来。事实上，罗尔斯的主张是将道德判断理解为发生在"神秘面纱"之下，其中隐藏着相关各方可能面临的各项意外事件，这样任何决策者都会把每个相关方的利益视为其自身利益。因此，某一行为在伦理上是受到赞扬还是指责，取决于其是否能在改善一方利益条件的基础上不对其他利益相关方产生负面影响。正因如此，要想确定该做什么，契约主体可以遵循最大化原则：将每个利益相关方的最低回报予以最大化处理。

在罗尔斯思想的基础上，莱本（2017）对一种碰撞优化算法进行了论述，旨在选择一种行动方案——在把每个道路使用者受到伤害的可能性降至最小的同时，使各方的身体完整性得以受到最大保护，以便使每个神秘面纱下的利益相关方都能够就正在采取的行动方案达成一致。这样一来，在追求社会福祉的同时，所有人都将受到平等的对待，这同样有利于该方法的传播与发展。与此类似，舍夫纳（2018）提出了对结果论方法的修正，她将其称为消极功利主义与优先主义——前者要求降低对处境艰难的利益相关方的风险，后者则要求优先将利益分配给最需要的人。然而，这一方法的实施仍然面临着一些困难。

正如功利主义所处的境遇一样，在将量化的价值与利益相关方的条件联系起来时可能会出现一些问题。量化结果对于不同情景之间的比较相当重要。如果对于身体完整性的潜在威胁可以为量化伤害提供一个良好的标准，那么人们可能会进一步猜测——由于断腿等类似伤害对于不同社会类别的个体（如老年人、父母、工人、失业者等等）的影响不同，算法应该对于这些差异保持敏感，并且有所体现。然而，从社会层面来对伤害量化进行重新确定可能会导致歧视性或不公性类别划分。同时，从伦理上讲，我们可能还需要考虑一些环境因素，从而区分与类似威胁相关的相应权重。例如，许布纳和怀特（2018）声称，如果同样的潜在伤害发生在道路使用者或无辜者（如路边餐厅的顾客等）身上，则应给予不同的评估数值，因为只有后者享有不受干扰或伤害的环境依赖性权利。从技术层面看，对于各个利益相关方在每种情况下可能受到伤害的概率的估计可能会变得极其复杂，并且需要投入更多的时间。

最后，最大化原则可能会产生违反直觉的算法结果，因为要想避免对单个利益相关方造成最大程度的伤害（即死亡），就要以给无数其他道路使用者造成非致命伤害为代价。同样，如果仅仅关注最可能造成的伤害，就掩盖了会有多少道路使用者可能遭受非致命伤害的信息预测。我们可以考虑这样一种情况：实施转向操作很可能导致一个个体死亡以及两人断臂，而不转向则可能导致两人死亡、一人断臂。这时，两种操作造成的伤害类型是相同的，但它们的分布情况却不尽相同。然而，关于有多少人会死或断臂的信息仍然隐藏在神秘面纱的后面。因此，莱本的算法将无法把这两种情况区分开来，因而会予以随机化处理。然而，基林（2018a）认为，罗尔斯关于神秘面纱的概念实际上能让人们对这些情况采取充分的行动。此外，最大化原则应该只适用于在不可避免碰撞情况之下单靠算法无法满足的条件。基于这一点以及其他学者针对莱本提议的反对意见，基林得出结论：基于契约主义的碰撞优化算法虽然颇有前景，但仍然需要进一步予以论证且需要更好的设计。

法律视角

尽管哲学伦理学被看作是针对制定碰撞优化算法而进行规范性思考的主要灵感之源，但学界对于其他解决方案同样也有所探讨。值得注意的是，法律已被尊为 CAVs 伦理设定过程当中的有力支撑（Wu，2020）。尤其是自从刑法对于紧急情况下的伤害分配作出规定之后，相关的司法理论被视为是可为不可避免的碰撞情况中的算法决策提供宝贵的指南。

依据科卡-维拉（Coca-Vila）（2018）所言，碰撞优化的明晰阐释需要遵循刑法以及在紧急情况下进行伤害分配的归因等相关概念。刑法旨在确保社会当中每一个个体的个人自主权得到保护，并在其中实现公平权衡。从这个角度来看，在不可避免的碰撞当中分配伤害需要证明其与刑法目标所产生的权利与义务相互一致。有两个主要原则为伤害分配决策提供了可能性证据。第一个是自主性原则。根据该原则，个体有义务对其自由行为的后果承担相应的责任。这一原则甚至适用于那些被引入风险的个体——即使他们并非错误归因的直接责任人，他们也还是会受到伤害。因此，必须尊重那些没有参与威胁生成的道路使用者所享有的不受伤害的权利，即使将风险指向责任人最终可能会伤害更多的人。因此，刑法根据既定个体在造成伤害方面的责任，强制区分出参与方与非参与方（另见 Lawlor，2022）。然而，基于自主性的伤害分配受到一致性原则的限制。根据这一说法，如果有其他合理的选择——通过将最低限度伤害分配给非当事人可以在很大程度上保护现行的法律利益，那么就必须避免严重性伤害。因此，举个例子来说，如果碰撞优化算法可以挽救没戴头盔的摩托车骑手的性命，那么它应该设计成对戴了头盔的摩托车骑手尽量造成轻微伤害。总之，刑法可能允许通过计算来确定并实现深入细化的解决方案。然而，将这种框架转化为能够反映其复杂性的算法的可能性仍旧有待评估。例如，对于未来算法是否能够具备成功识别全部、部分或无过错责任方的能力，或者是否能够按照一致性原则的要求精确地计算伤害概率和严重程度，我们对此仍然心存疑虑。

同样，圣托尼·德·西奥（2017）建议将研究必要的法律原则作为制定碰撞优化指南的第一步。必要的法律原则旨在规范主体将故意对他人造成伤害作为避免对另一个人或一些人造成伤害的唯一途径这种不幸事件。通常情况下，这种故意伤害行为并不合法。但在特殊情况下，只要受害人与这种情况存在利害关系，我们就可以为主体辩护或者开脱，因此不可定罪。圣托尼·德·西奥（2017）认为，碰撞优化算法可以从中获得重要启示。特别值得一提的是，不能将行人与骑自行车的人等弱势道路使用者故意卷入到碰撞场景中（这可能是算法决策的结果，其目的在于将损失降至最低（中。也就是说，）即便这可能会对已经卷入事故中的个体造成更多伤害。此外，交通法坚持认为汽车用户对行人以及其他弱势道路使用者负有关怀义务，要求善意的驾驶员在任何情况下都要避免对这些道路使用造成损害，不管他们是否存在过失行为（例如闯红灯）。与之类似，CAVs的设计应该优先考虑与其他车辆的碰撞，而不是撞击弱势道路使用者（无论他们做出怎样的行为）。尽管如此，相关车辆的安全级别信息不应被视为影响碰撞优化算法的因素。

总而言之，圣托尼·德·西奥所探索的方法通过结合不同的规范性伦理要素，构成了一个基于法律概念以及相关要求的框架。然而，正如基林（2018b）所指出的那样，在不可避免的碰撞场景中针对伤害进行分配仍然是一个道德问题，因此该框架仍需进行伦理评估与验证。就功利主义者、道义论者以及契约主义者而言，基林将圣托尼·德·西奥的主张重述为一种支持"受限型二八定律"的提议尚可接受。正如下一部分将会讨论的那样，鉴于规范性立场所具有的不可归约的多元性，将不同的伦理学理论结合在一个统一的方法中的想法，还有针对来自不同伦理学理论的主张进行权衡的思路，近来被视为是两种最具前景的研究思路。

组合框架

伦理学理论的多元化往往会导致难以弥合的对立性以及对不同方法在案例中的适用性的讨论，从而会加剧关于规范性伦理学中哪种理论最能提供可靠性道德指南的长期争论。然而，在应用伦理学的背景下——伦理学理论被概念化为工具，可以根据所讨论案例的具体特征来予以合理性使用，这个问题的相关性有所削弱。关于CAVs伦理设定的讨论同样采用了类似的融合方法，其中提出了将不同伦理学理论整合在一起的复合型规范性框架，并将其作为设计碰撞优化算法的基础。

自讨论开始以来，人们就注意到了诉诸综合性框架的可能性，但直到最近几年才真正将注意力集中到这一框架上。古多尔（Goodall）（2014a）认为，我们应从所有现有伦理学理论中汲取营养，以求在利益相关方之间就如何最好地追求伤害最小化这一道德目标达成共识。其他人则认为，我们应该将避免碰撞的道义必要性与安全成本及收益的结果论权衡结合，从而在 CAVs 控制逻辑中加入伦理考量（Gerdes & Thornton，2015）。角色道德——根据个体在社会群体当中的地位决定其权利与义务，也被认为是建立不同类型车辆之间伦理相关互动模型的灵感之源（Thornton et al.，2017）。同样，舍夫纳（2020）声称，基于规则功利主义，并结合结果论与道义考量的方法，将会克服单一型功利主义所固有的许多缺点。

受神经伦理学的启发，杜布列维奇（Dubljević（2020）引入了道德判断的主体—行为—后果（ADC）模型，以此设计灵活细化的碰撞优化算法。根据这一模型，道德判断可以被描述为在对主体性格、行为及由此产生的后果的直观评估之间取得平衡。可以说，它"将三大道德理论的直觉性基础进行了系统化整合"（Dubljević，2020：2468），它们分别是美德伦理学（见下文，第 4.3 小节）、於粤伦理学和结果论。

此外，盖斯林格等人（2021）最近提出了一个基于风险伦理的框架，该框架将三个原则融合为一体：预期效用最大化原则［贝叶斯（Bayes）法则］、最大化原则和预防原则，这三个原则要求谨慎对待创新，同时需要规避风险。尽管这种方法在灵活性以及针对不同案例的覆盖度方面有所改观，但它必须面临来自理论之间的内部冲突以及根据每种特定情况的特性而自动选择最佳框架的问题。每一种组合都有其自身的优点与不足，由此开辟而出的路径将在未来的研究中展现它们所具有的前景。

元规范决策程序

虽然组合框架试图将不同伦理学理论的元素组成一个统一的结

构,但决策程序旨在为评估合理诉求的道德权衡提供方法支持,同时采取一种元规范立场——对所考虑的诉求的规范合理性保持不可知的态度(Pölzler,2021)。换言之,无论人们支持哪种伦理理论,决策程序的兴趣都在于收集合理的道德主张,并且得出可以接受的结论,而不会因为道德主张所基于的伦理理论而对其采取接受或拒绝的态度。

在这方面,最激进的主张主要围绕伤害分配的随机决策展开(Grinbaum,2018)。由于各种伦理分歧难以达成共识,加之各种伦理观点都潜存风险因素,人们开始考虑选择随机算法来助力决策。由此,一致性将不是在共同的规范性信念基础上达成的,而是通过共同接受一个在定义上没有歧义的决策程序而予以实现的(Coca-Vila,2018)。这样一个激进但易于实施的解决方案将有利于 CAVs 技术的快速应用,相应地这将促进我们更早地享受到自动驾驶相关的许多伦理与社会红利。有人可能会认为,在貌似偶发性的不可避免的碰撞情况中,这些优点可能远胜于伤害随机分配所带来的不足(Etzioni & Etzioni,2017)。然而,绕过伤害可能以不同程度分配的情况中所固有的伦理义务,这就意味着要放弃实践理性和责任,这是许多人所不愿接受的(Gurney,2016;Lin,2015)。

如果伦理分歧不能轻易地通过随机分配绕过,那么就必须通过决策程序来处理,在相互冲突的规范性主张中达成一致(Rhim et al.,2021)。例如,巴尔驾车瓦(Bhargava)和金(Kim)(2017)认为,道德要求的不确定性(在特定情况下,道德要求具有不确定性)必须要作为关于碰撞优化算法的伦理讨论的起点。许多碰撞场景都反对看似同样合理的各种规范性伦理主张。因此,"一个在各种道德理论的规范性主张之间进行裁决的元规范框架"(Bhargava & Kim,2017:7)可以作为一个可行性辅助工具,供人类程序员预先决定 CAVs 在特定场景下的行为。这两位学者提出的是一种基于类比思维的方法——预期道德价值方法,旨在帮助决策者为相关的伦理方面分配量化的价值，从而通过计算给出一个明确的解决方案。

像这样的量化元规范程序也可以转化为优化算法——其任务是识别相关的规范性主张，然后相互权衡，并得出一个能够兼容所有考量因素的最优决策。最近，这一研究方向已经与一种名为"伦理效价理论"（EVT）的道德决策理论范式相互关联起来（Evans et al.，2020）。"伦理效价理论"认为，CAVs 的决策完全可以确定为一种"要求弱化"形式——"不同的道路使用者对于车辆行为持有不同的道德要求，车辆在对其环境做出决策时必须弱化这些要求"（Evans et al.，2020：3286）。因此，各方之间的一致性与用户的接受度不应关注对不可避免的碰撞场景的"计算答案"，而应关注 CAVs 用于计算这些答案的"一套程序"（Evans et al.，2020：3288）。有两个主要因素决定着对不同相关要求的评估，分别是放弃选择某种道德要求可能造成的伤害程度以及该道德要求的伦理效价——社会可接受程度。一旦确定了相关道德要求及其强度，该模型就要求尽可能多的道德要求能够按其相对强度的比例得以满足。然而，可变性是被允许的，可以通过提供具有差异化的操作性道德规范来实现，这些规范反映了 CAVs 乘客所愿承担的社会可接受性风险的变化范畴。与其他依赖于将不同的伦理主张量化的方法一样，如何将同样的量化价值与各种各样的规范性要求联系起来，仍然是一个需要面对的挑战。此外，为潜在的伤害与伦理效价分配价值也是一个非常复杂的问题，这势必会引发社会争议，并可能导致歧视性后果。

关于人工智能道德主体的暂行观点

总之，致力于为碰撞优化算法提供规范性基础的诸多主张开拓了一个新兴的研究领域。人们普遍认为，在不可避免的碰撞场景中，将道德选择权委托给 CAVs 需要其具备与人类道德判断能力相当的功能。然而，我们不应过分高估这一尝试的结果，也不应将其与技术型道德主体的构建混为一谈。道德型人工代理的权限显然不同于人类道德主体。关于哪种规范性框架应是首选，以及关于道路使用者的哪些信息应被视为与道德相关的激烈争论表明，道德判断只能部分委托于人工代理。同样，那些试图将一致性从规范性考量转变为决策程序的方法也再次证实了这样一个事实——对伦理价值的确定归根结底还是一种人类的道德表现。

实际上，委托于人工代理的是价值应用过程——自动化可以提供部分与人类道德体验等同的功能。更具体地说，机器伦理学所思考的不是人类道德能动性的完全再现，而是使人工代理的运作与给定伦理价值相一致的可能性。价值的"给定性"由人工智能道德能动性所预设，并指向人类对于不同规范性理论资源的反思。换句话说，人工智能道德能动性所能提供给我们的无非是对自动化任务进行道德上的干预。关于我们希望我们的人工代理所能介入的价值判断，最终只对我们自己做出。当不是从规范性的角度，而是从对评估不同选择的社会可接受性感兴趣的描述性角度来讨论伦理设定时，这种观点的正确性就愈发明显。要知道，这对于发展一种在哲学层面上具有合理性的人工智能道德能动性理论而言至关重要。那么现在，就让我们转向实证研究，探讨人们对不可避免的碰撞的道德直觉，以及对于相关发现的规范性意义所存在的种种争议。

4.3 从哲学伦理学到道德心理学：描述性方法

大多数人认为，伦理学理论的复杂性以及围绕规范性问题无法解决的分歧是实施可行型 CAVs 伦理设定的主要障碍。在描述性研究当中，我们始终倡导使用一种替代性方法来界定问题，从而规避规范性方法存在的死角，旨在揭示人们对于 CAVs 在道德困境中所能发挥的作用的实际期望。

碰撞优化算法领域的实证研究往往是由多种原因促成的。众所周知，公众的接受度是符合伦理标准的 CAVs 得以应用的必要因素

（Karnouskos，2020）。如果一般性道德期望得不到满足，人们可能会选择弃用CAVs，那么其广泛应用所带来的所谓红利就将不复存在（Bonnefon et al.，2020）。借此，基于伦理学理论的伦理设定不能忽视公众接受度的实际意义（Evans et al.，2020；Krügel & Uhl，2022）。

关于碰撞优化算法道德性的实证研究取得了巨大成功，并得到了媒体的大力宣传，其在提高公众对有关自动驾驶的伦理关切方面的认识发挥了重要作用（Bonnefon et al.，2020）。博纳丰（Bonnefon）等人曾在2015年进行了一项调查（2015），试图制定出公众可接受并符合买家需求的一致性伦理规则。结果显示，功利性且伤害最小化的CAVs广受人们欢迎，即使在CAVs乘客将不得不面对危险的情况下也是如此。目前，已有许多研究证实了公众对于伤害最小化原则的偏好（Bergmann et al.，2018；de Melo et al.，2021；Faulhaber et al.，2019），这似乎表明功利性设定可以满足人们的道德期望。然而，事实证明，调查对象不太愿意自己购买功利性CAVs。换句话说，人们总是寄希望于他人购买功利性CAVs来为公共利益做出个人牺牲。此外，许多人对于政府政策强制推行功利性CAVs的可能性持消极态度。这些证据表明，当今社会难以解决的困境（Bonnefon et al.，2016）阻碍了自动驾驶的广泛应用，这说明公众接受度对于规范性思维构成了微妙的实际挑战。

随着这一群学者在其他同事的助力下在《自然》（*Nature*）杂志上发表《道德机器实验》一文（这是一项关于人们对于不可避免的碰撞的道德偏好所进行的大规模研究），实证方法无疑成为了该领域中的一种前沿研究方法（Awad et al.，2018；Bonnefon，2021）。这项调查是通过一个备受欢迎的在线平台——麻省理工学院道德机器[①]——进行的。在该平台上，访问者被要求表达自身对于一系列涉及道德判断的不可避免的碰撞场景的道德偏好，这些场景关涉到或多或少

[①] https://www.moralmachine.net.

守法且具有不同年龄、性别、健康状况以及社会地位的道路使用者（以及动物）。数据分析显示，道德偏好会因访问者所在地区的差异而发生显著变化，这在世界范围内引发了极大的兴趣，但同时也为标准的制定与国际可操作性提出了难题（Reed et al.，2021）。

其他研究同样提出了一些关键性问题。吉尔（Gill）（2021）最近的一项研究收集了支持"潜在用户确实关心伦理设定"这一说法的相关数据。这个问题被认为在很大程度上阻碍了 CAVs 的应用，因此值得进一步研究。然而，学界在人们对于碰撞优化算法的伦理信念方面存在诸多争议。一些研究强调人们的直觉与基于哲学的规范性要求之间存在差距。例如，贝格曼（Bergmann）等人（2018）表明，人们在伤害最小化方面的道德偏好受到规范性思维无法接受的诸多因素的影响。事实上，相关研究发现，访问者不仅存在年龄歧视，甚至还会忽视参与方与非参与方之间的差异。通过使用驾驶模拟器进行的虚拟现实实验证实了这两个结论（Faulhaber et al.，2019）。此外，根据吉尔（2020）收集的证据，人们希望 CAVs 能具备高水平的自动驾驶能力，将用户作为乘客，而不是驾驶员来保护。

与此相反，其他研究坚持认为人们对于 CAVs 的观点与规范性要求一致。柯别茨基（Kopecky）等人（2022）发现，人们更喜欢利他型伦理设定，如果相关决策的制定是公开的，这一点就愈发明显。比格曼（Bigman）和格雷（Gray）（2020）指出，人们更偏爱那些平等对待所有相关方的碰撞优化算法，而不是那些基于个人特征对伤害进行不公平分配的算法。同样，卡努斯科斯（2020）表明，人们在实践过程中的确依赖于源自不同伦理学理论的规范性原则，如伤害最小化原则、非歧视性原则以及非参与方行人保护原则。然而，梅德尔（Meder）等人（2019）发现，如果在场景中引入了不确定性与风险，那么电车式困境通常不会将不确定性结果及风险概率包含在内（见第 4.4 节），在这种情况下，公众偏好就会从伤害最小化原则转向可预测型行动方案，比如，即使没有将损失最小化，也不会转向，坚持遵守交通法规。

　　总之,实证研究揭示了人们对碰撞优化算法伦理的观点及态度等大量宝贵信息,为重新考量上一节中所涉及的相关论述提供了复杂多样的背景。然而,上述实证结果可以在多大程度上被归因于与伦理相关却极具争议性。事实上,在"公众接受与道德要求"(Evans et al.,2020:3288)之间所达成的不同平衡掩盖了实证性研究的不同意图。其中,至少有两种类型的意图可以区分开来:一个属于弱式意图,尚未引发任何重大争议;另一个则恰恰相反,属于强式意图,招致了严厉的批评。

　　弱式意图在于为碰撞优化算法收集经验数据,以此支持规范性思维。之所以要提供关于人们道德偏好的准确信息,其原因在于它可以从规范性角度评估任何所谓最佳设定的公众可接受性,并最终预测用于说服公众相信其充分性所需的措施(Awad et al.,2018；Bergmann et al.,2018；De Freitas et al.,2021；Wolkenstein,2018)。因此,规范性推理在确定伦理设定中发挥的主要作用以及将公众接受度作为其实际实施的必要条件均得到了承认(Bonnefon et al.,2020)。它们之间的相互作用虽然复杂微妙,但却至关重要。

　　相反,强式意图是为了从大量的公众看法中汲取与规范性相关的思路。有人认为,由于伦理论辩无法达成任何具有可行性的协议,因此应该通过收集民众平均道德直觉——从定义上讲,这些直觉将捕捉到社会上广泛接受的道德信念——来取而代之。因此,碰撞优化算法应该直接根据人们对于不可避免的碰撞场景的道德直觉进行定制。例如,努蒂加图(Noothigattu)等人(2018)将道德机器实验的聚合数据作为碰撞优化的规范性准则来源,为决策算法奠定了基础。同样,福尔哈贝尔(Faulhaber)等人(2019)认为,人们对于年龄歧视以及对无关方的保护的脱敏应该反映在法律规定的碰撞优化算法中。需要注意的是,与其说是伦理推理,不如说是描述性方法将为碰撞优化算法提供规范性指导。

　　实际上,强式意图与将美德伦理方法转化为计算机语言的尝试非常吻合(Geisslinger et al.,2021；Krontiris et al.,2020；Kumfer

& Burgess，2015；Wallach & Allen，2009）。相较于只关注主体的行为，美德伦理学更加关注主体的道德品质，认为有德者有能力从符合道德要求的方式处理其所遇到的具体情况。基于这一基本思想，有关程序员重新设置了用于训练机器学习算法的数据集，将有关良善行为的信息包含在内，以便系统在后续工作环节中能表现出类似的良善行为。从这个意义上讲，关于人们对于不可避免的碰撞的道德偏好信息，或者专业驾驶员（作为驾驶道德的代表）生成的数据，可以用于机器学习算法的训练，从而以一种自下而上的方式（而不是以一种自上而下的方式）将伦理行为纳入其中（Goodall，2014a；Wang et al.，2022）。

试图模糊公共伦理观点的描述性研究与规范性主张的哲学性评估之间界限的尝试遭到了严厉的批评。他们不仅强调"行动（……）的对错不以人的主观臆断为转移"（Millar，2017：24），甚至强调"社会普遍信仰（……）也无法保证我们能够接近正确的选择"（Etienne，2020：6）。事实上，人类的伦理观点无论多普遍，也难以确保其在哲学层面上始终都具有正确性。相反，我们有充分的理由可以预见它们具有非反思性、偏见性与无常性（Evans et al.，2020）。

实证结果的相关性也受到了质疑，原因有以下几种。首先，人们对于访问者样本的代表性持怀疑态度，这些样本有时是自我选择的，通常只涉及精通技术的个人或潜在买家，进而导致在系统层面上忽视了其他社会群体或道路使用者（Meder et al.，2019）。其次，鉴于几乎难以保证访问者会认真对待这项实验，基于麻省理工学院道德机器等主流在线平台所得观点的信度一直饱受争议（Etienne，2020）。尽管这貌似是个可以解决的实际问题，但对于涉及尖端或未来技术（如全自动车辆）的高风险情况（如为了社会利益而牺牲自我）而言，我们很难找到实际可行的替代方案，这也让人们对结果的信度产生了严重怀疑（De Freitas et al.，2020；Faulhaber et al.，2019；Himmelreich，2018；Robinson et al.，2021）。此外，目前我们尚不清楚是否应该通过模拟碰撞情况来激发人类的道德直觉，无论是通过模拟车祸来临前的快速决策来激发，还是通过模拟对潜在车祸中所能进行的深思熟虑的决策来引发（Lucifora et al.，2020）。最后，在实验环境中纳入有关当事人的个人信息也因其内在的歧视性而饱受批评，甚至无需利用性别歧视、年龄歧视或者阶级歧视等社会性歧视形式并将其制度化（Etienne，2020），就能直接引发有失公允的反应（Bigman ＆ Gray，2020；Himmelreich，2018；Holstein ＆ Dodig-Crnkovic，2018）。

这些反对意见使人们怀疑将碰撞优化算法的规范性组分建立在实证研究基础上的方法。因此，机器学习方法也备受争议，许多人认为其基础不够牢固，不适合合理处理那些包含伦理层面上不可接受的偏见所带来的风险（Etzioni ＆ Etzioni，2017；Reed et al.，2021）。有鉴于此，基于逻辑的方法成了机器学习算法的首选（Bringsjord ＆ Sen，2016），或者至少是机器学习算法所不可或缺的一个备选方案（Goodall，2014a）。

总之，实证研究本应产生的清晰性与社会一致性很难实现。相反，却有诸多因素引起民众的怀疑，使民众对此持谨慎态度。此外，整个实证方法因其对困境场景功能的错误解读而备受责难。与其说电车式困境是为了引出人们对于复杂规范性问题的答案，不如说它是一个用于哲学探究的分析型工具（Dewitt et al.，2019；Etienne，2020，2021）。具体而言，它们不是作为调查人们道德观点的问卷得以出现的，而是旨在作为重新定义我们的规范性直觉的机会而走进公众视野的。因此，关于实证结果的伦理相关性争议预示着更为广泛的争议——关于碰撞优化算法以及使用电车式场景来表征与 CAVs 相关的碰撞情况的论辩的可取之处与不足之处。

4.4　对论辩提出质疑："电车难题"之争

关于碰撞优化算法的论辩引起了哲学家、心理学家、工程师、法律学者、政策专家乃至公众的极大兴趣，这在很大程度上归功于电车式道德困境在其中发挥的核心作用。事实上，"电车问题"已经被重新定位为一个理论平台，用以阐释、讨论涉及 CAVs 的不可避免的碰撞场景。鉴于其直观性与内在争议性的特点，"电车难题"已然被许多人视为检验碰撞优化算法以及提高公众对于这一复杂难题认识的有效工具。因此，在自动驾驶伦理学讨论中，大多数人都会引述电车式场景。然而，这一方法论举措也遭到了诸多批评，这在论辩内部进一步引发了一场关于使用"电车难题"来讨论 CAVs 伦理的利弊之争。这场争论使得人们对于整个碰撞优化算法讨论的意义产生了怀疑，它强调了选择正确的工具来处理应用伦理问题的重要性，并且因此调动了应用伦理学中不同的期望、目标以及解决问题的不同视角。

争议的主题是利用"电车难题"来探究不可避免的碰撞与碰撞优化算法的充分性。对此，主要存在两种派别。反对者声称，"电车难题"不适合用于研究不可避免的碰撞。他们认为，使用电车场景容易产生误解，并导致人们高估那些本可忽略的问题的重要性，而忽视了那些更为紧迫、更加具体的问题。另一方面，支持者认为，电车式困境可以而且确实有助于碰撞优化算法的规范性论辩，从而有助于制定自动驾驶的伦理规范。

首先，让我们先从反对方开始予以说明。从这个角度来看，许多反对意见证明了"电车难题"与自动驾驶的伦理无关。第一类反对意见认为，电车式场景应该解决的情况——道德上进退两难的不可避免的碰撞情况——少之又少，没有理由过分地杞人忧天（De Freitas et al.，2020；Goodall，2016a；Himmelreich，2018）。据推测，社会很快就会学会如何内化相关危害，以便享受自动驾驶所带来的巨大红利（Gerdes & Thornton，2015）。将"电车难题"应用于不可避免的碰撞，导致人们将过多的注意力集中在这样一个小问题上。相反，我们应该转而讨论阻碍自动驾驶开发、应用以及使用等其他更为紧迫的问题。

第二类反对意见从技术角度批评了"电车难题"方案的充分性。无数技术因素表明我们不能将涉及 CAVs 的交通场景归入"电车难题"的理论范畴。如果对自动驾驶的关键技术方面给予应有的关注，那么涉及 CAVs 的电车式设想就将变为空中楼阁，因而也就无关紧要。例如，技术限制表明，不可避免的碰撞场景将极难检测，同样也难以对其采取行动（De Freitas et al.，2020）。车辆动力学表明，像在电车困境中想象的那样制定关于转弯的紧急机动措施是不可能的（Davnall，2020a，2020b），或者从广义上讲，不可能以可预测的且安全的方式执行某些机动措施是不可能的（Himmelreich，2018）。因此，理念设想在现实世界中失去了有效性（Robinson et al.，2021）。此外，我们通常认为，乘客、路人与其他道路使用者的年龄、职业和社会地位等具体特征可供系统检测（Krontiris et al.，2020），然而这需要克服机器感知方面的巨大技术障碍，更不用说来自伦理、法律与政治等诸多方面的限制（Holstein & Dodig-Crnkovic，2018）。总而言之，通过仔细考察目前最先进的技术水平，我们就会对有关不可避免的碰撞的文献中关于技术能力的诸多假设产生怀疑（Cunneen et al.，2019b，2020）。

第三，许多人发现，"电车难题"的方案没有考虑到不可避的碰撞场景的规范性关键特征，因此，从伦理学角度来看，它与不可避免的碰撞非但毫无关联，反倒令人困惑。从这个意义上讲，"电车难题"与不可避免的碰撞之间的一些差异已然浮出水面（Keeling，2020；Schäffner，2021）。

正如许多评论家所注意到的那样，"电车难题"方案最显著的缺点在于它所代表的结果是确定的。就伤害方面而言，每一项决定的后果都非常精确和清晰。然而，这种情况显然不适用于不可避免的碰撞场景，因为在这些场景中充满了风险的可能性与不确定性（Goodall，2016a；Himmelreich，2018；JafariNaimi，2018；Keeling et al.，2019；Lundgren，2021；Meder et al.，2019；Nyholm &

Smids，2016）。换言之，交通情况异常复杂，机器感知系统产生的完全是可能的结果，具有不同程度的置信度。此外，未知事件也总会发生。因此，所有的预测只能接近实际情况。如果我们假定能够可靠地计算出危险性紧急机动的结果，那么就明显地歪曲了CAVs的功能。事实上，尽管"电车难题"中不存在风险的可能性与不确定性，但它们却决定着不可避免的碰撞与碰撞优化算法的伦理意义。

此外，我们还发现了"电车难题"与不可避免的场景存在的其他差异。"电车难题"通常只考虑两种可能的行动方案，而CAVs在理论上则可能考虑更多潜在的备选方案（Goodall，2016a）。除此之外，"电车难题"所牵涉的有关事故状况及其原因的信息极为有限，而CAVs必须能够收集所有与道德相关的数据信息（Nyholm & Smids，2016）。例如，在"电车难题"中，造成碰撞情况的过失障与责任通常被忽视，而许多人恰恰认为它们才能代表碰撞优化算法中的关键性道德信息（Geisslinger et al.，2021；Kamm，2020；Kauppinen，2021）。

在这两种情况中，选择的本质及其主体也有所不同。"电车难题"涉及的是在瞬间做出关于单个事件的抉择。相反，碰撞优化算法则需包含具有反思性的设计选择（Himmelreich，2018；Nyholm & Smids，2016），其影响将触及到整类重复性事件（Gogoll & Müller，2017）。因此，碰撞优化算法可能会传达系统性歧视（Liu，2016，2017），如果问题通过"电车难题"方案来解决，这种算法可能更难实现。此外，"电车难题"只涉及个别决策者。与之相反，碰撞优化算法预设了行动者之间相互共享、相互依存的能动性，这些行动者包括CAVs所有者、制造商、程序员、政策制定者、其他道路使用者等各种可能的主体（Borenstein et al.，2019，2020；Gogoll & Müller，2017；Nyholm & Smids，2016）。事实上，这标志着两者之间的一个重要区别——相当于在"电车难题"的纯粹伦理背景中加入了一种社会与政治层面的考量（Himmelreich，2018）。

最后，正如卡姆（Kamm）（2020）所指出的那样，不可避免的碰撞

场景中的各方都面临着受到伤害强的风险。相反，"电车难题"中的
决策者通常不会面临任何风险，他们反而会对他人造成伤害。此外，
"电车难题"牵涉到的是那些没有任何交通威胁的无辜者，而在不可
避免的碰撞场景中，（不论其交通威胁大小）乘客或不负责任的道路
使用者都有可能成为威胁主体（另见 Kauppinen，2021）。因此，将
"电车难题"方案应用到不可避免的碰撞场景中就忽略了这些差异，
而这些差异很有可能与道德相关。

　　总之，反对者声称，"电车难题"方案不仅与眼前的问题无关，甚
至可能有害无益。一方面，"电车难题"没有考虑到它们所要模拟的
现象的相关规范维度，因此几乎没有为碰撞优化算法提供指导。另
一方面，诉诸"电车难题"式框架甚至在社会范围内遭到重重谴责，因
为它没有使问题更加明晰，反而使问题更加复杂，而且它以一种不负
责任的方式将研究的关注点从现实且具有紧迫性的伦理问题上转移
开来（Cunneen et al.，2019a，2020；Davnall，2020b；De Freitas et
al.，2020；Etzioni & Etzioni，2017；Hansson et al.，2021）。与其把
注意力集中在那些不切实际的案例上，不如将研究与测试的重点放
在驾驶系统的整体能力上，即如何才能以可解释的方式安全舒适、
合理一致、可预可控地进行伦理行为（De Freitas et al.，2021）。有
鉴于此，最合理的策略不应指向处理不可避免的碰撞。相反，它应该
致力于从一开始就采取一切措施防止不可避免的碰撞发生（Basl &
Behrends，2020；De Freitas et al.，2020；Gerdes & Thornton，
2015；Himmelreich，2018；Shalev-Shwartz et al.，2017）。

　　根据"电车难题"方案支持者的说法，反对者所提出的种种反驳
只达到了部分目的。更确切地说，他们的目标本身就是错位的。首
先，一个鲜有发生的事件并不能为其道德讨论提供有力的借口。如
果所考虑的这类事件符合道德要求，那么可以说我们有义务以高度
负责的态度去予以处理。此外，虽然电车困境可能不适合用来描述
不可避免的碰撞场景，但它们可能有助于确定所有需要秉责处理的

普通风险的分布情况(Bonnefon et al.，2019，2020)。

此外，反对者似乎认为，"电车难题"式场景应该为碰撞优化制定直接性规范指南。然而，支持者认为，期望通过论辩产生现成的实用方法本身就是大错特错(Keeling，2020)。"电车难题"作为思想实验的平台，显然无法为如何合理地设计碰撞优化算法提供切实的指导性见解。然而，电车问题可以作为需要分析的情况的主要类型模型，帮助我们思考不可避免的碰撞场景的规范性组成情况。因此，"电车难题"在 CAVs 伦理当中的有用性应该根据其对人类道德直觉的启示及其在将信念合理化辩护方面提供的支持来予以评估(Bonnefon et al.，2020；Lawlor，2022；Wolkenstein，2018)。此外，这场论辩有助于确定哪些伦理原则处于危险之中，从而明晰特定情况中真正重要的相关原则，并间接提供积极的规范性指导(Kamm，2020)。一味在理论上使用这些伦理原则可能有失风险，而且很容易引起错误理解与错误表征。然而，如果我们小心应用，则很可能会发现重要的规范性与哲学性见解(Cunneen et al.，2019a)。

因此，这场争议不仅仅是关于内容的分歧，而且还反对针对 CAVs 伦理目标的不同见解与期望(Fossa & Tamburrini，2022)。虽然反对者希望这场论辩能生成一种用于研究具体交通情况中的伦理决策的工具，但支持者更倾向于将其视为一种试图识别与研究自动驾驶伦理中所涉及的道德预设、直觉、概念与价值的努力。从这个角度来看，阐明涉及 CAVs 的不可避免的碰撞场景与其他参考案例(如电车案例或人工驾驶碰撞场景)之间的异同，可能是朝着碰撞优化算法的标准特设框架有所迈进的一条康庄大道(Schäffner，2021)。

从更广泛的意义上讲，那些关于如何适当界定不可避免的碰撞问题之间的分歧充分证明了人工智能道德能动性所引入的颠覆性创新所在。这样一来，伦理学领域就出现了一个未知的领域。CAVs 等人工代理对于预先确定的人类价值观进行的积极调节，使得专门用于探究人类道德能动性的既定概念和框架受到了挑战。有鉴于此，传统观念需要予以深入反思并进行重新定义，以便应对这种新型伦理现象。

正如经常发生的那样，当新的现象需要予以解释时，类比思维总能找到用武之地。来自传统伦理学的关键概念与参照点对于深入理解人工智能道德能动性的复杂概念至关重要。然而，哲学伦理学始终把人类的道德能动性作为自己的专属研究对象，因而对其语言的完全依赖可能会让我们误入歧途，甚至会导致我们将那些未能抓住其独特特征的观念投射到人工智能道德能动性之上。实际上，天真地、过于简单地采用以人类为中心的概念势必会产生系统混乱、关键思路混淆等问题，以及对未来伦理挑战的误解。由此看来，选择正确的参照点来阐明人工智能道德能动性与人类道德能动性之间的异同，对于任何旨在把握这一新现象的哲学理论来说均是至关重要。

4.5 CAVs 与人工智能道德能动性

关于不可避免的碰撞与碰撞优化算法的争论已经超出了对于自动驾驶中道德问题的认识与讨论。事实上，它为人们了解人工智能道德能动性这一现象提供了一个特殊途径。其主要作用在于表明：我们只能将部分道德判断委托于 CAVs——以及，更广泛地讲，人工代理。此外，过分强调人类能动性与人工代理之间的相似性会阻碍我们对于这一新现象的理解。一个在哲学上关于人工智能道德能动性的完备理论——无论是其本身还是其与人类道德能动性之间的关系——都要求适当地关注其中的具体差异。

尽管如此，人类驾驶与自动驾驶之间存有难以抹去的显见相似性。将伦理设定整合到自动驾驶系统中的需求同样源于其与人类驾驶之间的比较。实际上，驾驶本身就是一种伦理实践（De Freitas et al.，2021；Gerdes & Thornton，2015；Ori，2020；Thornton et al.，2017）。不可避免的碰撞只是一类负有高度道德责任的交通情况。

此外，驾驶与其他许多或多或少有意识的道德抉择密不可分。如果想要实现全自动驾驶，驾驶员坐在方向盘后面时做出的伦理判断也必须考虑在内。再者，自动驾驶也意味着驾驶伦理规范的自动化。因此，自动驾驶的机器伦理学方法的范围超出了不可避免的碰撞，涉及人类在驾驶过程中不断做出的每一个常识性道德抉择。从这个意义上讲，CAVs 必须与具有道德感的人类驾驶员不相上下。由于道德决策需要委托给驾驶系统，因此这些系统必须被赋予与人类道德判断同等的功能。相应地，关于不可避免的碰撞场景的讨论也就意味着，CAVs 将被视为道德型人工代理的特定实例。

然而，关于碰撞优化算法的争议却表明，在技术上实现道德判断并意味着其完全取代了人类的道德判断。正如"人工代理"一词所示，人工智能道德主体与人类道德主体之间在语言上的相似性可能表明这两种形式的道德能动性之间的相似性比差异性更为重要（Fossa，2021）。相应地，这又敦促人们将人工代理视为同我们一样或比我们更好的道德主体，因为它们被赋予了惊人的计算能力（Fossa，2018）。然而，拒绝这种叙事对于我们更加现实全面地理解道德型人工代理的内涵至关重要。上一章中已经表明，在讨论人工代理的伦理特征时，过度依赖相似性会掩盖与其特殊性密切相关的重要问题。这里，相似性也让我们误入歧途。因此，我们必须对二者之间的差异性予以考量。实话实说，确定人类道德能动性与人工智能道德能动性的区别是理解它们之间相互关系的必备条件，即人类道德能动性的转变方式取决于将道德选择委托给人工代理的可能性。

关于不可避免的碰撞的论辩为寻找二者之间的重大差异提供了富有价值的指引。如前所述，CAVs 等人工代理并非要将人类道德主体取而代之，而是通过将决策权从常规意义上的人类利益相关方（在我们的案例中是驾驶员）转移到其他利益相关方（至少包括程序员），进而实现道德能动性的转移。这种转移揭示了两种形式的道德能动性之间的关键性区别。实际上，这是一种前所未有的剧变——通过人工代理所提供的调节手段，价值应用从人类自决中脱离出来。

关于碰撞优化算法规范性来源的争议可以毫无疑问地证明，伦理自决权并没有被委托给 CAVs，以及任何其他人工代理。总之，决定要采取哪种伦理方法、遵守哪项原则——一句话，什么富有伦理价值——最终仍属于人类自决的范畴（Fossa，2020a；Reed et al.，2021）。事实上，单纯地将人类道德体验自动化毫无意义可言。即使将伦理设定交给机器学习算法来确定，它们仍然离不开人类的规范性允准。显然，人工代理无法为我们代劳。作为具有自主性的主体，人类只能依靠自己去决定符合伦理价值属性的外延所在。作为人类道德能动性的一个重要组成部分，价值确定归根结底是一种人类责任——既是一种特权，同时也是一种负担。因此，将价值决定权交出去在道德上是不可接受的。

相反，可以进行自动化处理并委托给人工代理的是遵守预先确定的道德价值——价值应用。如果 CAVs 要代表我们人类执行驾驶行为，那么它们就必须能够在关涉道德的情况中代表我们遵守特定的道德价值。实际上，关于遵守特定价值的委托是将具有道德责任的任务委托给人工代理的必要组成部分。赋予 CAVs 道德能力的意义在于——让它们能以符合道德的方式（即根据我们的判断与期望）得以运作。可以说，道德自动化完全与道德价值的应用相关——尽管对其进行自动化的决定往往是预先假定的。

自动地遵伦守理造就了人工智能道德能动性的独特特征，其中体现了人工智能道德能动性的神秘新奇之处。在人工驾驶的情况下，伦理自决与应用不能真正地分开。价值与原则等规范性概念只能通过道德判断与行动存在于具体应用中，这又反过来对其进行重新确定，并进一步在意义上得以明晰。因此，人们通常期望人类道德主体能够知道如何在行动时遵守伦理规范标准。要知道，即便是在指定任务与执行命令时，也离不开常识性判断。事实上，我们通常认为那些命令执行者需要对其在这一过程中的所作所为负责。仅仅是为了遵守命令或被称为异质性的预定价值观并不能成为道德方面的托辞。相反,这是一种道德意义上的失败。即使是在特定命令的情况下,也需要以人类自决为基本前提。因此,在人类自决的情况下,道德异质性在经验上并不具有可能性。作为一个描述性术语,道德异质性只矛盾地适用于人类能动性之中。如果不加批判而盲目地坚持某些既定的价值,这就意味着我们接受了这些价值,不仅将其作为自身价值,而且还要对以其名义所做的行为负责。当道德异质性以人类行为作为基本前提时,它便具有了规范性意义。同时,它提出了一项反证——其广泛使用不仅标志着人类自决的失败,而且也标志着人类在实现伦理要求方面的无能。

相反,人工智能道德能动性预设了伦理自决与应用之间的分离,这可以说是前所未有的新境界。CAVs 等人工代理旨在保证自身功能与伦理标准保持一致,而不会对其施加任何显著控制。相应地,我们也不能简单地期望通过任何常识或判断来填补伦理概念与具体情况之间的差距。道德型人工代理是第一个在描述性意义上具备完整道德异质性的例证,其作用范畴完全体现在使机器行为与既定的伦理标准保持一致上。总而言之,对于人工智能道德能动性理论而言,异质性概念比自主性概念更有成效,尽管后者更常被用于描述人工智能道德能动性(Etzioni & Etzioni,2017)。此外,虽然道德异质性属于人类道德能动性的一种非完美形式,但它恰当地描述了人工智能道德能动性范围(Fossa,2020b)。

将人工智能道德能动性解释为一种全新的、独特的道德现象,而不是人类道德能动性的替代品,这对于确定未来的伦理学挑战至关重要。其中,有三个问题亟需关注。首先,我们反对将价值自决委托给人工代理。换言之,这仍然是人类的责任范畴,而且由于人类的能动性受到技术的广泛干预,这一责任就变得更加重要。在关于不可避免的碰撞的论辩中,规范性工作对于按照伦理要求,以有意识的、反思的、负责任的方式追求自动化的价值调整同样至关重要。因此,为了建立一个人工代理与相关道德期望彼此一致的未来，我们必须制定出能够涵盖所有利益相关方并且能够生成可靠性规范指南的决策方法。其次，我们必须识别并研究价值遵从自动化过程中的种种障碍与诸多陷阱。由于其属于新生事物，关于完整的道德异质性的知识目前尚且有限。有鉴于此，填补这一空白至关重要。人类能够以一种衡量的、反思的以及智能的方式使自己的行动与伦理价值相统一，这种灵活性必须要在技术系统中找到对应的能力模块。第三，我们绝不能忽视将道德委托于人工代理的诸多限制。这些限制条件充分表明，人类所承担的责任不能轻易下放。人类主体仍然负责确定伦理价值，并确保机器行为与之相一致。总而言之，人类因素在伦理意义上的中心地位不容忽视，也不容泛化。一个关于人工智能道德能动性的全面哲学理论并没有为人类责任提供任何逃避的路径，而是重申了它的重要性以及相关义务。

在道德异质性指代人类或人工代理时，其所包孕的不同含义标志着这两种形式的道德能动性之间的一个本质区别。因此，当且仅当这种差异被充分予以考虑在内时，传统道德哲学的概念与框架方可为人工智能道德能动性理论提供参考。但人工代理与对应的人类驾驶员的相似性以及以人类主体为主心所构建的理论框架（如电车式困境），在帮助我们理解这一全新现象的作用也仅限于此。要想将人工智能道德能动性定义为完整的道德异质性，还需要重新考虑控制权、自主权以及责任感等核心道德观念在这一新维度中所扮演的角色。在下一章中，我们将试图通过评估自动驾驶对这些概念的影响来进一步阐明这种转变。

参考文献

Anderson, M., & Anderson, S. L. (Eds.). (2011). *Machine ethics*. Cambridge University Press.

Awad, E., Dsouza, S., Kim, R., Schultz, J., Henrich, J., Shariff, A., Bonnefon, J.-F., & Rahwan, I. (2018). The moral machine experiment.

Nature，563，59 – 64. https：//doi.org/10.1038/s41586018 – 0637 – 6.

Basl, J., & Behrends, J. (2020). Why everyone has it wrong about the ethics of autonomous vehicles. In *Frontiers of Engineering: Reports on Leading-Edge Engineering from the 2019 Symposium* (pp. 75 – 82). The National Academy Press. https：//www.nap.edu/read/25620/chapter/16.

Bergmann, L. T., Schlicht, L., Meixner, C., König, P., Pipa, G., Boshammer, S., & Stephan, A. (2018). Autonomous vehicles require socio-political acceptance — An empirical and philosophical perspective on the problem of moral decision making. *Frontiers in Behavioral Neuroscience*, 12, 1 – 12. https：//doi.org/10.3389/fnbeh.2018.00031.

Bhargava, V., & Kim, T. (2017). Autonomous vehicles and moral uncertainty. In P. Lin, K. Abney, & R. Jenkins (Eds.), *Robot ethics 2.0: From autonomous cars to artificial intelligence* (pp. 5 – 19). Oxford University Press. https：//doi.org/10.1093/oso/9780190652951.001.0001.

Bigman, Y. E., & Gray, K. (2020). Life and death decisions of autonomous vehicles. *Nature*, 579, E1 – E2. https：//doi.org/10.1038/s41586 – 020 – 1987 – 4.

Bonnefon, J.-F. (2021). *The car that knew too much. Can a machine be moral?* MIT Press.

Bonnefon, J.-F., Shariff, A., & Rahwan, I. (2015). Autonomous vehicles need experimental ethics: Are we ready for utilitarian cars? ArXiv. https：//arxiv.org/pdf/1510.03346v1.pdf.

Bonnefon, J.-F., Shariff, A., & Rahwan, I. (2016). The social dilemma of autonomous vehicles. *Science*, 352(6293), 1573 – 1576. https：//doi.org/10.1126/science.aaf2654.

Bonnefon, J.-F., Shariff, A., & Rahwan, I. (2019). The trolley, the bull bar, and why engineers should care about the ethics of autonomous cars. *Proceedings of the IEEE*, 107(3), 502 – 504. https：//doi. org/10.1109/JPROC.2019.2897447.

Bonnefon, J.-F., Shariff, A., & Rahwan, I. (2020). The moral psychology of AI and the ethical opt out problem. In S. M. Liao (Ed.), *Ethics of artificial intelligence* (pp. 109 – 126). Oxford University Press. https：//doi.org/10.1093/oso/9780190905033.003.0004.

Borenstein, J., Herkert, J. R., & Miller, K. W. (2019). Self-driving cars and engineering ethics: The need for a system level analysis. *Science and Engineering Ethics*, 25, 383 – 398. https：//doi.org/ 10.1007/s11948 – 017 – 0006 – 0.

Borenstein, J., Herkert, J.R., & Miller, K.W. (2020). Autonomous vehicles and the ethical tension between occupant and non-occupant safety. *The Journal of Sociotechnical Critique*, 1 (1), 1 - 14. https://doi. org/10. 25779/5g55 - hw09.

Bringsjord, S., & Sen, A. (2016). On creative self-driving cars: Hire the computational logicians, fast. *Applied Artificial Intelligence*, 30(8), 758 - 786. https://doi.org/10.1080/08839514.2016.122 9906.

Coca-Vila, I. (2018). Self-driving cars in dilemmatic situations: An approach based on the theory of justification in criminal law. *Criminal Law and Philosophy*, 12, 59 - 82. https://doi.org/10.1007/ s11572 - 017 - 9411 - 3.

Cudd, A., & Eftekhari, S. (2021). Contractarianism. In E. N. Zalta (Ed.), *The Stanford encyclopedia of philosophy*. https://plato. stanford. edu/archives/ win2021/entries/contractarianism/.

Cunneen, M., Mullins, M., Murphy, F., & Gaines, S. (2019a). Artificial driving intelligence and moral agency: Examining the decision ontology of unavoidable road traffic accidents through the prism of the trolley dilemma. *Applied Artificial Intelligence*, 33 (3), 267 - 293. https://doi. org/10. 1080/08839514.2018.1560124.

Cunneen, M., Mullins, M., & Murphy, F. (2019b). Autonomous vehicles and embedded artificial intelligence: The challenges of framing machine driving decisions. *Applied Artificial Intelligence*, 33(8), 706 - 731. https://doi. org/10.1080/08839514.2019.1600301.

Cunneen, M., Mullins, M., Murphy, F., Shannon, D., Furxhi, I., & Ryan, C. (2020). Autonomous vehicles and avoiding the trolley (dilemma): Vehicle perception, classification, and the challenges of framing decision ethics. *Cybernetics and Systems*, 51(1), 59 - 80. https://doi. org/10. 1080/019 69722.2019.1660541.

Davnall, R. (2020a). Solving the single-vehicle self-driving car trolley problem using risk theory and vehicle dynamics. *Science and Engineering Ethics*, 26, 431 - 449. https://doi.org/10.1007/s11 948 - 019 - 00102 - 6.

Davnall, R. (2020b). The car's choice: Illusions of agency in the self-driving car trolley problem. In B. P. Göcke & A. Rosenthal-von der Pütten (Eds.), *Artificial intelligence. Reflections in philosophy, theology, and the social sciences* (pp. 189 - 202). Mentis. https://doi. org/10. 30965/978395743748 8_013.

De Freitas, J., Anthony, S. E., Censi, A., & Alvarez, G. A. (2020). Doubting driverless dilemmas. *Perspectives on Psychological Science*, 15(5), 1284 - 1288. https://doi.org/10.1177/174569162 0922201.

De Freitas, J., Censi, A., Walker Smith, B., Di Lilloe, L., Anthony, S. E., &

Frazzoli, E. (2021). From driverless dilemmas to more practical common sense tests for automated vehicles. *PNAS*, 118(11), 1 – 9. https://doi.org/10.1073/pnas.2010202118.

de Melo, C. M., Marsella, S., & Gratch, J. (2021). Risk of injury in moral dilemmas with autonomous vehicles. *Frontiers in Robotics and AI*, 7, 1 – 10. https://doi.org/10.3389/frobt.2020.572529.

De Moura, N., Chatila, R., Evans, K., Chauvier, S., & Dogan, E. (2020). Ethical decision making for autonomous vehicles. In *2020 IEEE Intelligent Vehicles Symposium (IV)* (pp. 2006 – 2013). IEEE. https://doi.org/10.1109/IV47402.2020.9304618.

Dewitt, B., Fischhoff, B., & Sahlin, N.-E. (2019). Policy flaws in moral machine experiment. *Nature*, 567, 31. https://doi.org/10.1038/d41586 – 019 – 00766 – x.

Dogan, E., Costantini, F., & Le Boennec, R. (2020). Ethical issues concerning automated vehicles and their implications for transport. In D. Milakis, N. Thomopoulos, & B. van Wee (Eds.), *Advances in transport policy and planning* (Vol.5, Chap. 9, pp.215 – 233). Academic Press. https://doi.org/10.1016/bs.atpp.2020.05.003.

Dubljevi'c, V. (2020). Toward implementing the ADC model of moral judgment in autonomous vehicles. *Science and Engineering Ethics*, 26, 2461 – 2472. https://doi.org/10.1007/s11948 – 02000242 – 0.

Etienne, H. (2020). When AI ethics goes astray: A case study of autonomous vehicles. *Social Science Computer Review*, 40(1), 236 – 246. https://doi.org/10.1177/0894439320906508.

Etienne, H. (2021). The dark side of the 'Moral Machine' and the fallacy of computational ethical decision-making for autonomous vehicles. *Law, Innovation and Technology*, 13(1), 85 – 107. https://doi.org/10.1080/17579961.2021.1898310.

Etzioni, A., & Etzioni, O. (2017). Incorporating ethics into artificial intelligence. *The Journal of Ethics*, 21, 403 – 418. https://doi.org/10.1007/s10892 – 017 – 9252 – 2.

Evans, K., de Moura, N., Chauvier, S., Chatila, R., & Dogan, E. (2020). Ethical decision making in autonomous vehicles: The AV ethics project. *Science and Engineering Ethics*, 26, 3285 – 3312. https://doi.org/10.1007/s11948 – 020 – 00272 – 8.

Faulhaber, A.K., Dittmer, A., Blind, F., Wächter, M.A., Timm, S., Sütfeld, L.R., Stephan, A., Pipa, G., & König, P. (2019). Human decisions in moral dilemmas are largely described by utilitarianism: Virtual car driving study provides guidelines for autonomous driving vehicles. *Science and Engineering Ethics*, 25, 399 - 418. https://doi.org/10.1007/s11948 - 018 - 0020 - x.

Foot, P. (1967). The problem of abortion and the doctrine of the double effect. *Oxford Review*, 5, 5 - 15.

Fossa, F. (2018). Artificial moral agents: Moral mentors or sensible tools? *Ethics and Information Technology*, 20, 115 - 126. https://doi.org/10.1007/s10676-018 - 9451 - y.

Fossa, F. (2020a). Robot morali? Considerazioni filosofiche sulla machine ethics. *Sistemi Intelligenti*, 2, 425 - 444. https://doi.org/10.1422/96334.

Fossa, F. (2020b). Etica funzionale. Considerazioni filosofiche sulla filosofia dell' agire artificiale. *Filosofia*, 65, 91 - 106. https://doi.org/10.13135/2704 - 8195/5235.

Fossa, F. (2021). Artificial agency and the game of semantic extension. *Interdisciplinary Science Reviews*, 46(4), 440 - 457. https://doi.org/10.1080/03080188.2020.1868684.

Fossa, F., & Tamburrini, G. (2022). Ethics of autonomous vehicles. From moral dilemmas to social trade-offs. *Paradigmi*, XL (1/2022), 79 - 94. https://doi.org/10.30460/103325.

Geisslinger, M., Poszler, F., Betz, J., Lütge, C., & Lienkamp, M. (2021). Autonomous driving ethics: From trolley problem to ethics of risk. *Philosophy of Technology*, 34, 1033 - 1055. https://doi.org/ 10.1007/ s13347 - 021 - 00449 - 4.

Gerdes, J., & Thornton, S. (2015). Implementable ethics for autonomous vehicles. In M. Maurer, J. Gerdes, B. Lenz, & H. Winner (Eds.), *Autonomes Fahren* (pp.87 - 102). Springer. https://doi. org/10.1007/978 - 3 - 662 - 45854 - 9_5.

Gill, T. (2020). Blame it on the self-driving car: How autonomous vehicles can alter consumer morality. *Journal of Consumer Research*, 47(2), 272 - 291. https://doi.org/10.1093/jcr/ucaa018.

Gill, T. (2021). Ethical dilemmas are really important to potential adopters of autonomous vehicles. *Ethics and Information Technology*, 23, 657 - 673. https://doi.org/10.1007/s10676 - 021 - 09605 - y.

Gogoll, J., & Müller, J. F. (2017). Autonomous cars. In favor of a mandatory ethics setting. *Science and Engineering Ethics*, 23, 681 - 700. https://doi. org/10.1007/s11948 - 016 - 9806 - x.

Goodall, N.J. (2014a). Ethical decision making during automated vehicle crashes. *Transportation Research Record*, 2424(1), 58 - 65. https://doi.org/10.

3141/2424 - 07.

Goodall，N.J. (2014b). Machine ethics and automated vehicles. In G. Meyer & S. Beiker (Eds.)，*Road vehicle automation. Lecture Notes in Mobility* (pp. 93 - 102). Springer. https://doi.org/10. 1007/978 - 3 - 319 - 05990 - 7_9.

Goodall，N. J. (2016a). Away from trolley problems and toward risk management. *Applied Artificial Intelligence*，30(8)，810 - 821. https://doi.org/10.1080/08839514.2016.1229922.

Goodall，N.J. (2016b). Can you program ethics into a self-driving car? *IEEE Spectrum*，53(6)，28 - 33. https://doi.org/10.1109/MSPEC.2016.7473149.

Grinbaum，A. (2018). Chance as a value for artificial intelligence. *Journal of Responsible Innovation*，5(3)，353 - 360. https://doi.org/10.1007/s11948 - 020 - 00242 - 0.

Gurney，J.K. (2016). Crashing into the unknown: An examination of crash-optimization algorithms through the two lanes of ethics and law. *Albany Law Review*，79 (1)，183 - 267. http://www. albany lawreview. org/ Articles/vol79_1/183%20Gurney%20Production.pdf.

Hansson，S.O.，Belin，M.-Å.，& Lundgren，B. (2021). Self-driving vehicles — An ethical overview. *Philosophy of Technology*，34，1383 - 1408. https://doi.org/10.1007/s13347 - 021 - 00464 - 5.

Hevelke，A.，& Nida-Rümelin，J. (2015). Responsibility for crashes of autonomous vehicles: An ethical analysis. *Science and Engineering Ethics*，21，619 - 630. https://doi.org/10.1007/s11948014 - 9565 - 5.

Himmelreich，J. (2018). Never mind the trolley: The ethics of autonomous vehicles in mundane situations. *Ethical Theory and Moral Practice*，21，669 - 684. https://doi.org/10.1007/s10677 - 0189896 - 4.

Holstein，T.，& Dodig-Crnkovic，G. (2018). Avoiding the intrinsic unfairness of the trolley problem. In *Proceedings of the International Workshop on Software Fairness (FairWare' 18)* (pp.32 - 37). Association for Computing Machinery. https://doi.org/10.1145/3194770.3194772.

Hübner，D.，& White，L. (2018). Crash algorithms for autonomous cars: How the trolley problem can move us beyond harm minimisation. *Ethical Theory and Moral Practice*，21，685 - 698. https:// doi.org/10.1007/s10677 - 018 - 9910 - x.

JafariNaimi，N. (2018). Our bodies in the trolley's path, or why self-driving cars must ＊Not＊ be programmed to kill. *Science，Technology，& Human Values*，43(2)，302 - 323. https://doi.org/10. 1177/0162243917718942.

Kamm，F. M. (2016). In E. Rakowski (Ed.)，*Trolley problem mysteries*. Oxford University Press.

Kamm，F.M.（2020）. The use and abuse of the trolley problem. In S. M. Liao (Ed.)，*Ethics of artificial intelligence*（pp. 79－108）. Oxford University Press. https://doi.org/10.1093/oso/978019 0905033.003.0003.

Karnouskos，S.（2020）. Self-driving car acceptance and the role of ethics. *IEEE Transactions on Engineering Management*，67（2），252－265. https://doi. org/10.1109/TEM.2018.2877307.

Kauppinen，A.（2021）. Who should bear the risk when self-driving vehicles crash? *Journal of Applied Philosophy*，38（4），630－644. https://doi.org/ 10.1111/japp.12490.

Keeling，G.（2018a）. Against Leben's Rawlsian collision algorithm for autonomous vehicles. In V. Müller（Ed.），*Philosophy and Theory of Artificial Intelligence 2017*，*PT-AI 2017. Studies in Applied Philosophy，Epistemology and Rational Ethics*（Vol. 44. pp. 260－272）. Springer. https:// doi.org/10.1007/978－3－319－96448－5_29.

Keeling，G.（2018b）. Legal necessity，Pareto efficiency & justified killing in autonomous vehicle collisions. *Ethical Theory and Moral Practice*，21，413－427. https://doi.org/10.1007/s10677－0189887－5
Keeling，G.（2020）. Why trolley problems matter for the ethics of automated vehicles. *Science and Engineering Ethics*，26，293－307. https://doi.org/10.1007/s11948－019－00096－1.

Keeling，G.，Evans，K.，Thornton，S.M.，Mecacci，G.，& Santoni de Sio，F.（2019）. Four perspectives on what matters for the ethics of automated vehicles. In G. Meyer & S. Beiker（Eds.），*Road vehicle automation. Lecture Notes in Mobility*（pp. 49－60）. Springer. https://doi.org/10.1007/ 978－3－03022933－7_6.

Kopecky，R.，Jirout Košová，M.，Novotny，D. D.，Flegr，J.，& Černy，D.（2022）. How virtue signalling makes us better：moral preferences with respect to autonomous vehicle type choices. *AI & Society*，online first. https://doi.org/10.1007/s00146－022－01461－8.

Krontiris，I.，Grammenou，K.，Terzidou，K.，Zacharopoulou，M.，Tsikintikou，M.，Baladima，F.，Sakellari，C.，& Kaouras，K.（2020）. Autonomous vehicles：Data protection and ethical considerations. In *Computer Science in Cars Symposium（CSCS' 20）*（pp. 1－10，Article 10）. Association for Computing Machinery. https://doi.org/10.1145/3385958.3430481.

Krügel，S.，& Uhl，M.（2022）. Autonomous vehicles and moral judgments under risk. *Transportation Research Part A：Policy and Practice*，155，1－10. https://doi.org/10.1016/j.tra.2021.10.016.

Kumfer，W.，& Burgess，R.（2015）. Investigation into the role of rational ethics in crashes of automated vehicles. *Transportation Research Record*, 2489 (1), 130 – 136. https://doi.org/10.3141/248 9 – 15.

Lawlor, R. (2022). The ethics of automated vehicles: Why self-driving cars should not swerve in dilemma cases. *Res Publica*, 28, 193 – 216. https://doi.org/10.1007/s11158 – 021 – 09519 – y.

Leben, D. (2017). A Rawlsian algorithm for autonomous vehicles. *Ethics and Information Technology*, 19, 107 – 115. https://doi.org/10.1007/s10676 – 017 – 9419 – 3.

Lin, P. (2013). The ethics of saving life is murkier than you think. *Wired*. https://www.wired.com/ 2013/07/the-surprising-ethics-of-robot-cars/.

Lin, P. (2015). Why ethics matters for autonomous cars. In M. Maurer, J. Gerdes, B. Lenz, & H. Winner (Eds.), *Autonomes Fahren* (pp. 69 – 85). Springer. https://doi.org/10.1007/978 – 3 – 662 – 458 54 – 9_4.

Liu, H. Y. (2016). Structural discrimination and autonomous vehicles: Immunity devices, trump cards and crash optimisation. In J. Seibt, M. Nørskov, & S. Schack Andersen (Eds.), *What social robots can and should do. Frontiers in Artificial Intelligence and Application* (Vol. 290, pp. 164 – 173). IOS Press. https://doi.org/10.3233/978 – 1 – 61499 – 708 – 5 – 164.

Liu, H. Y. (2017). Irresponsibilities, inequalities and injustice for autonomous vehicles. Ethics and *Information Technology*, 19, 193 – 207. https://doi.org/10.1007/s10676 – 017 – 9436 – 2.

Lucifora, C., Grasso, G., Perconti, P., & Plebe, A. (2020). Moral dilemmas in self-driving cars. *Rivista Internazionale di Filosofia e Psicologia*, 11(2), 238 – 250. https://doi.org/10.4453/rifp. 2020.0015.

Lundgren, B. (2021). Ethical machine decisions and the input-selection problem. *Synthese*, 199, 11423 – 11443. https://doi.org/10.1007/s11229 – 021 – 03296 – 0.

Meder, B., Fleischhut, N., Krumnau, N.-C., & Waldmann, M. R. (2019). How should autonomous cars drive? A preference for defaults in moral judgments under risk and uncertainty. *Risk Analysis*, 39(2), 295 – 314. https://doi.org/10.1111/risa.13178.

Millar, J. (2016). An ethics evaluation tool for automating ethical decision-making in robots and self-driving cars. *Applied Artificial Intelligence*, 30 (8), 787 – 809. https://doi.org/10.1080/08839514. 2016.1229919.

Millar, J. (2017). Ethics settings for autonomous vehicles. In P. Lin, K. Abney, & R. Jenkins (Eds.), *Robot ethics 2.0: From autonomous cars to artificial intelligence* (pp. 20 – 34). Oxford University Press. https://doi.org/10.1093/oso/9780190652951.003.0002.

Noothigattu, R., Gaikwad, S., Awad, E., Dsouza, S., Rahwan, I., Ravikumar, P., & Procaccia, A. D. (2018). A voting-based system for ethical decision making. In S. A. McIlraith & K. Q. Weinberger (Eds.), *Proceedings of the Thirty-Second AAAI Conference on Artificial Intelligence, (AAAI-18), the 30th Innovative Applications of Artificial Intelligence (IAAI-18), and the 8th AAAI Symposium on Educational Advances in Artificial Intelligence (EAAI-18)*, New Orleans, Louisiana, USA, February 2-7, 2018 (pp.1587-1594). AAAI Press. https://dblp. org/rec/conf/aaai/NoothigattuG ADR18.

Nyholm, S. (2018). The ethics of crashes with self-driving cars: A roadmap I. *Philosophy Compass*, 13 (7), [e12507]. https://doi. org/10. 1111/ phc3.12507.

Nyholm, S., & Smids, J. (2016). The ethics of accident-algorithms for self-driving cars: An applied trolley problem? *Ethical Theory and Moral Practice*, *19*, 1275-1289. https://doi.org/10.1007/s10 677-016-9745-2.

Ori, M. (2020). Why not road ethics? *Theoria*, *86*, 389-412. https://doi.org/ 10.1111/theo.12248.

Pölzler, T. (2021). The relativistic car: Applying metaethics to the debate about self-driving vehicles. *Ethical Theory and Moral Practice*, 24, 833-850. https://doi.org/10.1007/s10677-021-10190-8.

Reed, N., Leiman, T., Palade, P., Martens, M., & Kester, L. (2021). Ethics of automated vehicles: Breaking traffic rules for road safety. *Ethics and Information Technology*, 23, 777-789. https:// doi.org/10.1007/s10676-021-09614-x.

Rhim, J., Lee, J.-H., Chen, M., & Lim, A. (2021). A deeper look at autonomous vehicle ethics: An integrative ethical decision-making framework to explain moral pluralism. *Frontiers in Robotics and AI*, 8, 1-18. https://doi.org/10.3389/frobt.2021.632394.

Robinson, J., Smyth, J., Woodman, R., & Donzella, V. (2021). Ethical considerations and moral implications of autonomous vehicles and unavoidable collisions. *Theoretical Issues in Ergonomics Science*, 1-18. https://doi.org/10.1080/1463922X.2021.1978013.

Santoni de Sio, F. (2017). Killing by autonomous vehicles and the legal doctrine of necessity. *Ethical Theory and Moral Practice*, 20, 411-429. https:// doi.org/10.1007/s10677-017-9780-7.

Santoni de Sio, F. (2021). The European Commission report on ethics of connected and automated vehicles and the future of ethics of transportation. *Ethics and Information Technology*, 23, 713-726. https://doi. org/10.

1007/s10676 - 021 - 09609 - 8.

Schäffner, V. (2018). Caught up in ethical dilemmas: An adapted consequentialist perspective on self-driving vehicles. In M. Coeckelbergh, J. Loh, M. Funk, J. Seibt, & M. Nørskov (Eds.), *Envisioning robots in society — Power, politics, and public space. Frontiers in Artificial Intelligence and Applications* (Vol.311, pp.327 - 335). IOS Press. https://doi.org/10.3233/978 - 1 - 61499 - 9317 - 327.

Schäffner, V. (2020). Is utilitarianism entirely useless for self-driving car ethics? A critical reflection on the rationale for rule utilitarianism. In B. P. Göcke & A. Rosenthal-von der Pütten (Eds.), *Artificial intelligence. Reflections in philosophy, theology, and the social sciences* (pp. 173 - 187). Mentis. https://doi.org/10.30965/9783957437488.

Schäffner, V. (2021). Between real world and thought experiment: Framing moral decision-making in self-driving car dilemmas. *Humanistic Management Journal*, 6, 249 - 272. https://doi.org/10. 1007/s41463 - 020 - 00101 - x.

Shalev-Shwartz, S., Shammah, S., & Shashua, A. (2017). On a formal model of safe and scalable self-driving cars. ArXiv. https://arxiv. org/abs/1708.06374.

Shaw, D., Favrat, B., & Elger, B. (2020). Automated vehicles, big data and public health. *Medicine, Health Care and Philosophy*, 23, 35 - 42. https://doi.org/10.1007/s11019 - 019 - 09903 - 9.

Siegel, J., & Pappas, G. (2021). Morals, ethics, and the technology capabilities and limitations of automated and self-driving vehicles. *AI & Society*. https://doi.org/10.1007/s00146 - 021 - 01277 - y.

Thomson, J.J. (1985). The trolley problem. *The Yale Law Journal*, 94(6), 1395 - 1415. https://doi.org/10.2307/796133.

Thomson, J.J. (2008). Turning the trolley. *Philosophy and Public Affairs*, 36 (4), 359 - 374. https:// doi.org/10.1111/j.1088 - 4963. 2008. 00144. x.

Thornton, S.M., Pan, S., Erlien, S.M., & Gerdes, J.C. (2017). Incorporating ethical considerations into automated vehicle control. *IEEE Transactions on Intelligent Transportation Systems*, 18(6), 1429 - 1439. https://doi.org/10.1109/TITS.2016.2609339.

Wallach, W., & Allen, C. (2009). *Moral machines*. Oxford University Press.

Wallach, W., & Asaro, P. (2016). *Machine ethics and robot ethics*. Routledge.

Wang, H., Khajepour, A., Cao, D., & Liu, T. (2022). Ethical decision making in autonomous vehicles: Challenges and research progress. *IEEE Intelligent Transportation Systems Magazine*, 14, 6 - 17. https://doi. org/10. 1109/

MITS.2019.2953556.

Wiener, N. (1964). *God & Golem Inc.: A comment on certain points where cybernetics impinges on religion*. MIT Press.

Wiener, N. (2013). *Cybernetics: Or control and communication in the animal and the machine*. Martino Publishing.

Wolkenstein, A. (2018). What has the trolley dilemma ever done for us (and what will it do in the future)? On some recent debates about the ethics of self-driving cars. *Ethics and Information Technology*, 20, 163 - 173. https://doi.org/10.1007/s10676 - 018 - 9456 - 6.

Wu, S. S. (2020). Autonomous vehicles, trolley problems, and the law. *Ethics and Information Technology*, 22, 1 - 13. https://doi.org/10.1007/s10676 - 019 - 09506 - 1.

第 5 章

谁在控制？
——自主权、责任感与可解释性

5.1　控制难题

　　控制是人类驾驶体验的一个核心维度。驾驶行为的价值在很大程度上取决于我们对于车辆的控制情况，以及我们据此对于自身运动的控制能力。根据个人性格、态度与需求进行转向、加速与制动为我们表达自己的内心自我提供了一种有形的媒介（如 Taubman Ben Ari & Yehiel，2012；Sagberg et al.，2015）。此外，可以随时随地行动的自由也有助于加强驾驶、控制、自决和自由之间的密切联系。

　　驾驶行为的伦理规范在很大程度上也取决于个人对于车辆操作的控制情况。不同的驾驶方式往往传达了不同的道德价值，例如安全第一、尊重他人、关心弱势道路使用者、环境友好等等。鲁莽、好斗、粗心与疏忽则是不合伦理的驾驶态度表现，所有这些态度都源于驾驶员对于控制权的行使方式。更广义地讲，负责任的驾驶行为同样可以证明，是驾驶员而非其他人可以控制车辆。实际上，人类的驾驶行为与伦理价值之间的关系在很大程度上取决于驾驶员对其车辆的控制。

　　事实上，在车辆驾驶与道路交通的制度化概念中，人类控制一直被认为是充分必要条件。正如韦林加（Vellinga）所解释的那样（2019：258），联合国关于道路交通的《日内瓦道路交通公约》（1949）和《维也纳道路交通公约》（1968）"都是围绕驾驶员的概念而制定的"。距离我们最近的《维也纳道路交通公约》（UN，1968）尤其说明了这一点。此外，对于这一要素进行阐述的相关条款也切中要点，毫不含糊。根据第 1 条条款，"'驾驶员'是指驾驶机动车或其他车辆的任何人"。依据第 8.1 条规定，"每辆行驶中的车辆或组合式车辆都应配备一个驾驶员。"与此同时,第 8.3 条补充道:"每个驾驶员都应具备必要的身体素质与心智能力,并处于适合驾驶的身心状态中。"总而言之,这些条款得出的结论简单明了:"每个驾驶员在任何时候都应该能够控制其驾驶车辆"[第 8.5 条]。

如前所述,有关车辆驾驶与道路交通的制度框架完全取决于人类驾驶员的能动性。《维也纳道路交通公约》规定,在道路上行驶的每辆车都必须始终由人控制,但不是任何人都能做到这一点。实际上,驾驶机动车需要一些授权条件。驾驶员的概念是从能动控制的概念中划分出来的,它只包括那些能够行使道义直接对其驾驶车辆控制的人员。按照过去的情况,如果没有人类负责控制,以负责任的方式驾驶行为我们将很难想象。

然而,自动化的到来彻底改变了这一情形。对驾驶任务的直接控制正是自动化从人类手中转移到人工代理之上的东西。由此,过去将驾驶行为与其特有的社会伦理价值——自主、自由、自决、责任感——联系在一起的纽带突然断裂。驾驶价值、权利与义务的传统框架被彻底撼动。显而易见,《维也纳道路交通公约》必须予以彻底修订,唯有如此才能使 CAVs 有机地融入当前的制度框架之中。但更新道路交通公约的必要性只是更为广义的价值变化过程当中的一个指标。我们有必要重新审视驾驶行为与伦理价值之间的固有关系。

然而,自动驾驶的未来却显得扑朔迷离。从人类经验的角度来看,没有人类控制的驾驶行为可谓前所未有,因而很难将其概念化。类似的依靠人类不直接控制的车辆行动的经历只能为其合理性提供所需的概念基础。实际上,私家车、公共汽车或者叫车服务的乘客体验可以说是毫无用武之地,因为在所有这些情况,个体自身的控制权都让渡给了其他人类。这种委托形式建立在人类主体之间的信任关系上,而当驾驶任务被委托给人工代理时,这种信任关系似乎并不明显(Fossa,2019)。人工操作的列车同样也是如此。此外,作为交通工具,人工操作的列车与公路车辆大相径庭。

实际上，着眼于那些将车辆操作委托给数字系统的情况，可能会为我们提供更富远见的启示。据此，我们可以将自动化列车视为一个绝佳的出发点。然而，这些技术只在高度结构化的环境中才能发挥作用，这些环境涵盖了严格的预定路线，这使得它们与 CAVs 之间存在着本质性区别。与此同时，飞机在自动驾驶模式下飞行的情况也只能为我们提供有限的指导，因为人类飞行员有明确的监督义务并在必要时予以干预。当然，飞机飞行与道路交通几乎没有什么共同之处。总而言之，根据我们作为乘客出行的涉身体验来衡量自动驾驶并不能很好地阐释人类驾驶员缺席的道路交通究竟意味着什么。因此，我们可能不愿意或是压根没有准备好如何理性地应对一种全新的道路交通模式——在这种模式下，控制权似乎完全不在人类手中。

然而，将自动化定义为将驾驶任务的控制权从人类手中转移到人工代理之上缺乏坚实的理论支持。尽管 CAVs 代替人类承担驾驶任务的控制权是一个显而易见的事实，然而，更准确地说（如第 4 章所示），它们只是我们的代表。通过仔细研究自动驾驶，我们可以发现人类控制远未退出驾驶领域。事实上，自动驾驶的理念正是围绕着将驾驶任务委托给人工代理的尝试展开。至少在多数人看来，这是自动驾驶的优先选择事项。从安全（见第 2 章）到自由时间，从环境可持续性到包容性（见第 6 章），几乎所有所谓的自动驾驶的伦理效益都被认为是高阶自动驾驶或完全自动驾驶的必要条件。然而，即使驾驶行为是由 CAVs 来执行，它仍将继续传达人类的控制需求。随着道路交通转变为一种全新形态，人类控制并未消失。相反，它演变成了其他形式。

这些考量表明，CAVs 所带来的变革可能并非标志着一种全新的驾驶伦理的兴起。相反，自动驾驶可能只是意味着伦理价值的部分改变。在很大程度上，CAVs 有望融入完全相同的人工驾驶规范体系之中，进而为行使许多相同价值提供全新的机会（Hildebrand &

Sheller，2018)。要知道,控制权是一项与驾驶过程密不可分的人类因素,因此不能简单地对其置之不理。相反,我们需要对其进行全新的审视与调整。

当前,一个微妙的社会协商过程已经展开,旨在在 CAVs 的授权范围与人类的控制范围之间取得平衡。尽管如此,自动化不得不对控制权、自主权、责任感和驾驶员等过去密切相关的常规方式予以重新定义。与此同时,我们对于这些概念的理解也将发生同样深刻的变化。

这项研究的哲学意义就在于此。如果将驾驶权委托给 CAVs,那么会怎样改变控制权、自主权、自决权和责任感等核心道德观念？对这个问题的探讨可以为更广泛的决定性问题提供宝贵见解,如人工代理如何共同塑造我们自身的道德能动性与经验？在控制与授权之间的紧张关系方面,自动驾驶是一个绝佳案例,它可以让我们深入了解人类能动性与人工代理之间相互纠缠的核心问题。

为了实现这一目标,至少有三个方面值得我们详细讨论。首先,自动驾驶对人类自主权的影响有待讨论。将控制权委托给 CAVs 实际上既会限制又能支持人类自主权的行使,这也说明我们有必要重新定义这一概念,以便充分地把控自动驾驶所带来的变革。其次,这种重新定义还需要讨论责任方面的核心问题,以及这个概念必须进行的调整,以便适应人类间接（而非直接）行使控制权的情况。最后,可解释性的价值及其与中介控制之间的关系为在自动驾驶时代（以及更广义的人工代理时代）行使自主权和采取负责任行为提供了一个关于新型伦理条件的具化案例。

5.2 自主权

将人类自主权、控制权与技术自动化联系在一起的神秘关系在许多伦理困境中都格外突出,这些伦理困境涉及各种基于人工智能的应用程序（Laitinen & Sahlgren，2021），如自主武器系统（Sharkey，2019）和推荐系统（Varshney，2020）。就 CAVs 而言，其对个人自主权的威胁与支持并存，而且彼此相互交织，因此我们需要进行大量的哲学工作来阐明如何规范并维护这一价值（Chiodo，2022）。

保护并支持自动驾驶情境下行使个人自主权的必要性显而易见。了解其重要性的一个直观方法就是考虑其与用户隐私之间的联系。正如第 3 章中广泛讨论的那样，未能保护用户隐私可能会导致侵入性的定向广告、监视以及其他形式的操纵，这将对个人自主权的表达与行使造成不必要的限制。此外，对于用户受到操纵的担忧也可能来自于人机交互领域，特别是其中那些旨在影响用户行为的方法（Sadigh，2019）。保护用户自主权不受无端侵犯抑或侵犯性操纵，对于满足人类合理的伦理期望以及建立起社会对于该项技术的信任至关重要。

实际上，如果抛开这些简单的情况，要理解如何保护并强化个人自主权的行使将要困难得多。其困难主要在于，自动驾驶既可以支持又会限制个人自主权的行使。因此，那些旨在评估自动驾驶对个人自主权影响的伦理性讨论往往会得出模棱两可的结论。

正如自动驾驶的支持者们经常强调的那样，自动驾驶可以在许多方面对个人自主权的行使予以支持。一般来说，CAVs 有望显著提高人们对于自身生活中重要方面的控制。例如，将驾驶权委托给 CAVs 可以让人们拥有更多的空闲时间与精力来追求自我兴趣与个人目标。同时，通过降低驾驶的心理成本，自动化还将支持关乎个人福祉的重要自主决策，例如生活与工作地点。此外，自动驾驶将为老弱病残（认知或身体受损群体、老人、儿童、青少年）等其他社会群体提供参与交通的机会——而这些人目前几乎没有机会主动参与到交通中来。这样一来，就可以大大提高他们控制生活以及实施自主选择的能力（见第 6 章）。综上所述，CAVs 在自主权方面可能带来的收益似乎相当可观，因此值得我们进一步探索。

然而,矛盾之处在于,这些收益在很大程度上需要人类将驾驶任务完全委托给 CAVs,这显然意味着人类需要放弃对上述驾驶任务的主体性控制权。在 L4 与 L5 自动驾驶级别中,由于自主驾驶决策是无可避免的,因此对于个人自主权的限制也在情理之中(Boeglin,2015)。以往人类的诸多驾驶决策也将被故意忽略或受到严重影响。与超速、制动、超车、谨慎驾驶、临时占用对方车道或人行道等相关的选择将不再由驾驶员说了算。作为对个人自主权限制的交换,用户可以享受以往几无可能的自由驾驶时光或独立的私人道路交通体验。如此看来,对于个人自主权的限制反倒是对它的进一步增强。

道德自主权——意在控制与驾驶行为相关的伦理价值——也是如此。如前所述,驾驶是一种需要人类进行道德判断的行为。如果要以负责任的方式将驾驶权委托给人工代理,则必须保证系统能够以符合我们伦理期望的方式处理与道德相关的情况。此外,那些规范人类驾驶行为的伦理价值也必须融合到 CAVs 的控制逻辑中。因此,责任型自动驾驶已经认识到——有必要将道德考量纳入控制 CAVs 操作的算法之中(Thornton et al.,2018;Gerdes et al.,2019;Keeling et al.,2019;Millar et al.,2020)。

如前所述,个人道德自主权的行使既受到自动驾驶的限制又受到它的支持。首先,让我们探讨一下其所受到的限制情况。在这方面,对于遵守伦理价值的控制将被委托给驾驶系统,人类也就放弃了对它的控制。如果道德自主权被认为是人类道德体验当中一个不可分割的组成部分,那么驾驶行为道德判断的自动化可能会被视为一种不可接受的限制行为,从而遭到人类的抵制。或许,为人类道德判断留出足够空间的自动驾驶形式方为正确的解决之路。

例如,以超速行驶为例(Nyholm & Smids,2018)。在人工驾驶中,违反限速可能属于驾驶员的自主权范畴(Ori,2020)。当速度控制被委托给系统时,人类的自主权将明显受到限制。由于在某些情况下,违反限速的行为在道德上可能是合理的抑或可谅解的,因此通过设计来杜绝超速行为可能会被视为是对人类自主权的不合理限制。对于那些由于安全原因（Bellet et al，2019）或检测到状态改变（Schoonmaker，2016）或在有外部操作员控制车辆的情况下（Glancy，2012），拒绝移交控制权这一明确请求的系统，实际上都受到类似观点的考量。

尽管这些情况非常有趣，但却很少引人关注。目前，有关自主权侵犯的讨论主要集中在在不可避免的碰撞场景中，通过实施伦理设定下放人类对于道德决策的控制权（Dogan et al.，2020）。在不可避免的碰撞中（如第 4 章所示），CAVs 可能允许根据伦理原则对于伤害进行分配。这样一来，自动驾驶将为我们提供一种"道德缓冲"（Kumfer & Burgess，2015：131），通过这种缓冲，我们可以针对具有道德意义的驾驶决策进行间接的控制。正如米勒（2016：54）所言，被赋予机器伦理学算法的 CAVs 将成为道德代理人，"代表其设计者行事"。

乍一看，这种授权形式似乎强化了人类的自主权。自动驾驶的道德判断将能够处理过去超出人类道德能动性范围的情况，从而增强我们进行道德控制的能力。此外，正如通过技术进行道德"减负"的相关思想所表明的那样（van den Frank，2020；Hoven et al.，2012），合乎伦理的驾驶行为的自动化将促使人类拥有更多的时间与精力去面对更加深刻且更有意义的道德挑战。通过这些方式，个人的道德自主权将通过自动驾驶得到强化，而非受到限制。

然而，关于将 CAVs 作为道德型人工代理的论述却表明，在 CAVs 中设定的机器伦理学算法可以自动地应用给定的伦理价值，但不能自动地确定这些价值。换言之，对伦理价值观的确定仍然属于人类责任，而这显然事关自主权。从这个意义上讲，在 CAVs 之中确定实施哪种伦理设定是一个极其敏感的问题（Applin，2017；Millar，2017）。究竟哪种价值必须落实到 CAVs 之中？谁的道德自主权应该得到支持？人们对此莫衷一是。事实上，回答这些问题远比人们预想的要困难许多。目前学界正在讨论的是,伦理设定是否应该由用户自行决定,或者是否应由其他各方指定,例如制造商(广义上包括所有参与 CAVs 研发的专业人员与私人团体)或机构决策者。

很多人认为,如果要尊重个人自主权,那就应当由用户而非制造商(Loh & Loh,2017)来自由选择其对 CAVs 的伦理设定。由于道德多元化无法予以解释,因此在这种情况下绕过用户将对其道德自主权构成侵犯。最终,这将导致令人难以接受的道德专权(Müller & Gogoll,2020)。为了避免这一窘境,米勒(2016)就评估工具的设计进行了基础性研究,旨在帮助从业者避免难以接受的道德专权型的设计选择,从而通过设计维护用户的自主权。

与关于用户和制造商的争论相反,有关机构决策者在其中所应扮演的角色的讨论揭露了更多的分歧。一些人认为,不应该让用户完全自由地决定其对 CAVs 的伦理设定。相反,政府机构与政治团体应该确定哪些伦理设定在社会上具有可持续性、在道德上具有合理性(Rodríguez-Alcázar et al.,2021)。与此同时,他们应该避免强制采用某种特定的解决方案(Arfini et al.,2022;Brandão,2018;Millán-Blanquel et al.,2020)。为了保护个人自主权,应该允准用户在各各不相同但都可以接受的伦理设定中进行选择。

如果想要保留用户的道德自主权,那么就必须设计出允许用户控制伦理设定的方法(Etzioni & Etzioni,2017)。例如,这可以通过"伦理旋钮"等界面得以实现(Contissa et al.,2017)。通过转动"伦理旋钮",用户可以在经过正当机构验证的范围之内选择不同程度的个性化解决方案。有人认为,只有这样才有可能避免专权型干预,同时避免那些严重的反社会性伦理设定。

然而,当涉及到评估将合乎伦理的驾驶选择委托给自动化系统的合法性时,个人自主权与其他相关价值之间难以实现平衡。例如,戈戈尔(Gogoll)和米勒(Müller)(2017)认为机构授权的伦理设定是最佳的解决方案,能够在所有社会成员之间提供最公平的利益与伤害分配。从这个角度来看，对个人用户道德自主权的限制应该在更广泛的社会福祉背景下进行评估，这将包括它与安全、交通效率、包容性、环境可持续性等其他价值之间的平衡。他们认为，这将充分证明在这一问题上绕过CAVs用户的自主权具有合理性。事实上，只有政治决策才能达到实现整个社会最大利益所需的一般水平。此外，尽管实证研究可能有助于揭示公众偏好与政策解决方案之间的一致性——正如福尔哈贝尔等人（2019）所提出的那样，功利主义方法可能就是这样——但是个人的道德偏好不应被视为具有指示性。事实上，与是社会整体而不是个人应该对此拥有最终决定权。因此，在自动驾驶方面维护个人自主权还应包括保证用户明白在符合社会福祉的情况下对于个人控制权进行限制的道德合理性。换言之，这应该意味着对于个人自主权的支持超越了对于驾驶任务的主体性控制。

然而，从更大维度上看，要平衡个人自主权的要求与社会需求也有一定的困难。例如，为了践行安全与环境可持续性等社会价值，学界围绕未来禁止人工驾驶的假设进行了一场激烈的论辩。由于人工驾驶似乎与个人自主权和自决体验密切相关，因此这场交锋具有重要意义（Hancock，2019）。文化与实证研究表明，人工驾驶通常被视为是自主能动性的一种具体实践，一种感受自由、掌控感以及表达自我个性的方式。至少对于某些人而言，它也是一种获得内心幸福的重要来源（Müller & Gogoll，2020）。同样，其中人们所追求的个人自由也是个人自主权的重要组成部分（Sparrow & Howard，2017）。

总而言之，许多人似乎认为人工驾驶本身就是一项具有道德价值的活动，因为它与个人自主权有关。然而，人工驾驶车辆的主流形象——作为"个人选择、权力以及控制的关键工具"（Glancy，2012：1188），不得不受到自动驾驶带来的深刻挑战。因此，强制使用CAVs的法律可能被视为是一种对于个人自主权的侵犯，也是政治专权的一种表现。

然而，反对者表示，对于专权性的指控在本案中似乎并不成立。他们认为，如果CAVs技术能够确保安全水平的提高，那么考虑到随之而来的社会效益，禁止人工驾驶将是对个人自主权的合法限制(Sparrow & Howard，2017)。从某种意义上说，它将与那些强制要求按规定使用安全带、配戴头盔和安装安全气囊的法律如出一辙。此外，这样的禁令不能被归为专权式限制，因为人工驾驶相关活动不仅会给用户带来不必要的风险，而且会给第三方带来巨大威胁(Müller & Gogoll，2020)。因此，有人认为，出于安全和环境因素禁止人工驾驶导致的对人类自主权的限制是有正当理由的。

然而，关于人类自主权与自动驾驶的争议不止于此，并且尚且悬而未决。可以说，混淆其外在特征的歧义源于这两个术语的内在复杂性。如第1章所述，不同形式的自动驾驶呈现出不同的人机合作方式。此外，自主权的概念至少在两个主要层面上对驾驶行为产生了影响。首先，它是沿着主体性控制的路线来予以规定的，这一规定强调了自主权的个体组成部分，并围绕着对驾驶任务的控制展开。然而，自主权也指向自由通过交通出行追求自我生活乐趣、目标和价值的自由。换言之，后一种含义意味着我们需要将社会维度作为个人追求自我实现的背景。因此，它允许针对自动驾驶如何支持所有社会成员的自主权与独立性进行更为系统的考量。重要的是，当个人自主权应用于交通领域时，这两个组成部分均属于这一概念的外延范畴。然而，当人类能动性与自动驾驶相遇时，二者还是会发生冲突。

在这两个组成部分之间进行权衡似乎不可避免。如果我们将个人自主权视为是针对驾驶任务直接行使的一种主观控制，那么这种权衡的结果将偏向于条件型自动驾驶形式，这就背离了高度自动化或完全自动化以及相应的社会效益——个人的自我实现与独立。相反，期待通过交通出行来追求生活爱好、兴趣、目标以及价值需要高度自动化或完全自动化的支持，而这将限制个人对于驾驶任务的主体性控制(见第6章)。

当然，我们需要仔细评估二者之间的紧张关系。个人自主权是人格尊严的重要组成部分，对其有所侵犯可能会引起公众的强烈不信任以及反驳。然而，鉴于这一问题的模糊性，将对个人自主权相关的抽象性认识转向实际性的认识是一个极其复杂的过程。如何将个人自主权恰当地整合到自动驾驶中将是 CAVs 伦理学在未来的一项重要使命（Fossa et al.，2022）。

围绕个人自主权的争议——在自动驾驶背景下，个人自主权是一种需要维护的价值——重新引发了有关人类能动性与人工代理之间相互纠葛的核心问题。此外，它与重要的伦理问题——隐私、责任和安全——相互联系，因此也代表了整个论辩中最为重要的一个要点。对于相关机遇与挑战的持续讨论不仅有助于预测未来可能出现的问题做出预测，而对重新理解个人自主权的概至关重要，从而阐明其要求的合法性以及支持这些要求的相关方法论。

5.3 责任感

在考虑 CAVs 对人类或物品造成的伤害或损坏时（不管是在现实中，还是在假设的情况下），不可避免地会出现与责任相关的问题。事实上，与 CAVs 相关的责任问题已经在法律方面得到了广泛的讨论（Alawadhi et al.，2020），在伦理层面也有一定的讨论（Liu，2017）。然而，虽然这两个维度之间存在重叠，但也不应忽视那些将二者区分开来的差异。鉴于本文的研究范围聚焦于伦理维度，法律分析未被涵盖进来，旨在更多地关注相关的道德责任问题。

众所周知，提出与 CAVs 有关的道德责任问题既有合理性，也有必要性。这是因为 CAVs 的行为既不属于自然事件的范畴，也不属于传统责任代理的范畴。相反，CAVs 等人工代理通过介入人类能动性，从而为责任问题带来了新的可能性。即便是间接性介入，CAVs 的运作仍然只是人类控制的外在表现。事实上，系统操作直接或间接地源于人类的行为与决定（抑或是人类的漠视与不作为）。因此，我们有理由思考，是否可以通过不同的技术设计、技术部署或技术操作，从而避免造成任何伤害。同样，对于已发伤害责任人的确定也在情理之中；而了解如何以负责任的方式避免潜在伤害也是理所应当。

鉴于可能会出现责任空缺，因此上述问题的提出至关重要（Matthias，2004；Santoni de Sio & Mecacci，2021）。实际上，确定谁将控制由人工代理介入的驾驶行为是一项具有挑战性和争议性的工作。当 CAVs 造成伤害时，我们尚不清楚道德责任应当如何在所有利益相关方之间进行分配，以及谁（如果有的话）理应承担相关责任（Nyholm，2018b）。这种透视责任分配图景的困难可能会反过来导致道德惩罚空缺问题（Danaher，2016）——在这种情况下，受伤害主体的合法要求仍然没有得到满足。如果不加以解决，责任空缺与惩罚空缺可能就会产生严重的公众信任危机，这将会对 CAVs 的应用造成肉眼可见的损害，从而阻碍我们享受诸多所谓的红利。

有关 CAVs 的道德责任问题——主要是其公平分配问题——已经引起了实证性研究（MacManus & Rutchick，2019）以及规范性研究的重点关注。正如我们所讨论的那样，在所有利益相关方当中，确定谁应该对 CAVs 造成的伤害承担道德责任，并应该对遭受伤害的人负责，这本就合乎情理。然而，关键之处在于这一问题与另一个问题相互交织，即负有道德责任的各方是否真正意识到了自身的责任，感受到了相关的道德义务，并且能够在所有必要的条件下对此采取行动（van de Poel & Royakkers，2011）。直观上讲，责任必须在所有利益相关方中进行个性化分配，尤其是要从制造商（同样，广义上包括所有参与 CAVs 研发、商业化以及应用的专业人员和私人团体）和用户（主要是私人所有者、运营商及终端用户）开始。然而，事实证明，在这两种情况中，所谓公平的责任分配都极具争议性。

根据公认的工程伦理原则，制造商对其生产的产品负有道德责任。因此，在自动驾驶的案例中，制造商首先也是公平的道德责任归属的最佳人选。从这个角度来看，制造商（以及程序员、工程师等）应该对 CAVs 所造成的伤害自发地承担相应的道德责任，因为 CAVs 的行为与这些利益相关方所做的选择（作为）或不选择（不作为）有关（Liu，2017）。既然制造商控制着 CAVs 的常规工作方式，他们也应该对其后续伤害承担相应的责任。因此，他们应该承担并履行自身的责任。

当然，人们对于这一说法提出了一些质疑。首先，追究制造商的责任可能会对创新产生负面影响。然而，只有当 CAVs 的研发与应用被理解为一种道德义务时，这种担忧似乎才具有伦理意义。此外，与法律责任不同的是，道德责任似乎不能根据社会期望的目标进行分配——要么它具备适用性并需要得到社会认可，要么它根本不适用（Nyholm，2018b）。

其他问题更具实质性。特别值得一提的是，制造商的作为与否可能过于宏观，难以映射到具体的结果上。这一事实似乎注定会引发许多问题——在广泛参与的过程中，没有人会特别觉得自己对最终产品负有个人责任。此外，制造商的道德责任似乎只在设计良好且运作良好的 CAVs 仍然造成伤害的情况下才会凸显（Hevelke & Nida-Rümelin，2015），这也表明我们需要对此予以进一步考量。

同样，将道德责任附加到用户身上也引发了诸多疑问。其中争论最大的是用户是否真的能够控制所发生的事情，意识到自身的责任，并能负起责任（Hevelke & Nida-Rümelin，2015）。为了获得自动驾驶的诸多预期好处，我们必须将控制权委托给系统（Liu，2017；Nyholm & Smids，2018），而这对用户所扮演的角色及其所需的技能将会产生很大影响（Heikoop et al.，2019；Wolf，2016）。此外，随着用户对于驾驶任务的控制越来减少，那么要求他们对所造成的伤害负全责似乎并不公平。

例如，如果系统所面临的是无法控制的情况，那么期望用户保持警惕并准备重新获得控制权似乎是很难实现的，不仅是在技术层面，而且是在道德层面上。在人为因素研究中，有关学者对移交与接管操作的安全性提出了严肃质疑(Endsley，2017；Merat et al.，2014)，并指出拒绝接受所谓的用户干预义务的合法性。如果不具备高度负责的认知与行为条件，那么让用户来承担他们无法履行的道德责任在伦理上就有失公平。正如汉考克(Hancock)(2019：485)所言，"如果人类所制造的车辆很少要求驾驶员做出反应，那么在需要之际他们也难以做出正确反应。"更糟糕的是，CAVs 重塑驾驶行为的方式似乎与人类的道德意识相冲突，因为它首先就侵蚀了我们履行道德责任的意愿(Coeckelbergh，2016)。

尽管参与自动驾驶的主要利益相关方并不具备传统性条件可以证明对于道德责任的呼吁具有合理性，但是制造商和用户确实是这项技术的最大受益者。因此，让他们对这一过程中所产生的伤害承担一定的责任似乎公平公正(Fabris，2018)。此外，对于没有直接控制的技术所造成的损害承担责任，似乎也是针对人工代理时代道德要求的必要补充。然而，如果不是建立保险计划或税收制度，我们很难看出这将具体意味着什么——从道德角度来看，这听起来像是在减损责任，进而导致惩罚空缺得不到有效解决(Nyholm，2018b)。

这场论辩似乎注定要陷入僵局，这就需要我们对其预设条件做出修正。鉴于涉及的利益相关方众多，单一行动者似乎不太可能承担全部责任。同样，似乎也不存在单一行动者能够完全控制 CAVs 的运作。因此，我们最好将道德责任理解为各方之间的共同责任，该责任将有关各方联系在一个以 CAVs 为中心的网络之中(Floridi，2016)。正如尼霍姆(Nyholm)(2018a)所描述的那样，用户、制造商、程序员、工程师和 CAVs 之间的关系将被视为一种合作关系——在这种合作关系中，技术可以作为人类能动性的中介，而所有利益相关方作为分区负责人，分别负责与自身相关的方面。

这种方法可以作为一种工具，用于消除人们对责任空缺的错误印象，使人们更好地理解机器运作的相关方面如何与负责任的行动者联系在一起。同时，清楚地说明每个利益相关方在网络中所扮演的角色可能会为 CAVs 的设计与机构决策提供参照，从而在每一种情况下都能适当地满足履行道德责任所需的条件。

这一观点建立在贝莱（Bellet）等人（2019）的研究基础之上——他们深入研究了移交与接管场景等关键情况下道德责任如何在利益相关方之间分配的问题。同样，W.洛（Loh）与 J.洛（Loh）（2017）强调了让用户决定 CAVs 应该如何在交通参与者之间分配风险的重要性。这种方法与最近人们对于将完全自主权作为一种范式或具体目标的不满正好吻合，二者一致表明自动驾驶应该被视为一种人机协作形式，而不是机器对于人类的替代（Friedman，2018；Nunes et al.，2018；Müller & Gogoll，2020；Strayton & Stilgoe，2020；Xu，2021）。① 然而，利益相关方网络在多大程度上可以被描述为一种合作代理，人们对此莫衷一是，尤其对于这将如何帮助我们解决这一牵涉多方的复杂问题持有怀疑态度（de Jong，2020）。

我们可以通过设计来支持自动驾驶中道德责任意识的提升与落实，这一理念是人类有效控制（MHC）方法的核心。最初，MHC 被设想为弥合与自主武器系统相关的责任空缺的一种方式，近年来它也在 CAVs 相关技术中发挥了重要作用（Calvert et al.，2018，2020；Keeling et al.，2019；Santoni de Sio，2021；Santoni de Sio et al.，2022）。MHC 旨在确保利益相关的个人确实能够感知到自身义务，并能采取相应行动，即使是在操作控制受到限制的情况下（Heikoop et al.，2019）。实际上，我们的基本假设为——对于自动化中隐含的操作控制进行限制需要一种全新的控制范式，以便确保在整个过程中能够有效地保持相关责任方在场（Calvert et al.，2021）。因此，也有学者对有效控制进行了重新定义，认为其主要取决于两个条件：跟踪与追溯（Santoni de Sio & van den Hoven，2018）。

---

① 过去人们的观点并非如此。关于不同的观点，请参见范隆（van Loon）与马滕斯（Martens）（2015）。

跟踪或者理性反应意味着——如果个人能够承认他们自身是导致系统行为的原因，那么他们就应该对系统行为负有道德责任。换言之，如果一个系统的行为符合利益相关方提供的相关原因，那么它就是为理性反应而设计的（Mecacci & Santoni de Sio，2020）。追溯则意味着——对于每一种事态，至少可以确定一个能够公平地承担道德责任的人类主体。这两个条件同时代表了支持对道德责任与相关义务进行明确分配的设计目标。MHC 将控制的概念延伸到了传统的边界之外，以便应对人工代理所带来的诸多挑战，从而为重新定义道德责任奠定基础，使其也能有效地用于自动驾驶的实践领域。

通过设计来保证负责任的行为得以充分落实是一项重大战略，但若想获得成功，一方面需要提高人们对于整个 CAVs 领域的认识，另一方面还需要我们为这一美好愿景付诸行动，二者缺一不可。事实上，责任不仅限于设计，还涉及自动驾驶领域所处的普遍背景（包括专业与私人组织）。因此，从更普遍的角度来看，我们需要根据关怀与公正的标准，在整个社会技术体系中追究责任，这自然也就提出了作为这一方面最佳方法的传统工程伦理问题（Loh & Loh，2017；Whitmore et al.，2022）。

总体而言，与其他问题相比，关于道德责任的论辩仍然处于初级阶段。然而，关于责任的法律讨论却并非如此，相关的辩论已经达到了高度具化阶段。然而，仅仅在哲学层面上看，似乎还有许多概念性与规范性分析有待进行。随着人类控制权与人工代理的同步发展，责任问题也必须进行新的考量。同时，我们需要更好地阐明各个利益相关方的不同道德责任。此外，控制、意识、自主权以及承担或者分担责任等关键概念在自动驾驶中所起的作用也需要更加深入予以讨论。最后，在使涉及 CAVs 的诸多社会技术实践与道德责任这一基本价值相符合的努力中，把相关研究与责任型创新和设计伦理方面的讨论联系起来，不失为一种极具见地的思路。

5.4 可解释性

在正确的时间访问正确的信息对于行使控制权而言至关重要。同时，它对控制权的伦理实践也意义非凡。如果要实现自主负责的代理，那就需要对尽可能多的背景知识进行充分分析与利用。这在很大程度上取决于我们对于相关事实的了解情况。

正如范德珀尔（van de Poel）和罗亚克斯（Royakkers）所解释的那样（2011：12），"一个对某事负有责任的个体必须能够知道他或她所做所为的后果"。从更积极的意义上讲，一个人的自主权与责任感很大程度上取决于个体对于自身所处境遇的了解。可以说，对于行动或决定后果的了解也源于对于采取行动或决定的背景的了解。如果对于构成事态的关键因素了解很少或不全面，那么自主负责的代理也只能在有限的层面得以行使。

因此，收集必要的信息是行使自主权与采取负责任的行为的一个前提条件。从某种意义上讲，它也可以被视为一种道德义务。一个负责任的主体应该通过充分考量所有相关事实来维护自身的判断自主权。此外，道德主体必须充分理解正在发生的事情及其原因以及即将发生的事情，以此满足对其角色、权利与责任的要求。

鉴于上述情况，可以通过让有需要的个体更便捷地获取相关信息来实现自主负责的驾驶行为。尽管这一信息获取要求具有普遍的适用性，但在人工代理时代却变得尤为重要。当人类行为有人工代理介入时，有关系统操作的信息对于利益相关方是否能够自主负责地行事至关重要。基于准确信息来理解过去、现在和未来系统操作的能力——也就是开发可靠的心理模型的能力——是进行有效的自主负责代理的必要条件。事实上，了解一个系统的工作内容、运作方式以及运作原理是实施合乎伦理的控制的基础。

然而，有关人工代理行为的信息往往模糊不清，难以获取，甚至难以理解。因此,我们不能指望利益相关方依靠自己就能收集到所有相关信息。相反,他们需要积极主动弥补这一信息差距。在这些情况下,他们必须能够获得关于人工代理运作的充足知识,以便行使各自的自主权并采取负责任的行为。换言之,相关系统操作必须清晰明确地提供给所有利益相关方,且必须具有可解释性。

简而言之,可解释性的伦理价值旨在确保当人工代理介入人类能动性时,自主负责的行为能够得到相应的支持。因此,它具有明确的工具性。与此同时,可解释性的价值最终在于它在支持人类采取自主负责行为方面的潜力。换言之,可解释性在伦理上的重要性不在于其本身,而在于它是保护与促进更多伦理利益——自主权与责任感——的一种手段,这些伦理利益本身就颇具价值(如见 van de Poel,2009)。因此,它的合理性不具有绝对性,而是取决于它在多大程度上服务于其所正向作用的内在伦理价值。

一般说来,人工代理的相关情况也适用于更为具体的自动驾驶案例。作为自主权与责任感的基本条件,促进 CAVs 领域的可解释性似乎是一种道德义务。就所涉及的利益相关方而言,支持自主负责的行为能使其遵守其他相关的伦理价值,如安全与隐私。例如,收集系统运行的信息对于安全来说至关重要,因为它大大地简化了事故发生时的错误识别与纠偏概率(Cultrera,2020)。此外,可解释性不仅有助于维护用户的隐私权,而且还有利于实现兼顾公正性与准确性的机器决策(Zablocki et al.,2021)。出于这些原因,设计良好的可解释性系统可以提高用户的信任度与接受度,这对于自动驾驶相关的利益获得与至关重要(Tang et al.,2021)。总之,系统的可解释性不仅有利于实现人类的自主权与责任感,还有助于将安全、公平以及隐私等关键性伦理价值具体化,从而对用户的信任度与接受度产生积极影响。

尽管可解释性具有相关性,但在关于自动驾驶的伦理学研究中,它一直难以成为其中的热点话题。直到最近几年,随着业界越来越多地开始采用神经网络来解决自动驾驶任务，人们才开始关注神经网络的不透明性以及可解释性人工智能技术（Barredo Arrieta et al.，2020）。例如，业界已经关注到神经网络通过处理真实或模拟的视觉数据来学习如何操纵车辆的端到端方法，以便进一步解释根据哪些图像区域或像素对系统决策具有更大影响（Kim & Canny，2017；Kim et al.，2018；Xu et al.，2020）。然而，学界的研究重点仍然主要锁定在系统的有效性上，而可解释性尚未被确认为其中的主要伦理目标（Cultrera，2020）。

根据这一问题的技术框架，可解释性是当前论辩的一个重要组成部分，其主要是用于应对神经网络不透明性所带来的诸多挑战（Pan et al.，2020；Suchan et al.，2020；Xu et al.，2020）。然而，可解释性的伦理意义通常被认为理所当然，人们对于在这方面的深入讨论似乎不太感兴趣。此外，伦理分析只为我们提供了部分论点，且相关的监管要求仍不明确（Krontiris et al.，2020）。因此，可解释性与其他相关价值之间的相互作用，尤其是它们之间的冲突，仍有待进一步的系统研究（Umbrello & Yampolski，2021）。此外，诸如可解释性、可解读性以及透明性等密切相关的术语之间的关系仍需谨慎地应用于自动驾驶领域（Zablocki et al.，2021）。

此外，可解释性伦理概念中的许多内部问题需要进一步探讨。例如，其所面临的最为复杂的一个问题就是可解释性与可理解性之间的关系。鉴于自动驾驶领域所涉及的利益相关方类型众多，可解释性必须满足不同主体的不同要求。事实上，利益相关群体表现出不同程度的专业知识、多重期望以及各种目标，这些都在影响着他们对于解释的需求。比如，相关信息及其充分解释是用户接受系统行为、对系统行为进行个性化处理以及反对系统决策的关键，是其他道路使用者，了解CAVs的行为操作并能相应地调整自身行为的关键同样至关重要，是立法者以公平的方式追究各方责任的关键（Krontiris et al.，2020），是研发人员强压与改进系统的关键

(Zablocki et al.，2021)，等等。由此看来，相关解释必须根据不同情况进行精心设计。

例如，当有专家长期参与时（例如在工程实验室或法院），我们可以使用术语以及大量相关信息。但就用户而言，我们必须提供及时（Du et al.，2019）、快速、易于理解的解释话语，同时保持技术层面的完备性。鉴于可用时间与注意力范围极为有限，因此避免信息过载或信息混乱尤为重要（Umbrello & Yampolski，2021）。同样，在信息的解释性与模糊性之间做出选择似乎尤为必要。我们有理由仅对相关功能予以解释（Fossa et al.，2022）。然而，目前尚不清楚如何确定哪些功能与可解释性相关，哪些不相关，或者应由谁来确定这一区别。

此外，传播解释话语的手段与可解释性也极其相关。事实上，对与解释工作相关的媒介的不同选择也会对可理解性产生极大影响。我们可以利用各种人机界面来向用户传达相关解释信息，但每种界面在透明度与认知可及性方面都有其自身独特的优势与局限性。例如，自然语言解释因其用户友好性而备受金（Kim）等人（2018）的青睐。然而，自然语言的一般可理解性可能会促使用户满足于那些具有说服力与感染力的解释，而不是那些传达关于系统行为的真实性信息，从而为用户操纵与用户欺骗打开了方便之门。

类似的担忧与不同解释行为的特征及其针对特定情况的适用性有关。例如，马后炮式解释与内省式解释之间的区别值得关注（Kim et al.，2018；Tang et al.，2021）。基于归纳方法的马后炮式解释可能更易于理解且更容易获得，但却脱离了实际的系统特征（Zablocki et al.，2021）。因此，出于说服力优先于准确性的风险考虑，内省式解释可能会更受青睐，而内省式解释从定义上来说是基于因果关系。正如唐晨等人（2021：1）所说，"除非模型可以通过设计来予以解释，否则声称马后炮式解释可以捕捉到模型的基本机制将是一种欺骗。"然而，内省式解释可能不仅难以转化为一般的语言表达形式，而且在缺乏系统的具体技术知识的情况下也难以理解。此外，当涉及到神经网络时，这些内省式解释可能更加难以获取。

总而言之，可解释性是自动驾驶中人类行使控制权的必要条件。因此，它在追求自主权、责任感、安全等各种伦理价值方面发挥着关键作用。然而，将对可解释性的一般诉求具化为详细的要求与指导原则往往存在问题。可解释性与其他重要价值之间的关系以及该概念本身内部存在的问题使其难以得到具体应用。这些障碍不可能单纯地通过技术解决方案就会消除，而需要对人机交互、人为因素以及组织问题进行深入的社会维度、心理维度、伦理维度与哲学维度的讨论。其中，关于利益相关方特性的背景因素以及为我们提供解释信息的实际场景，都会对如何将抽象的价值转化为具体的实践产生巨大影响。为了有效地解决自动驾驶这一复杂领域的相关问题，我们似乎有必要沿着上述思路针对可解释性的相关价值进行具体说明。

5.5 自动驾驶——不再是人类直接控制的驾驶行为

将驾驶行为从人类行为转化为机器功能同样影响了相关伦理框架。仅仅依靠人工驾驶的价值框架来对自动驾驶的道德特征予以评估，将是一项错误的决定。第3章展现了诸如隐私等伦理价值是如何在自动驾驶时代获得前所未有的道德相关性。本章表明，将驾驶任务委托给人工代理也可能动摇既定规范性信念的基础。

对车辆行为的直接控制是人工驾驶相关价值体系的核心。实际上，像自主权与责任感这样重要的道德价值与直接控制的行使密切相关。因此，人类主体与人工代理之间任务的分配变革势必会带来全新的道德挑战。这样一来，传统的内在伦理价值将需要进行重新定义，而相关有益的工具价值也需得到确认。在我看来，认识与反思技术驱动的价值变化过程对于任何有关人工代理的哲学研究都至关重要。

关于自动驾驶中的自主权、责任感和可解释性的伦理讨论存在一个共同的基础——把控制权委托给 CAVs 的方式将彻底改变驾驶体验，旧的理论框架将被淘汰。人类控制对于自动驾驶领域的复杂适应表明，传统意义上与驾驶相关的伦理价值应当与技术进步保持同步发展。实际上，人类价值与技术的发展是以错综复杂的方式相互纠缠在一起的。人工代理必须向个人信念、伦理价值、社会目标及文化特征等作出妥协，并受接受这些因素的影响。此外，有必要通过自动化来保护并强化人类的自主权。乍一看，这可能听起来完全不切实际，——但却突出了这样一个事实：技术创新是一个开放的过程。在这个过程中，基于不同价值的观点之间相互碰撞，这将引领技术创新朝着预期的方向发展。但创新在发展过程中的具体方向取决于社会。

实际上，控制与授权是尝试从哲学层面揭示人工代理及其与人类能动性关系的关键所在。将控制权委托给人工代理显然意味着用户丧失了自主权。然而，这种损失可以与个人自主权在其他方面获得的红利相抵消。此外，控制权是行使责任感的规约条件。如果没有潜在的能动控制，主体就不可能对其行为产生的后果承担道义责任。然而，授权并不意味着人类完全失去控制权，人工代理也不能完全取代人类的能动性。相反，人工代理从中起到了媒介作用，并在这一过程中共同塑造了人类世界。即使人类失去了对某些任务的直接控制，其对系统操作的干预性控制仍然在发挥作用。相关的责任感亦是如此。这看似是一种责任的消失或者缺位，实际上是利益相关方之间责任的二次分配，使他们能好地履行。

这是人类主体与人工代理相互纠葛所产生的一种全新的控制形式，需要我们进一步予以概念化思考。要知道，是否对行为具有直接控制权曾是构建自主能动性与责任能动性的基石。然而，随着人工代理的兴起，人工介入形式的控制亟需被置于这一构建的中心地位。同样，我们还需对自主权与责任感的相关转变进行确定与讨论。如同可解释性的情况一样，我们必须确定全新条件内涵与外延，从而使我们在与人工代理的实际互动中能强化那些仍然相关的传统价值。通过这种方式，我们就可以对自动化时代人类的处境形成一个更为清晰的认识。最终，只有在这一基础上，我们才能彻底明确当人工代理介入我们的行为时，我们对于彼此的互补性所在。

参考文献

Alawadhi, M., Almazrouie, J., Kamil, M., & Kahlil, K. A. (2020). Review and analysis of the importance of autonomous vehicles liability: a systematic literature review. *International Journal of System Assurance Engineering and Management*, 11, 1227 – 1249 (2020). https://doi.org/10.1007/s13198 – 020 – 00978 – 9.

Applin, S. (2017). Autonomous vehicle ethics: Stock or custom? *IEEE Consumer Electronics Magazine*, 6 (3), 108 – 110. https://doi.org/10.1109/MCE.2017.2684917.

Arfini, S., Spinelli, D., & Chiffi, D. (2022). Ethics of self-driving cars: A naturalistic approach. *Minds & Machines*. https://doi.org/10.1007/s11023 – 022 – 09604 – y.

Barredo Arrieta, A., Díaz-Rodríguez, N., Del Ser, J., Bennetot, A., Tabik, S., Barbado, A., Garcia, S., Gil-Lopez, S., Molina, D., Benjamins, R., Chatila, R., & Herrera, F. (2020). Explainable artificial intelligence (XAI): Concepts, taxonomies, opportunities and challenges toward responsible AI. *Information Fusion*, 58, 82 – 115. https://doi.org/10.1016/j.inffus.2019.12.012.

Bellet, T., Cunneen, M., Mullins, M., Murphy, F., Pütz, F., Spickermann, F., Braendle, C., & Baumann, M. F. (2019). From semi to fully autonomous vehicles: New emerging risks and ethico-legal challenges for human-machine interactions. *Transportation Research Part f: Traffic Psychology and Behaviour*, 63, 153 – 164. https://doi.org/10.1016/j.trf.2019.04.004

Boeglin, J.A. (2015). The costs of self-driving cars: Reconciling freedom and privacy with tort liability in autonomous vehicle regulation. *Yale Journal of Law and Technology*, 17(4), 171 – 203.

Brandão, M. (2018). Moral autonomy and equality of opportunity for algorithms in autonomous vehicles. In M. Coeckelbergh, J. Loh, M. Funk, Seibt J., & M. Nørskov (Eds.). *Envisioning Robots in Society — Power, Politics, and*

Public Space. Frontiers in Artificial Intelligence and Applications（Vol. 311, pp.302 - 310）. IOS Press. https://doi.org/10.3233/978 - 1 - 61499 - 931 - 7 - 302.

Calvert, S.C., Mecacci, G., Heikoop, D.D., & Santoni de Sio, F. (2018). Full platoon control in truck platooning: A meaningful human control perspective. In *2018 21st International Conference on Intelligent Transportation Systems* (*ITSC*) (pp.3320 - 3326). IEEE. https://doi.org/10.1109/ITSC. 2018.8570013.

Calvert, S.C., Heikoop, D.D., Mecacci, G., & Arem, B.V. (2020). A human centric framework for the analysis of automated driving systems based on meaningful human control. *Theoretical Issues in Ergonomics Science*, 21 (4), 478 - 506. https://doi.org/10.1080/1463922X.2019.1697390.

Calvert, S.C., Arem, B.V., Heikoop, D.D., Hagenzieker, M.P., Mecacci, G., & Santoni de Sio, F. (2021). Gaps in the control of automated vehicles on roads. *IEEE Intelligent Transportation Systems Magazine*, 13, 146 - 153. https://doi.org/10.1109/MITS.2019.2926278.

Chiodo, S. (2022). Human autonomy, technological automation (and reverse). *AI & Society*, 37, 39 - 48. https://doi.org/10.1007/s00146 - 021 - 01149 - 5.

Christian Gerdes, J., Thornton, S. M., & Millar, J. (2019). Designing automated vehicles around human values. In G. Meyer & S. Beiker (Eds.), *Road Vehicle Automation. Lecture Notes in Mobility* (pp.39 - 48). Springer. https://doi.org/10.1007/978 - 3 - 030 - 22933 - 7_5.

Coeckelbergh, M. (2016). Responsibility and the moral phenomenology of using self-driving cars. *Applied Artificial Intelligence*, 30 (8), 748 - 757. https://doi.org/10.1080/08839514.2016.1229759.

Contissa, G., Lagioia, F., & Sartor, G. (2017). The ethical knob: Ethically-customisable automated vehicles and the law. *Artificial Intelligence and Law*, 25, 365 - 378. https://doi.org/10.1007/s10 506 - 017 - 9211 - z.

Cultrera, L., Seidenari, L., Becattini, F., Pala, P., & Del Bimbo, A. (2020). Explaining autonomous driving by learning end-to-end visual attention. In *2020 IEEE/CVF Conference on Computer Vision and Pattern Recognition Workshops* (*CVPRW*) (pp.1389 - 1398). IEEE. https://doi.org/10. 1109/CVPRW50498.2020.00178.

Danaher, J. (2016). Robots, law and the retribution gap. *Ethics and Information Technology*, 18, 299 - 309. https://doi.org/10.1007/s10676 - 016 - 9403 - 3.

de Jong, R. (2020). The retribution-gap and responsibility-loci related to robots and automated technologies: A reply to nyholm. *Science and Engineering*

Ethics，26，727 – 735. https://doi.org/ 10.1007/s11948 – 019 – 00120 – 4.

Dogan，E.，Costantini，F.，& Le Boennec，R. (2020). Ethical issues concerning automated vehicles and their implications for transport. In D. Milakis，N. Thomopoulos，B. van Wee（Eds.），*Advances in Transport Policy and Planning*（Vol.5，Chap. 9，pp.215 – 233）. Academic Press. https://doi. org/10.1016/bs.atpp.2020.05.003.

Du，N.，Haspiel，J.，Zhang，Q.，Tilbury，D.，Pradhan，A. K.，Yang，X. J.，& Robert，L. P. (2019). Look who's talking now: Implications of AV's explanations on driver's trust，AV preference，anxiety and mental workload. *Transportation Research Part c: Emerging Technologies*，104，428 – 442. https://doi.org/10.1016/j.trc.2019.05.025.

Endsley，M.R. (2017). From here to autonomy: Lessons learned from human-automation research. *Human Factors*，59(1)，5 – 27. https://doi.org/10. 1177/0018720816681350.

Etzioni，A.，& Etzioni，O. (2017). Incorporating ethics into artificial intelligence. *The Journal of Ethics*，21，403 – 418. https://doi.org/10. 1007/s10892 – 017 – 9252 – 2.

Fabris，A. (2018). *Ethics of Information and Communication Technologies*. Springer. https://doi.org/10.1007/978 – 3 – 319 – 75511 – 3.

Faulhaber，A.K.，Dittmer，A.，Blind，F.，Wächter，M.A.，Timm，S.，Sütfeld，L.R.，Stephan，A.，Pipa，G.，& König，P. (2019). Human decisions in moral dilemmas are largely described by utilitarianism: Virtual car driving study provides guidelines for autonomous driving vehicles. *Science and Engineering Ethics*，25，399 – 418. https://doi.org/10.1007/s11948 – 018 – 0020 – x.

Floridi，L. (2016). Faultless responsibility: On the nature and allocation of moral responsibility for distributed moral actions. *Philosophical Transactions of the Royal Society A*，374(20160112)，1 – 13. https://doi.org/10.1098/rsta. 2016.0112.

Fossa，F. (2019). 'I don't trust you，you faker!' On trust，reliance，and artificial agency. *Teoria*，*XXXIX*(1)，63 – 80. https://doi.org/10.4454/ teoria.v39i1.57.

Fossa，F.，Arrigoni，S.，Caruso，G.，Cholakkal，H.H.，Dahal，P.，Matteucci，M.，& Cheli，F. (2022). Operationalizing the ethics of connected and automated vehicles: An engineering perspective. *International Journal of Technoethics*，13(1)，1 – 20. https://doi.org/10.4018/IJT.291553.

Frank，L. E. (2020). What do we have to lose? Offloading through moral technologies: moral struggle and progress. *Science and Engineering Ethics*，

26，369 – 385. https://doi.org/10.1007/s11 948 – 019 – 00099 – y.

Fridman, A. (2018). Human-Centered autonomous vehicle systems: Principles of effective shared autonomy. *ArXiv*, abs/1810.01835. https://arxiv.org/abs/1810.01835.

Glancy, D. J. (2012). Privacy in Autonomous Vehicles. *Santa Clara Law Review*, 52(4), 3, 1171 – 1239. https://digitalcommons.law.scu.edu/cgi/viewcontent.cgi?article=2728&context= lawreview&httpsredir=1&referer=.

Gogoll, J., & Müller, J.F. (2017). Autonomous cars. In favor of a mandatory ethics setting. *Science and Engineering Ethics*, 23, 681 – 700. https://doi.org/10.1007/s11948 – 016 – 9806 – x.

Hancock, P. A. (2019). Some pitfalls in the promises of automated and autonomous vehicles. *Ergonomics*, 62(4), 479 – 495. https://doi.org/10.1080/00140139.2018.1498136.

Heikoop, D.D., Hagenzieker, M., Mecacci, G., Calvert, S., Santoni De Sio, F., & van Arem, B. (2019). Human behaviour with automated driving systems: A quantitative framework for meaningful human control. *Theoretical Issues in Ergonomics Science*, 20(6), 711 – 730. https:// doi.org/10.1080/1463922X.2019.1574931.

Hevelke, A., & Nida-Rümelin, J. (2015). Responsibility for crashes of autonomous vehicles: An ethical analysis. *Science and Engineering Ethics*, 21, 619 – 630. https://doi.org/10.1007/s11948014 – 9565 – 5.

Hildebrand, J. M., & Sheller, M. (2018). Media ecologies of autonomous automobility: Gendered and racial dimensions of future concept cars. *Transfers: Interdisciplinary Journal of Mobility Research*, 8(1), 64 – 85. https://doi.org/10.3167/TRANS.2018.080106.

Kim, J., & Canny, J. (2017). Interpretable learning for self-driving cars by visualizing causal attention. In *2017 IEEE International Conference on Computer Vision (ICCV)* (pp. 2961 – 2969). IEEE. https://doi.org/10.48550/arXiv.1703.10631.

Kim J., Rohrbach A., Darrell T., Canny J., & Akata Z. (2018). Textual explanations for self-driving vehicles. In V. Ferrari, M. Hebert, C. Sminchisescu, & Y. Weiss (Eds.), *Computer Vision — ECCV 2018. Lecture Notes in Computer Science* (Vol.11206, pp.577 – 593). Springer. https://doi.org/ 10.1007/978 – 3 – 030 – 01216 – 8_35.

Keeling G., Evans K., Thornton S.M., Mecacci G., & Santoni de Sio F. (2019). Four perspectives on what matters for the ethics of automated vehicles. In G. Meyer & S. Beiker (Eds.), *Road Vehicle Automation. Lecture Notes in Mobility* (pp. 49 – 60). Springer. https://doi.org/10.1007/978 – 3 –

03022933 - 7_6.

Krontiris, I., Grammenou, K., Terzidou, K., Zacharopoulou, M., Tsikintikou, M., Baladima, F., Sakellari, C., & Kaouras, K. (2020). Autonomous vehicles: data protection and ethical considerations. In *Computer Science in Cars Symposium*（*CSCS' 20*）(pp. 1 - 10, Article 10). Association for Computing Machinery. https://doi.org/10.1145/3385958.3430481.

Kumfer, W., & Burgess, R. (2015). Investigation into the role of rational ethics in crashes of automated vehicles. *Transportation Research Record*, 2489 (1), 130 - 136. https://doi.org/10.3141/248 9 - 15.

Laitinen, A., & Sahlgren, O. (2021). AI systems and respect for human autonomy. *Frontiers in Artificial Intelligence*, 4(705164), 1 - 14. https://doi.org/10.3389/frai.2021.705164.

Liu, H. Y. (2017). Irresponsibilities, inequalities and injustice for autonomous vehicles. *Ethics and Information Technology*, 19, 193 - 207. https://doi.org/10.1007/s10676 - 017 - 9436 - 2.

Loh, W., & Loh, J. (2017). Autonomy and responsibility in hybrid systems. The example of autonomous cars. In P. Lin, K. Abney, & R. Jenkins (Eds.), *Robot Ethics 2.0: From Autonomous Cars to Artificial Intelligence* (pp. 35 - 50). Oxford University Press. https://doi.org/10.1093/oso/9780190652951.003.0003.

Matthias, A. (2004). The responsibility gap: Ascribing responsibility for the actions of learning automata. *Ethics and Information Technology*, 6, 175 - 183. https://doi.org/10.1007/s10676 - 0043422 - 1.

McManus, R. M., & Rutchick, A. M. (2020). Autonomous vehicles and the attribution of moral responsibility. *Social Psychological and Personality Science*, 10(3), 345 - 352. https://doi.org/10. 1177/1948550618755875.

Mecacci, G., & Santoni de Sio, F. (2020). Meaningful human control as reason-responsiveness: The case of dual-mode vehicles. *Ethics and Information Technology*, 22, 103 - 115. https://doi.org/10. 1007/s10676 - 019 - 09519 - w.

Merat N., Jamson H. A., Lai F., & Carsten O. (2014). Human factors of highly automated driving: Results from the EASY and CityMobil projects. In G. Meyer & S. Beiker (Eds.), *Road Vehicle Automation. Lecture Notes in Mobility* (pp. 113 - 125). Springer. https://doi.org/10.1007/978 - 3319 - 05990 - 7_11.

Millán-Blanquel, L., Veres, S. M., & Purshouse, R. C. (2020). Ethical considerations for a decision making system for autonomous vehicles during an inevitable collision. In *2020 28th Mediterranean Conference on Control and Automation*（*MED*）(pp.514 - 519). IEEE. https://doi.org/10. 1109/

MED48518.2020.9183263.

Millar, J. (2016). An ethics evaluation tool for automating ethical decision-making in robots and self-driving cars. *Applied Artificial Intelligence*, 30 (8), 787–809. https://doi.org/10.1080/08839514. 2016.1229919.

Millar, J. (2017). Ethics Settings for Autonomous Vehicles. In P. Lin, K. Abney, & R. Jenkins (Eds.), *Robot Ethics 2.0: From Autonomous Cars to Artificial Intelligence* (pp.20–34). Oxford University Press. https://doi. org/10.1093/oso/9780190652951.003.0002.

Millar, J., Paz, D., Thornton, S., Parisi, C., & Gerdes, J. (2020). A framework for addressing ethical considerations in the engineering of automated vehicles (and other technologies). In *Proceedings of the Design Society: DESIGN Conference* (pp. 1485–1494). Cambridge University Press. https:// doi.org/10.1017/dsd.2020.78.

Müller, J. F., & Gogoll, J. (2020). Should manual driving be (eventually) outlawed? *Science and Engineering Ethics*, 26, 1549–1567. https://doi. org/10.1007/s11948–020–00190–9.

Nunes, A., Reimer, B., & Coughlin, J.F. (2018). People must retain control of autonomous vehicles. *Nature*, 556, 169–171. https://doi. org/10.1038/ d41586–018–04158–5.

Nyholm, S. (2018a). Attributing agency to automated systems: reflections on human-robot collaborations and responsibility-loci. *Science and Engineering Ethics*, 24, 1201–1219. https://doi.org/10.1007/s11948–017–9943–x.

Nyholm, S. (2018b). The ethics of crashes with self-driving cars: a roadmap II. *Philosophy Compass*, 13 (7), [e12506]. https://doi. org/10. 1111/ phc3.12506.

Nyholm, S., & Smids, J. (2018). Automated cars meet human drivers: Responsible human-robot coordination and the ethics of mixed traffic. *Ethics and Information Technology*, 22, 335–344. https://doi. org/10. 1007/ s10676–018–9445–9.

Ori, M. (2020). Why not road ethics? *Theoria*, 86, 389–412. https://doi.org/ 10.1111/theo.12248.

Pan, H., Wang, Z., Zhan, W., & Tomizuka, M. (2020). Towards better performance and more explainable uncertainty for 3D object detection of autonomous vehicles. In *2020 IEEE 23rd International Conference on Intelligent Transportation Systems* (ITSC) (pp. 1–7). IEEE. https:// ieeexplore.ieee.org/stamp/stamp.jsp?tp=&arnumber=9294177&tag=1.

Rodríguez-Alcázar, J., Bermejo-Luque, L., & Molina-Pérez, A. (2021). Do automated vehicles face moral dilemmas? A plea for a political approach.

Philosophy of Technology，34，811 - 832. https：// doi. org/10. 1007/ s13347 - 020 - 00432 - 5.

Sadigh，D.（2019）. Influencing interactions between human drivers and autonomous vehicles. *The Bridge*，49（4），48 - 56. https：//www. nae. edu/ 221209/Influencing-Interactions-between-HumanDrivers-and-Autonomous-Vehicles.

Sagberg，F.，Selpi，G.，Bianchi Piccinini，F.，& Engström，J.（2015）. A review of research on driving styles and road safety. *Human Factors*，57（7），1248 - 1275. https：//doi.org/10.1177/001872081 5591313.

Santoni de Sio，F.（2021）. The European Commission report on ethics of connected and automated vehicles and the future of ethics of transportation. *Ethics and Information Technology*，23，713 - 726. https：//doi. org/10. 1007/s10676 - 021 - 09609 - 8.

Santoni de Sio，F.，& Mecacci，G.（2021）. Four responsibiity gaps with asrtificial intelligence：Why they matter and how to address them. *Philosophy & Technology*，34，1057 - 1084. https：//doi. org/10. 1007/ s13347 - 021 - 00450 - x.

Santoni de Sio，F.，& van den Hoven，J.（2018）. Meaningful human control over autonomous systems：A philosophical account. *Frontiers in Robotics and AI*，5（15），1 - 14. https：//www. frontiersin. org/ article/https：//doi. org/ 10.3389/frobt.2018.00015.

Santoni de Sio，F.，Mecacci，G.，Calvert，S.，Heikoop，D.，Hagenzieker，M.，& van Arem，B.（2022）. Realising meaningful human control over automated driving systems：a multidisciplinary approach. *Minds and Machines*，online first. https：//doi.org/10.1007/s11023 - 022 - 09608 - 8.

Schoonmaker，J.（2016）. Proactive privacy for a driverless age. *Information & Communications Technology Law*，25（2），96 - 128. https：//doi. org/10. 1080/13600834.2016.1184456.

Sharkey，A.（2019）. Autonomous weapon systems，killer robots，and human dignity. *Ethics and Information Technology*，21，75 - 87. https：//doi.org/ 10.1007/s10676 - 018 - 9494 - 0.

Sparrow，R.，& Howard，M.（2017）. When human beings are like drunk robots：Driverless vehicles，ethics，and the future of transport. *Transportation Research Part C: Emerging Technologies*，80，206 - 215. https：//doi.org/10.1016/j.trc.2017.04.014.

Stayton，E.，& Stilgoe，J.（2020）. It's time to rethink levels of automation for self-driving vehicles. *IEEE Technology and Society Magazine*，39（3），13 - 19. https：//doi.org/10.1109/MTS.2020.301 2315.

Suchan, J., Bhatt, M., & Varadarajan, S. (2020). Driven by commonsense. On the role of humancentred visual explainability for autonomous vehicles. In G. De Giacomo, A. Catala, B. Dilkina, M. Milano, S. Barro, A. Bugarín, & J. Lang (Eds.), *ECAI 2020* (pp.2939 - 2940). IOS Press. https://doi.org/10. 3233/FAIA200463.

Taubman Ben Ari, O., & Yehiel, D. (2012). Driving styles and their associations with personality and motivation. *Accident Analysis and Prevention*, 45, 416 - 422. https://doi.org/10.1016/j.aap.2011.08.00.

Tang, C., Srishankar, N., Martin, S., & Tomizuka, M. (2021). Grounded relational inference: Domain knowledge driven explainable autonomous driving. *ArXiv*, abs/2102.11905, pp. 1 - 15. https:// arxiv. org/abs/ 2102.11905.

Thornton, S.M., Lewis, F.E., Zhang, V., Kochenderfer, M.J., & Christian Gerdes, J. (2018). Value sensitive design for autonomous vehicle motion planning. In *2018 IEEE Intelligent Vehicles Symposium (IV)* (pp.1157 - 1162). IEEE. https://doi.org/10.1109/IVS.2018.8500441.

Umbrello, S., & Yampolskiy, R.V. (2021). Designing AI for explainability and verifiability: A value sensitive design approach to avoid artificial stupidity in autonomous vehicles. International *Journal of Social Robotics*, 14, 313 - 322. https://doi.org/10.1007/s12369 - 021 - 00790 - w.

UN — United Nations. (1968). *Convention on Road Traffic. Vienna, 8 Nov 1968. Ch_XI_B_19*. https://treaties. un. org/Pages/ViewDetailsIII. aspx? chapter=11&mtdsg_no=XI-B - 19&src=TREATY.

van de Poel, I. (2009). Values in engineering design. In A. Meijers (Ed.), *Handbook of the Philosophy of Science. Philosophy of Technology and Engineering Sciences* (pp.973 - 1006). North-Holland. https://doi.org/10. 1016/B978 - 0 - 444 - 51667 - 1.50040 - 9.

van de Poel, I., & Royakkers, L. (2011). *Ethics, technology, and engineering. An introduction*. Wiley-Blackwell.

van den Hoven, J., Lokhorst, G.J., & Van de Poel, I. (2012). Engineering and the problem of moral overload. *Science and Engineering Ethics*, 18, 143 - 155. https://doi.org/10.1007/s11948011 - 9277 - z.

van Loon, R.J., & Martens, M.H. (2015). Automated driving and its effect on the safety ecosystem: How do compatibility issues affect the transition period? *Procedia Manufacturing*, 3, 3280 - 3285. https://doi.org/10.1016/ j.promfg.2015.07.401.

Varshney, L. (2020). Respect for human autonomy in recommender systems. *ArXiv*, abs/2009.02603. https://arxiv.org/abs/2009.02603.

Vellinga，N. E. （2019）. Automated driving and its challenges to international traffic law：Which way to go? *Law，Innovation and Technology*，11（2），257 – 278. https://doi.org/10.1080/17579961.2019.1665798.

Whitmore，A.，Samaras，C.，Matthews，H. S.，& Wong-Parodi，G. （2022）. Engineers' roles and responsibilities in automated vehicle ethics：Exploring engineering codes of ethics as a guide to addressing issues in sociotechnical systems. *Journal of Transportation Engineering，Part A: Systems*，148 （6），1 – 8. https://doi.org/10.1061/JTEPBS.0000668.

Wolf，I. （2016）. The interaction between humans and autonomous agents. In M. Maurer，J. Gerdes，B. Lenz，& H. Winner （Eds.），*Autonomous Driving* （pp. 103 – 124）. Springer. https://doi.org/10. 1007/978 – 3 – 662 – 48847 – 8_6.

Xu，W. （2021）. From automation to autonomy and autonomous vehicles：Challenges and opportunities for human-computer interaction. *Interactions*，28（1），48 – 53. https://doi.org/10.1145/343 4580.

Xu，Y.，Yang，X.，Gong，L.，Lin，H.-C.，Wu，T.-Y.，Li，Y.，& Vasconcelos，N. （2020）. Explainable object-induced action decision for autonomous vehicles. In *2020 IEEE/CVF Conference on Computer Vision and Pattern Recognition （CVPR）* （pp. 9520 – 9529）. IEEE. https://doi.org/10. 1109/ CVPR42600.2020.00954.

Zablocki，É.，Ben-Younes，H.，Pérez，P.，& Cord，M. （2021）. Explainability of vision-based autonomous driving systems：Review and challenges. *ArXiv*，abs/2101.05307，pp. 1 – 36. https:// arxiv.org/abs/2101.05307.

第 6 章

可持续性交通出行：
从自动驾驶到伦理使命

6.1 可持续性自动驾驶：如何实现这一目标

作为我们自动驾驶伦理探讨之旅的最后一个阶段，下面让我们一起进入可持续发展之地。

到目前为止，关于安全、隐私、道德授权、自主权和责任感的讨论表明，自动驾驶与伦理价值之间的关系主要可以由两种不同但相关的方式加以描述。一方面，伦理价值与 CAVs 有着内在的联系。多数人认为，CAVs 的研发与应用必然会产生更合伦理的交通解决方案。鉴于自动驾驶所固有的道德功用，伦理目标可以通过单纯的技术创新来得以实现。另一方面，在驾驶系统中实施机器伦理学算法，有望以远远超出人类可能性的方式来强化驾驶伦理，使其臻于完美。实际上，这两种思路传达了一个共同的理念：当涉及道路交通伦理时，自动驾驶可以代表我们解决最为紧迫的问题。当 CAVs 上路时，它们将推动我们的交通迈向一个更加合乎伦理的未来。

然而，进一步研究发现，这两种设想都表现出了明显的不足，而其中最为引人担忧的地方在于它们均掩盖了人类因素的中心地位。实际上，自动驾驶伦理不能完全归结为技术问题。在这种情况下，人类仍须坐在驾驶员的位置上。当然，承认人类责任的必要性至关重要，这不仅有利于明晰我们在自动驾驶方面的道德责任，而且有助于我们深入理解伦理价值、人类能动性以及人工代理之间的关系。换言之，要想在道路交通领域实现理想的道德结果，就不能以一种与人工驾驶全然不同的方式将驾驶任务完全委托给 CAVs，而是需要其他维度与元素的介入。因此，还有一个终极问题有待探讨——在伦理价值与自动驾驶之间的关系中，人类道德能动性的作用究竟是什么？

172

关于将可持续性作为自动驾驶的关键价值的讨论，为这一问题的研究提供了一个恰当的视角。正如我们将看到的那样，可持续性也已被牢牢地刻在了自动驾驶的技术规范之中。技术的内部构成与驾驶行为向数字系统的转型都被赋予这样的任务——弥合我们与可持续性交通系统之间的差距。然而，将积极追求自动驾驶与可持续性之间的一致性作为我们唯一的伦理使命几乎是多此一举。实际上，这项技术本身就有望推动我们实现这一目标。因此，相关技术背景完全符合我们的研究目的。那么，我们还有最后一个问题——自动驾驶要想真正地成为可持续性交通的重要资源，人类道德能动性究竟能做些什么？

下面章节将对自动驾驶的可持续性进行分析。首先，6.2 小节针对可持续性作为我们时代、交通领域以及人工智能技术中一个特别重要的伦理价值进行了讨论。6.3 小节对于自动驾驶的外延进行了拓宽，就 CAVs 对于环境的影响进行了考量。6.4 小节讨论了其对就业市场的影响以及给交通领域带来的技术性失业风险。6.5 小节讨论了与包容性、歧视和公平有关的社会问题。最后，6.6 小节反思了人类主体需要发挥怎样的道德能动性才能引导自动驾驶朝着可持续的方向发展。由此得出的结论可以为我们思考以下问题提供富有价值的见解，即在伦理价值被人工代理介入时，仍需保留给人类的部分是什么。

6.2　搭建舞台：可持续性、交通与人工智能

可以说，可持续性是当代最为重要的伦理价值之一。资本主义、工业化和技术进步带来了巨大的变革，这些都彻底打破了人类活动与自然资源之间的传统平衡（如 Jonas，1979）。人们越来越意识到现代技术对地球和社会造成的令人担忧的影响，因此需要采取紧急行动。有人主张我们需要改变全球发展模式，将可持续性置于中心

位置。

1987 年，世界环境与发展委员会发布了《我们共同的未来》（WCED，1987），可持续发展的概念被正式确认为一个基本参考点。在这份著名的报告中，委员会认为人类的增长速度已经危害到了我们的生态系统，马上就要到达一个不可逆转的地步。从那时起，扭转这一趋势就成为了我们对于自己以及后世子孙的一项道德义务。我们必须尽快将人类增长模式转入可持续发展轨道。这一主张的核心是我们有义务在不损害子孙后代满足其需求的情况下满足当代人的需求。

基于这一报告，以下关于可持续性的研究确立了三个主要的研究方向，分别是环境、经济与社会。三者相互关联，但又是我们所面临的同一挑战的不同方面。这个三方框架有时被称为 3P 可持续性，即地球（Planet）、繁荣（Prosperity）、人民（People）。近年来，随着工业不受约束发展所带来的负面影响越发明显，可持续发展日渐备受关注。可以说，可持续发展的要求现在已经成为全球机构议程的核心议题。

值得注意的是，为了支持并传播全世界对可持续性的关注，联合国在 2015 年提出了 17 项"可持续发展目标"（SDGs）[①]，将其作为社会与政治行动的共同指南。可持续发展目标将可持续性的三个方面全部含括在内。环境要求由"廉价和清洁能源"（7）、"气候行动"（13）、"水下生物"（14）和"陆地生物"（15）等目标来实现。与经济相关的目标具体包括："消除贫困"（1）、"消除饥饿"（2）、"清洁饮水与卫生设施"（6）、"体面工作和经济增长"（8）、"工业、创新和基础设施"（9）以及"负责任的消费和生产"（12）。社会目标同样多种多样，具体包括："良好健康与福祉"（3）、"优质教育"（4）、"性别平等"（5）、"缩小差距"（10）、"可持续城市和社区"（11）以及"和平、正义与强大机构"（16）。

---

① https://sdgs.un.org/goals.

诸如1、2、6、10等目标显然涉及不同维度，自然也就证明了许多可持续性问题的相互关联性。其中，最后一个可持续发展目标——"促进目标实现的伙伴关系"（17）——点明了通过协调一致的机构行动将可持续性作为全球目标的重要性。

如果从可持续发展目标的角度来看，自动驾驶的各种影响、风险与机遇具有重大意义。事实上，无论好坏，交通与人工智能各自都被认为是可持续发展的关键因素。它们与自动驾驶的相互纠葛催生了诸多需要予以充分讨论的伦理问题。

随着人们越来越意识到可持续性对人类生活和社会的诸多影响，可持续性作为关键交通价值的重要性已变得无可争议（Martin，2020）。一般而言，交通，尤其是道路交通，是造成空气污染与能源消耗的主要原因之一。然而，它们也在提升社会生活质量方面发挥着关键作用，更是经济增长的关键（Litman & Burwell，2006）。因此，我们认为自动驾驶技术可以努力转向更可持续、更具社会包容性的解决方案。

可持续性出行范式在讨论当中发挥了重要作用（Banister，2007）。这种全新的交通规划范式旨在为我们提供一个统一的框架，以便促进交通态度与解决方案在环境、社会及经济方面的有益变化。在构建可持续城市理念的基础上，可持续性出行倡导改变城市居民的交通偏好——从私家车转向公共交通、自行车和步行。

实际上，政策措施与公众支持都是将道路重新规划为公共空间（而不仅仅是车道）的关键因素。政策措施旨在对技术和社会领域施加影响。在技术层面，该范式建议优先使用更加绿色健康、高效静音的交通技术，同时减少排放以及对不可再生资源的消耗。然而，大多数行动都是在社会政治层面上进行的。因此，改变城市居民与交通相关的心态和行为至关重要。此外，可持续性出行范式支持以下方案：引入和实施低速限制，重新分配软性出行（公共交通、骑自行车、步行等）空间，（通过基于信息通信技术的解决方案，如网上购物和智能工作)减少或重新分配出行需求,采用拥堵收费等定价方案,设立限制通行区,以及谨慎地应对反弹效应。

重构城市以及公民的行为模式以此鼓励更可持续的出行方式,这就意味着基础设施系统与人类偏好都将发生重大转变。若想在这方面取得实质性的进步,很大程度上取决于公众的支持,而公众支持在很大程度上源于利益相关方的介入和参与。因此,宣传可持续性交通出行当中的个人与社会效益,并鼓励公民积极参与相关计划,对于提高其接受度和集体责任感至关重要。

自《我们共同的未来》报告发布以来,世界各地的一些机构一直在努力推动受可持续性出行原则启发而制定的各项举措。其共同目的在于,为打造"限制排放和浪费"的交通系统创造条件;"为人们提供公平获取财富的机会,增强人类健康,并支持与现有财富相适应的最高生活质量";同时"支持强大的、充满活力的并且多元化的经济发展"(Jeon & Amekudzi,2005:38)。尽管人们对交通可持续性的定义尚未达成一致,但在将系统有效性与高效性、经济影响、环境影响以及社会影响视为其主要组成部分方面,似乎存在着广泛的共识,这种共识显然与可持续性的三个维度一致。

实际上,人们已经制定了各种框架来衡量交通系统的可持续性、为政策决策或机构举措提供信息、评估其有效性,并支持利益相关方参与其中。与此同时,人们已经提出了许多指标来证实相关研究(Litman & Burwell,2006:337 - 338)。然而,要想获取高质量的可持续性交通数据并对其进行充分的阐释是极其复杂的。例如,由于指标选择在很大程度上取决于每个框架所采用的可持续性定义及其分析目标,因此我们很难完备地概括相关方法。此外,那些有助于评估交通解决方案可持续性的数据也可能模糊不清,或难以收集。

尽管存在这些或那些问题,可持续性却已然成为交通规划的主要目标,甚至超越了城市边界,将整个内陆交通囊括其中。因此,向可持续性出行新范式的转变已经在机构层面引起了重点关注(UN,

2015)。事实上，针对交通影响与可持续发展目标解决方案的举措已然明确将可持续交通认定为全球最紧迫的目标之一（联合国高级别可持续发展目标，2016）。国家与国际政府机构议程的首要任务为遏制针对当前全球交通系统最有害的外部因素，同时通过技术进步与政策制定来支持可持续性行为。

在这种背景下，即使人们通常认为摒弃使用汽车是其中的必要步骤，他们对自动驾驶仍然抱有很高的期望，并将其视为可能解决可持续性出行难题的一个重要方面。事实上，自动驾驶经常被誉为可持续交通方面的游戏规则改变者。在这方面，人们普遍认为自动驾驶与可持续性之间的关系重申了一种将技术创新与伦理实现密切联系在一起的模式。从这个意义上讲，CAVs 将是我们人类的绝佳拍档。事实上，许多新兴技术，特别是那些利用人工智能力量的技术，在公众看来，为引导发展朝着可持续的方向迈进提供了开创性机会。

鉴于其灵活性与发展性，基于人工智能的新兴技术很容易被视为可持续性目标的主要推动者（Nishant et al.，2020；Goralski & Tan，2020）。最近发表在《科学通讯》（*Science Communication*）上的一篇颇有影响力的文章详细地探讨了人工智能的可持续性潜力（Vinuesa et al.，2020）。该研究得出了三个结论。首先，人工智能系统有可能在可持续性方面完全发挥积极作用，其有可能"影响人类实现所有可持续发展目标的能力"（Vinuesa et al.，2020：1）。其次，可持续发展目标中所确定的大多数目标都可以从对该技术的道义使用中受益。通过优化资源消耗与服务提供，人工智能在环境保护、经济机遇和社会福祉方面的潜力着实令人惊叹。

尽管人工智能的可持续性发展前景可能让人充满希望，但它也并非完全没有问题。事实上，我们认为人工智能可能会对大约三分之一的可持续发展目标造成负面影响。例如，未来人工智能系统的广泛使用将大幅增加电力需求，这对可持续发展的三个方面都构成了严峻挑战（（Lucivero，2020；Tamburrini，2022）。除了环境问题，操纵、监视、歧视、不平等等问题的加剧以及技术性失业也是与人工智能相关的问题，这些都会阻碍社会与经济实现可持续发展目标（Crawford，2021）。

这也产生了上述文章所得出的第三个结论（也就是最后一个结论）该结论的重要性不容忽视。对于障碍与困难的考量再次证明了将人工代理看作是客观伦理技术的危险性。事实上，没有什么能够保证人工智能的可持续发展潜力会自动转化为实际结果。要想充分实现这一目标，最终取决于个人努力与社会政治的能动性①。在这方面我们所面临的挑战十分严峻，因此需要各方坚持不懈的努力（Dauvergne，2020；Sætra，2022）。

很显然，交通与人工智能的交叉点体现在自动驾驶上。在关于人工智能系统的研究中，电动自动驾驶汽车确实有被提及，它们可能对环境、经济乃至整个社会都颇有益处。作为利用人工智能革新交通方式的新兴技术，CAVs 必然会以各种方式对可持续性造成影响。正因如此，了解自动驾驶对于人类生活质量及地球环保的潜在利弊对基于可持续性要求来引导未来交通方式的发展至关重要。如果人们能够应对相关的挑战并积极消除相关的负面影响，自动驾驶将有助于我们人类实现更可持续的未来发展（Möller et al.，2019）。

总之，创新技术的可持续性引入需要其能够对环境有益，且能负责任地处理经济以及与工作相关的外部因素，并将社会正义与公平作为追求的基本目标。此外，可持续性的三个方面也为关于可持续性自动驾驶的论辩提供了依据。因此，本章的其余部分将着重讨论 CAVs 可持续性发展与应用所面临的环境挑战、经济挑战和社会挑战。相关讨论涉及以下问题，具体包括：包容性、歧视、气候变化、技术性失业、能源使用、社会公平等等。特别注意的是，其中重新提出了许多迄今为止才被关注与分析的重要问题。总体来说，关于自动

---

① 例如，参见"AI4Good"倡议及其通过人工智能实现可持续发展目标所做的努力：https://ai4good.org/ai-for-sdgs/。

驾驶与可持续性的讨论为我们提供了一个绝佳机会，这使得我们可以借此深入地研究与人工代理相关的复杂实践以及保证其与伦理价值相一致所需的社会努力。

6.3　环境影响

　　关于自动驾驶与环境可持续性之间关系的论辩与关于安全问题的讨论有着诸多相似之处。事实上，在这两种情况中，人们都意识到迫切需要采取相关措施来改善严峻的形势，这具体反映在现有的创新趋势上，在这种趋势下，CAVs 可以发挥巨大的推动作用。因此，CAVs 技术带来了一系列好处，而这些好处本身在伦理维度上具有可取性。然而，自动驾驶将在多大程度上能带来所谓的好处尚不确定，这也很难用定量数据来予以证实。而且，反弹效应可能会抵消预期的诸多好处，甚至加剧道路交通对环境的负面影响。因而，技术进步并不能确保建立一个更加生态友好的交通系统。我们需要社会与政策方面的努力，以便引导创新走向理想的未来——此间，我们将抓住机遇，负责任地处理外部因素。

　　首先，让我们来看看将自动驾驶与可持续性联系起来的相关论述。事实上，已有不少学者强调了交通领域对环境的严重影响，如全球变暖、空气污染、噪音和光污染以及土地利用方面的问题（Eugensson，2014；Annema，2020；Martin，2020；Singleton et al.，2020）。这种观点常常被用于佐证朝着环境友好型交通系统（例如，设计低污染、高燃效的轻便车辆）发展的创新趋势的合理性（Barth et al.，2014；Brown et al.，2014）。实际上，人们认为 CAVs 在可持续性交通出行方面的潜力是巨大的。由于它们所引入的一些机会，CAVs 通常被看作是一种对环境有益的交通创新（Lim & Taeihagh，2018；Müller & Gogoll，2020）。正如安全问题一样，环境效益与 CAVs 作为合乎伦理的理想技术的叙事之间相互一致。因此，有人认为，它们理应得到公民与相关机构的支持与信任。

自动驾驶的环境效益体现在不同的方面。首先，CAVs 有望优化驾驶任务，实现更加节能环保的平稳驾驶（Barth et al.，2014；Brown et al.，2014；Morrowetal.，2014）；其次，自动驾驶可以实现智能的路线规划，减少事故数量与车辆之间的安全距离（如排队），这被认为可以最大限度地减少交通拥堵，减少尾气排放及车辆磨损（Eugensson et al.，2014）；再者，事故的减少也可能证明我们有必要放弃一些安全部件，从而实现更加轻便节能的车辆设计。此外，自动驾驶与电动出行的结合——在许多人看来二者之间彼此互利互惠（Annema，2020）——为遏制交通领域对环境的负面影响提供了前所未有的机会（Martin，2020）。在系统层面上，自动驾驶将为使用生态友好型基础设施带来新的可能性，动态的公路车道分配（Morrow et al.，2014）与协同交通管理就是很好的例子。另外，自动驾驶也可能对土地使用产生影响，例如缩短街道宽度，对一些停车区域和路段进行重新利用（Heinrichs，2016；Sparrow & Howard 2017）。同样，光污染也可能显著减少（Stone et al.，2020），而与噪音污染相关的些微改善应该也是可以实现的（Singleton et al.，2020）。最后，创新型出行模式，如按需出行或共享出行（Lenz & Fraedrik，2016），可能有助于我们实现物尽其用，并进一步促进交通优化。

然而，类似的机会在多大程度上能够真正实现更加环保的未来出行方式，这是一个极具争议的问题。事实上，用户行为的严重不确定性表明，自动驾驶并不能轻易带来环境效益（Pernestål et al.，2019；Williams et al.，2020）。具体而言，可能的部署与使用模式表明，潜在的反弹效应可能会将预期的环境效益抵消殆尽（Taiebat et al.，2018；Banerjee，2021）。

其中，自动驾驶的全新功能性可能会导致出行次数与行驶里程的增加（Barth et al.，2014）。的确，道路交通可能会被认为相当便捷（Brown et al.，2014；Heinrichs，2016；Bissell et al.，2020），这可能会促进更多的外出行为，导致城市迅速扩张，增加通勤里程（Morrow Ⅲ et al.，2014）。自动驾驶还将使那些在当今社会几乎无法参与道路交通的社会成员实现出行自由（见第 6.5 节），这也为环境可持续性与包容性之间的潜在价值冲突埋下了伏笔（Sparrow & Howard，2017）。另外，高度自动化的车辆可以用于无人配送，例如接孩子放学或从超市拿取货物（Zhang et al.，2018），这将在道路使用中引入一个潜在的全新因素。此外，CAVs 的采用可能不利于人们选择污染较小的交通方式，如步行、骑自行车或乘坐火车等（Fleetwood，2017；Lim & Taeihagh，2018）。最后，各种社会部署模式也会对可持续性产生不同的影响。例如，混合交通场景在交通流量方面产生的益处可能相当之少，因此只有广泛采用 CAVs 才能取得切实的结果（Ryeng et al.，2019）。

尽管交通行为的潜在变化最为令人担忧，但反弹效应也可能来自技术层面。传感器、计算单元、通信以及数据中心的能耗需要予以认真评估。车载传感器与计算机的应用可能会导致更加沉重、更不符合空气动力学的车辆的产生，而这都将进一步增加能源使用。此外，人们还应仔细评估材料提取与零部件生产过程的影响，以便全面了解整个自动驾驶行业的环境足迹。

鉴于以上原因，一些人认为自动驾驶的环境平衡可能并不太有利（Annema，2020）。其中可能存在的问题与诸多不确定性要求我们在将 CAVs 视为本身具备伦理可取性的技术时保持谨慎。事实上，当谈及环境可持续性时，其伦理可取性在很大程度上取决于我们未来的努力。换言之，技术创新本身不会带来环境友好的未来交通。恰恰相反，这是一个社会挑战。

由此，人们必须制定相关设计建议、最佳实践方案、行业标准以及政策法规，以便有关 CAVs 以及相关基础设施的设计、建造、部署、使用以及处置方式能够做到有助于缓解反弹效应，并促进环境保护（Annema，2020；Cohen et al.，2020；Gawron et al.，2018；Martin，

2020；Stone et al.，2020）。为了实现这一目标，人们必须想方设法来处理许多不确定因素与模糊问题。特别是，有必要进行可靠的预测性定量研究，捕捉CAVs在其整个生命周期中对环境的影响，以便为采取明智有效的社会行动奠定基础（Taiebat et al.，2018）。此外，人们还应进行更深入的分析，以便在环境可持续性与功能性、高效性、自主性以及包容性等重要伦理价值发生冲突时，人们可以更好地应对。最后，批判性地讨论自动驾驶可能对环境造成的影响是正确引导设计实践、加强行业标准制定以及支持有效政策决策的关键。总而言之，具有环境可持续性的道路交通方案无法交给自动化处理，这依然是我们人类的任务。

6.4　经济与劳动力市场影响

在自动与互联驾驶背景下，关于经济可持续性的讨论主要由两个要素组成。一方面，学者们一直试图阐明向完全基于自动驾驶的交通系统过渡存在的总体经济成本与收益。另一方面，人们对于技术性失业与劳动力市场的混乱表示了担忧，呼吁迅速采取对策，进而基于公平公正的社会价值实现的责任的过渡。

首先，关于评估CAVs技术推广的成本与收益负分析难以进行，而且容易产生争议性结果。一些人认为CAVs在税收（Nur & Gammons，2019）与交通经济效率方面可能带来新的机会，如削减与拥堵和事故相关的成本、有效地利用通勤时间（Eugensson，2014）。然而，这种推断主要基于以下预设：CAVs将以一种全新的方式嵌入到社会结构中。由于关于未来交通出行的可靠范式尚未出现，相关推断必然充满了不确定性（Lim & Taeihagh，2018；Pernestål et al.，2019），这也使得我们难以评估所需的基础设施投资与组织投资。事实上，要使CAVs成功地作为一种可行的交通选择，我们需要在基础设施方面进行大量的公共投资。这样一来，这种转型所产生的经济效率变化就会受到质疑。鉴于公众支持对 CAVs 的广泛应用至关重要，我们有必要明晰短期与长期的总体财务前景，这不仅有利于公平公正地使用公共资源，而且还有助于评估各种自动驾驶方案（相对于其他出行替代方案）对所有社会成员的可及性（Cohen et al.，2020；Stilgoe，2018）。

其次，也是最重要的一点，人们开始逐渐关注到技术性失业问题（Danaher，2019）。对于许多卷入到数字经济革命的行业而言，无论是在职业机会还是工作要求方面，出行领域的劳动力市场都有望发生翻天覆地的变化。具体而言，对于可持续性的关注可能有助于确定劳动力市场未来所面临的挑战，并为包容性与公平性分配的发展创造条件。

可以肯定的是，过度依赖人力的局限性是推动自动驾驶发展的主要动因。事实上，对于 CAVs 的投资从一开始就与工作问题有关。自动驾驶被认为是一种潜在的解决方案，可以解决与依赖人工执行交通任务有关的诸多缺点，特别是劳动力短缺与劳动力成本问题。此外，将驾驶任务委托给技术系统有望节约能源、提升可靠性、规避重大交通事故，这些加在一起将带来更高质量的服务，节约更多的能源。因此，失业或工作要求的改变势必会对专职驾驶人员（如出租车司机、私人司机以及物流和配送行业的从业者）造成影响（Crayton & Meier 2017）。然而，CAVs 的大规模生产、分销、管理及维护将创造大量的就业机会，可以为该行业的劳动力市场注入全新的活力。

在这方面，创造的工作岗位的类别与处于危险中的工作岗位的类别之间的不对称性是伦理问题的一个主要来源。尽管 CAVs 的整个生产链都将创造全新的就业机会，但这些机会可能只有高素质、高学历的人员才能获得（Grunwald，2016）。因此，一些人认为，虽然从长远来看，低技能工作岗位将被淘汰，但在短期之内，这将在机械、软件、电子、物理、数学和数据科学等专业领域创造大量的全新工作岗位，用以支持 CAVs 行业（Benerjee，2021）。实际上，长期性、低技能岗位的淘汰与短期性、高技能职位空缺之间的不对称性意味着，潜在的大量失业工人将几乎难以获得 CAVs 经济背景下的新的工作机会，这就为失业群体的形成创造了不利条件。然而，这两种现象的不同时间框架似乎允许我们进行有组织的社会行动，通过早期资格认证、技能提升以及再培训计划来最大限度地减少外部因素的影响（Bissell et al.，2020）。此外，这也是可持续性伦理价值的要求所在：工作中断必须伴随着充分的社会措施，以便以恰当的方式及时处理外部因素，进而确保能够公平公正地过渡到全新的交通模式上来。

接下来，让我们看看货运这个具体的例子（Flämig，2016；Levy，2022；Yang，2018）。完全自动化与互联性将为货运公司带来高额回报，它能减少燃料消耗、降低劳动力成本、减少事故与受害者数量、提高生产力并优化设备使用，这将会带来实实在在的节约。自动和互联卡车不仅可以节省资金，还可以解决劳动力短缺的问题，并且有助于克服与工作量过大、疲劳过度以及在狭小空间内谨慎操作造成的心理压力等相关问题。

然而，自动驾驶可能还不足以完全淘汰人类驾驶员。事实上，货运不仅仅意味着驾驶汽车，它还包括各种难以或不便于自动化的职责与活动——从检查货运单据、要求收据确认、保管文件等行政任务到固定负载、装载、卸载和车辆检查等货物与车辆管理工作。此外，对驾驶任务的监督可能仍然具有实际需求性与法律必然性。

尽管如此，对于"卡车司机"工作要求进行如此激进的转变可能会带来严重的失业问题。事实上，为了实现收益最大化，公司可能更喜欢雇佣新员工来完成那些仍需人类干预的任务，而不会对现有员工进行重新培训，那么这些老员工就很难找到其他新的职业，继而退出劳动力市场。此外，新员工也不会被雇佣为正式员工，而是作为独立承包人——这与数字经济领域的其他行业相同，这会导致一种社会可持续性较差、公平性不足的有偿就业形式的盛行（Bissell et al.，2020）。此外，货运的完全自动化将对附属行业产生"寒蝉效应"，从而进一步加剧失业问题。

当然，私人利益不一定是货运自动化的唯一驱动力。自动化也可以在社会上得以推广，甚至在制度上予以强制执行，将其作为改善卡车司机恶劣工作条件的一种手段，从而帮助他们遵守休息时间的规定，更加安全地工作。从这个意义上讲，自动化应该被视为一种可以更好地支持工人工作的方式，而不是将他们取而代之（Etzioni & Etzioni，2017）。同样，在数字经济时代，重新思考就业模式与劳工权利有助于促进工人的尊严与福祉，这也是交通领域需要迫切思考的问题。

显然，货运自动化的经济可持续性是一个社会目标。因此，它应通过社会而非纯粹的技术或商业规定来实现。这一过程的未来前景最终将取决于私营公司将如何追求自动化范式、工人与工作组织将如何利用自动化范式、公民将如何看待自动化范式、政治力量将如何支持自动化范式，以及相关法规将如何引导自动化范式。

6.5 社会公平

最后，可持续性的一个重要方面体现在与社会公平[①]以及公共福利相关的问题上。由于交通出行是社会生活中的一个重要方面，我们必须仔细审查 CAVs 在公平方面对不同行动者的影响。

在这个方面，相关问题涉及广泛，从包容性到歧视性，从自由获取到不平等获取（Dogan et al.，2020），至少有三个问题需要我们特别注意。首先，碰撞优化算法可能会产生社会歧视问题，这就要求在确定其特征时要格外谨慎；其次，CAVs 技术的社会部署可能会使相关

[①] 在交通研究领域，与公平相关的问题早已得到关注，并有所讨论，例如见（Gössling，2016；Martens，2017；and Sheller，2018）。在这个研究领域的宏观背景下，思考自动驾驶引起的公平问题可能会产生有趣的观点。这里，要特别感谢罗布·斯帕罗（Rob Sparrow）使我注意到这一点。

机会的获取程度有所不同，导致利益与外部因素的不公平分配，这会进一步加剧社会不平等；第三，自动驾驶在包容性方面的目标要求我们对有待克服的诸多障碍进行批判性评估。

关于社会公平的第一个问题主要涉及碰撞优化算法，包括将特定社会成员作为潜在碰撞对象的风险以及由此带来的歧视问题（Bissell et al.，2020；Borenstein et al.，2020；Gurney，2016）。正如第4章当中所提到的那样，基于伦理理论的碰撞优化算法会产生意想不到的后果，这可能会产生综合性结果——使某些道路使用者群体最终在伤害方面遭受不公平待遇（例如，参见 Goodall，2016 中的"头盔问题"）。此外，基于损失最小化、年龄、生活质量等因素的考量可能会导致系统针对老年人而偏袒年轻人、针对独行者而偏袒人群、针对健康的人而偏袒病人，这将引发社会歧视问题（Brandão，2018；Menon & Alexander，2020），并带来巨大的政治与监管挑战（Gentzel，2020）。技术解决方案也可能导致同样的问题（Borenstein et al.，2020）。例如，如果行人、骑自行车的人或骑摩托车的人的存在可以通过特定技术——智能手机应用程序、专用波束仪等——传达给 CAVs，那么出于任何原因无法使用这些设备的人得到的保护将更少，从而导致不公平碰撞。此外，一个安全水平不断提高的市场可能会发展起来，但只有富人可以获得"免疫设备"，而穷人的处境只会更加危险（Liu，2016，2017）。

所有先前的考量都指向这样一种说法——由于获取并使用道路基础设施是一种社会福利，因此必须根据公平分配的原则来应对自动驾驶这一全球现象（Dietrich & Weisswange，2019）。从社会公平的角度研究不可避免的碰撞问题表明，我们必须通过社会与政治（即超个人）决策来寻求一致，这是避免歧视与任意性分配的最佳方式（Gurney，2016）。从这个角度来看，碰撞优化算法是一个公共卫生问题，需要所有利益相关方的知情参与，方包括：非自动驾驶车辆用户和历史上被剥夺权利的社会群体（Fleetwood，2017；Dean，2019；

Epting，2019；Shaw et al.，2020；Reed et al.，2021）。从这个意义上看，自动驾驶也可能为解决当今交通风险中的不平等问题带来机会，从而有助于建立一个更加公平的交通系统（Dietrich，2021）。

关于交通出行与社会公平的第二个问题是自动驾驶会增加私人出行成本，继而会进一步扩大社会贫富差距，因为穷人群体只能买得起那些安全程度较低、综合效益较低的人工驾驶车辆（Cohen et al.，2020；Curl et al.，2018；Dean et al.，2019；Singleton et al.，2020）。由于交通控制技术等系统的发展（Mladenovic & McPherson，2016）或多层商业计划的引入，那些加剧社会差距的不公平利益分配也可能进一步强化——富人将享受全面的自动化出行服务，而穷人或生活在郊区或农村地区的群体将无法获得更方便灵活的出行选择（Bissell et al.，2020；Sparrow & Howard，2020；Hansson et al.，2021）。这种不平等的交通获取方式将使得通过公共补贴来实现自动驾驶所需的基础设施工程变得不再公平，因为只有富人才能从中受益（Epting，2019）。相反，社会公平要求成本与收益在所有社会成员之间进行公平分配（Grunwald，2016）。即使CAVs的价格或费用有望迅速下降（Gentzel，2020），我们也必须采取对策，以便公平地分配自动化出行所带来的诸多好处。

为了实现可持续性价值，我们还可以进一步采取措施解决不公平或歧视问题，还可以利用CAVs的潜力优先考虑弱势或边缘化社会群体的需求，弥合那些不合伦理的社会差距，例如为生活在农村地区的群体提供高效便利的交通工具（von Mörner，2019）。此外，对交通创新保持开放的心态，并在这一背景下寻求类似的研究路径，可能有助于避免"锁定效应"，从而满足人们的不同需求（Epting，2019）。

最后，包容性无疑是自动驾驶与社会公平之间最为关键的挑战之一。与安全和环境可持续性一样，包容性往往被认为是将CAVs构建为合乎伦理的技术的一个主要因素（Lim & Taeihagh，2018；Goggin，2019；Banerjee，2021）。事实上，人们经常认为，全自动车辆将会使得目前被排除在私人道路交通之外的社会成员能够享受自主出行的自由，而不需要其他任何人的帮助。

正如许多人所强调的那样，交通方式的获取对于让人过上令人满意的社会生活以及行使个体自决权至关重要（Epting，2019；Parviainen，2021；Singleton et al.，2020）。此外，在老年人或残障人士难以依靠公共交通出行的情况下，私人独立出行通常被认为是最佳解决方案（Bradshaw-Martin & Easton，2014；Crayton & Meier 2017）。然而，在同样的情况下个人是无法获得驾驶证，因而无法进行人工驾驶。因此，那些需要援助才能享受道路交通自由的个体在获得道路交通机会方面受到了不公平的限制，也面临高昂的出行成本。相应地，这也使得这些群体的社会交往、政治参与及就业等机会大大减少，同时也阻碍着他们对教育与医疗等重要服务的获得。因此，无法提供包容性 的交通选择将对本已处于弱势地位的社会群体的个人福祉造成严重影响（如 Bennett et al.，2020）。

从理论上讲，自动驾驶可以为受到影响的群体提供可行的私人交通工具，从而解决这种交通不平等问题——这也是社会公平的内在要求。通过积极参与驾驶行为，CAVs 将能消除目前将某些用户群体排除在私人独立出行之外的诸多障碍。然而，并不是所有形式的自动驾驶都可以做到这一点，只有完全自动化才能将这些成员纳入到 CAVs 的潜在用户之中（Gurney，2016）。出于同样的原因，老年人或残障人士被排除在人工驾驶之外。事实上，只有达到高水平的驾驶自主权，他们才有可能对相关活动进行监视或监督（Kumfer et al.，2016）。

因此，与包容性相匹配的自动驾驶范式指向的是完全自动化而非人工辅助。在这种情况下，人工辅助将不再是一种选择，车辆必须能够在所有环境条件下自主处理所有交通情况。然而，如第 5 章所述，这种范式可能会引发技术、法律（Bradshaw-Martin & Easton，2014）以及伦理方面的问题。尽管如此，完全自动化与包容性之间的联系似乎得到了广泛认同。

然而，如果将包容性理解为完全自动化的副产品，那就严重地低估了为使CAVs真正可供相关社会成员使用而需要解决的诸多挑战。事实上，正如范隆和马滕斯（2015：3282）所强调的那样，"完全自动化并不意味着其中完全没有人类参与"。即使实现了完全自动化，人机交互领域中存在的严重问题——从用户信任管理和尊重用户自主权到安全可靠地执行接送操作——仍旧有待解决（例如，见Brinkley et al.，2017）。事实上，只依靠完全并不能实现包容性。CAVs若想能够被当下排除在独立道路交通之外的社会成员使用，它们必须得经过专门设计，以满足这些成员的特殊需求与期望。要知道，致力于实现包容性交通出行目标的努力是将CAVs转变为能够切实满足多样性诉求的交通工具的必要因素。

包容性观点需要我们认真平衡目前为止提到的许多伦理价值——安全、责任感、自主权、可解释性、隐私和公平——之间的关系，以便可以做出深思熟虑的判断。唯一可以肯定的是，在简单地将自动驾驶与包容性联系起来时，我们应当非常谨慎。要使老弱病残都能充分享受CAVs带来的交通便利，仍有许多具体障碍需要克服。技术进步本身并不一定会产生一个更具包容性的交通系统。为了实现这一目标，我们从一开始就需要开展专门的技术、伦理和监管工作。在面向所有人的设计范式的启发下，伦理实践与工程设计以及政策制定可以为实现这一结果做出巨大贡献。

6.6 伦理使命

针对自动驾驶可持续性问题的研究可以得出两个结论。就CAVs而言，该研究表明将自动驾驶的技术变革与伦理效益紧密联系的观点是片面的，人们必须要意识到潜在的风险与问题。从更为普遍的角度来看，它有助于我们认识到我们不能指望人工代理本身来提升道德价值。实际上，伦理使命与批判性思维是人工代理以合适的方式介入伦理价值的必要条件。

积极应对可持续性带来的伦理挑战也许是当今时代最独特、最紧迫的道德责任。在设想与评估技术创新时，必须要着眼于它们对环境资源、经济力量和社会福祉必然产生的影响。人工智能与机器人领域取得的杰出成就为促进人工代理成为可持续发展目标的推动者提供了许多依据，由此释放的变革潜力与机遇激发了人们通过技术来解决可持续性问题的热情。越来越多的人期望人工代理能够代表人类来完善我们当前的习惯与实践的道德外部性。同时，相关各方开始关注创新与可持续性之间的联系，以便赢得社会信任，确保社会投资。此外，坚持可预期的可持续性利益可以传播人工代理本身作为合乎伦理的技术的形象，这不仅表明伦理问题可以通过技术创新得以解决，而且表明追求技术进步是一项道德责任。

自动驾驶与这一说法完全契合。可以说，人们在可持续发展的三个方面都积极地提出了支持 CAVs 应用的理由。特别值得一提的是，汽车中存在人工代理的这一事实已迅速与交通领域中有关可持续性的关键部分联系起来了。此外，自动驾驶已被视为是解决包容性问题的最后一环，由此，即使是那些目前不能或不愿进行驾驶行为的弱势群体，最终也将获得无限的行动自由。同样，从技术方面来看，互联网与自动驾驶也被视为是更加环保的，有助于实现节能减排。此外，CAVs 技术的广泛应用也将产生以下有益的社会影响——增加空闲时间、缓解交通拥堵以及强化人本主义的土地利用方式。

对创新技术可持续性发展潜力的满腔热忱表明，我们有必要针对人工代理如何介入伦理价值的天真理解进行批评。根据这些叙述，伦理问题可以直接通过追求技术目标得以解决，但这些叙述既没有认可人类在其中发挥的基本作用，也没有发现技术型价值介入的模糊性。实际上，关于自动驾驶的可持续性前景的批判性研究，揭示了 CAVs 在向更可持续的交通系统过渡过程中所需克服的诸多挑战与障碍。换言之，设计更高水平的自动化以及促进 CAVs 的普及不一定会带来更可持续的交通系统。交通可持续性是一种社会目标，必须通过社会手段来得以实现。作为一种社会实践，技术显然是应对这一挑战的基本条件。然而，技术发展的伦理特征在很大程度上取决于控制其方向的人类决策与行动。交通可持续性的伦理挑战要求所有利益相关方明确将其视为一种值得尊重、值得落实的价值。此外，我们必须要对 CAVs 在可持续性相关方面的影响进行全面说明，不能只包括积极影响，这样我们才能更加准确地把握其所面对的机遇与挑战。

关于自动驾驶可持续性的讨论有助于我们认识到——伦理使命与批判性思维是人工代理以合适的方式介入伦理价值的必要条件。人工代理可以代表我们人类行事，这并不是说它们有能力自己为我们解决伦理问题。实际上，它们并不能取代人类的道德能动性，它们只是扩展了其实现的可能性。道德价值与那些我们委托给人工代理进行自动化处理的许多任务是相互交织的，人类生活与地球保护的重要方面会不断受到其运作的影响。人工代理可以介入到伦理价值中来，它们在执行特定功能时能完全自主，这的确前所未有。然而，它们的自主权是有条件的，并且这些条件不能忽视。

正如关于安全的论辩所表明的那样，关于可持续性与自动驾驶的讨论进一步证明，人工代理的伦理意义很容易遭到曲解。由于其所具备的卓越能力，人工代理在作为伦理问题的技术解决方案方面颇受欢迎。然而，对于人工代理固有伦理潜力的信任主要源于我们对伦理价值嵌入人工代理的方式以及由其介入的方式所存在的误解——即对什么是人工智能道德能动性的误解。尽管人工代理可以在没有人为干预与人为监督的情况下执行特定功能，它们仍然需要在特定社会技术背景下运作。在这一背景下，伦理价值由人类以不同的方式予以界定和探究——这些人同样是人工代理的设计者、部署者、使用者和评估者。正是在这个层面上，也只有在这个层面上，伦理现象才会出现，并得以发展。

归根结底，人工代理反映了人类企图通过技术手段追求伦理目标的努力。可以说，其道德效果只能在其所赖以生存的社会力量中才能体现出来。要想对人工代理的伦理意义进行全面阐释，就必须承认其与人类道德能动性之间的关联。实际上，人工代理与自动实现道德目标相距甚远，它离不开我们的批判性思维与伦理使命感。只有这样，我们才能将其道德潜力转化为实际结果，才能负责任地处理其所带来的相关风险。

诚然，人工代理正日渐登上伦理舞台，同时以前所未有的方式扩大并介入人类的能动性。然而，人类道德仍然是其内核。同样，我们有责任引导自动驾驶朝着可持续性更宽泛地讲，合乎伦理性的方向发展。换言之，虽然技术使我们能将动态驾驶任务委托给 CAVs，但那些嵌入 CAVs 并通过 CAVs 来实现的伦理价值却是我们需要关心的重点。

参考文献

Annema，J. A. (2020). Policy implications of the potential carbon dioxide (CO_2) emission and energy impacts of highly automated vehicles. In D. Milakis，N. Thomopoulos & B. van Wee (Eds.)，*Advances in Transport Policy and Planning* (Vol. 5，Chap. 6，pp. 149 – 162). Academic Press. https://doi.org/10.1016/bs.atpp.2020.03.001.

Banerjee，S. (2021). Autonomous vehicles: A review of the ethical，social and economic implications of the AI revolution. *International Journal of Intelligent Unmanned Systems*，9(4)，302 – 312. https://doi.org/10.1108/IJIUS – 07 – 2020 – 0027.

Banister，D. (2008). The sustainable mobility paradigm. *Transport Policy*，15 (2)，73 – 80. https://doi.org/10.1016/j.tranpol.2007.10.005.

Barth，M.，Boriboonsomsin，K.，& Wu，G. (2014). Vehicle automation and its potential impacts on energy and emissions. In G. Meyer & S. Beiker (Eds.)，*Road Vehicle Automation. Lecture Notes in Mobility* (pp. 103 – 112). Springer. https://doi.org/10.1007/978 – 3 – 319 – 05990 – 7_10.

Bennett，R.，Vijaygopal，R.，& Kottasz，R. (2020). Willingness of people who are blind to accept autonomous vehicles: An empirical investigation. *Transportation Research Part F: Traffic Psychology and Behaviour*, 69, 13 - 27. https://doi.org/10.1016/j.trf.2019.12.012.

Bissell, D., Birtchnell, T., Elliott, A., & Hsu, E. L. (2020). Autonomous automobilities: The social impacts of driverless vehicles. *Current Sociology*, 68(1), 116 - 134. https://doi.org/10.1177/001 1392118816743.

Borenstein, J., Herkert, J., & Miller, K. (2020). Autonomous vehicles and the ethical tension between occupant and non-occupant safety. *Journal of Sociotechnical Critique*, 1(1), 1 - 14. https://doi.org/ 10.25779/5g55 - hw09.

Bradshaw-Martin, H., & Easton, C. (2014). Autonomous or 'driverless' cars and disability: a legal and ethical analysis. *European Journal of Current Legal Issues*, 20(3), 1 - 17. http://webjcli.org/ index.php/webjcli/rt/ printerFriendly/344/471.

Brandão, M. (2018). Moral autonomy and equality of opportunity for algorithms in autonomous vehicles. In M. Coeckelbergh, J. Loh, M. Funk, J. Seibt, & M. Nørskov (Eds.), *Envisioning Robots in Society — Power, Politics, and Public Space. Frontiers in Artificial Intelligence and Applications*, Volume. 311 (pp.302 - 310). IOS Press. https://doi.org/10.3233/978 - 1 - 61499 - 9317 - 302.

Brinkley, J., Posadas, B., Woodward, J., & Gilbert, J. E. (2017). Opinions and preferences of blind and low vision consumers regarding self-driving vehicles: Results of focus group discussions. In *Proceedings of the 19th International ACM SIGACCESS Conference on Computers and Accessibility (ASSETS' 17)* (pp.290 - 299). Association for Computing Machinery. https://doi.org/10.1145/3132525.3132532.

Brown, A., Gonder, J., & Repac, B. (2014). An analysis of possible energy impacts of automated vehicles. In G. Meyer & S. Beiker (Eds.), *Road Vehicle Automation. Lecture Notes in Mobility* (pp.137 - 153). Springer. https://doi.org/10.1007/978 - 3 - 319 - 05990 - 7_13.

Cohen, T., Stilgoe, J., Stares, S., Akyelken, N., Cavoli, C., Day, J., Dickinson, J., Fors, V., Hopkins, D., Lyons, G., Marres, N., Newman, J., Reardon, L., Sipe, N., Tennant, C., Wadud, Z., & Wigley, E. (2020). A constructive role for social science in the development of automated vehicles. *Transportation Research Interdisciplinary Perspectives*, 6, 100133. https://doi.org/10.1016/j.trip. 2020.100133.

Crawford, K. (2021). *Atlas of AI. Power, politics, and the planetary costs of artificial intelligence*. Yale University Press.

Crayton，T. J.，& Meier，B. M. （2017）. Autonomous vehicles: Developing a public health research agenda to frame the future of transportation policy. *Journal of Transport & Health*，6，245 – 252. https://doi.org/10.1016/j. jth.2017.04.004.

Curl，A.，Fitt，H.，Dionisio-McHugh，R.，Ahuriri-Driscoll，A.，Fletcher，A.，& Slaughter，H. （2018）. *Autonomous Vehicles and Future Urban Environments: Exploring Changing Travel Behaviours, Built Environments, and Implications for Wellbeing in an Ageing Society. Christchurch, National Science Challenge 11: Building Better Homes, Towns and Cities.* https://www. buildingbetter. nz/publications/urban _ wellbeing/Curl_et_al_2018_autonomous_vehicles_exploring_travel.pdf.

Danaher，J. （2019）. *Automation and Utopia. Human flourishing in a world without work.* Harvard University Press.

Dauvergne，P. （2020）. *AI in the Wild. Sustainability in the age of artificial intelligence.* MIT Press.

Dietrich，M.，& Weisswange，T. H. （2019）. Distributive justice as an ethical principle for autonomous vehicle behavior beyond hazard scenarios. *Ethics of Information Technology*，21，227 – 239. https://doi.org/10.1007/s10676 – 019 – 09504 – 3.

Dietrich，M. （2021）. Addressing inequal risk exposure in the development of automated vehicles. *Ethics and Information Technology*，23，727 – 738. https://doi.org/10.1007/s10676 – 021 – 09610 – 1.

Dean，J.，Wray，A.，Braun，L.，Casello，J. M.，McCallum，L.，& Gower，S. （2019）. Holding the keys to health? A scoping study of the population health impacts of automated vehicles. *BMC Public Health*，19，1258. https://doi. org/10.1186/s12889 – 019 – 7580 – 9.

Dogan，E.，Costantini，F.，& Le Boennec，R. （2020）. Ethical issues concerning automated vehicles and their implications for transport. In D. Milakis，N. Thomopoulos，& van Wee B. （Eds.），*Advances in Transport Policy and Planning* （Vol. 5，Chap. 9，pp. 215 – 233）. Academic Press. https://doi. org/10.1016/bs.atpp.2020.05.003.

Epting，S. （2019）. Automated Vehicles and Transportation Justice. *Philosophy of Technology*，32，389 – 403. https://doi.org/10.1007/s13347 – 018 – 0307 – 5.

Etzioni，A.，& Etzioni，O. （2017）. Incorporating ethics into artificial intelligence. *The Journal of Ethics*，21，403 – 418. https://doi. org/10. 1007/s10892 – 017 – 9252 – 2.

Eugensson，A.，Brännström，M.，Frasher，D.，Rothoff，M.，Solyom，S.，& Robertsson，A. （2014）. Environmental，safety，legal and societal implications of autonomous driving systems. In *Proceedings of the 23rd International Technical Conference on the Enhanced Safety of Vehicles* (*ESV*), Seoul, May 27 - 30, 2013 (pp. 1 - 15). https://www-esv.nhtsa.dot. gov/Proceedings/23/files/23ESV000467.PDF.

Flämig, H. (2016). Autonomous vehicles and autonomous driving in freight transport. In M. Maurer, J. Gerdes, B. Lenz, & H., Winner (Eds.), *Autonomous Driving* (pp. 365 - 385). Springer. https://doi.org/10.1007/ 978 - 3 - 662 - 48847 - 8_18.

Fleetwood, J. (2017). Public health, ethics, and autonomous vehicles. *American Journal of Public Health*, 107, 532 - 537. https://doi.org/10.2105/AJPH. 2016.303628.

Gawron, J.H., Keoleian, G.A., De Kleine, R.D., Wallington, T.J., & Kim, H. C. (2018). Life cycle assessment of connected and automated vehicles: sensing and computing subsystem and vehicle level effects. *Environmental Science & Technology*, 52(5), 3249 - 3256. https://doi.org/10.1021/ acs. est.7b04576.

Gentzel, M. (2020). Classical liberalism, discrimination, and the problem of autonomous cars. *Science and Engineering Ethics*, 26, 931 - 946. https:// doi.org/10.1007/s11948 - 019 - 00155 - 7.

Goodall, N.J. (2016). Away from trolley problems and toward risk management. *Applied Artificial Intelligence*, 30 (8), 810 - 821. https://doi.org/10. 1080/08839514.2016.1229922.

Goggin, G. (2019). Disability, connected cars, and communication. *International Journal of Communication*, 13, 2748 - 2773. https://ijoc. org/index.php/ijoc/article/view/9021/2691.

Goralski, M.A., & Tan, T.K. (2020). Artificial intelligence and sustainable development. *International Journal of Management Education*, 18 (1), 100330. https://doi.org/10.1016/j.ijme.2019. 100330.

Gössling, S. (2016). Urban transport justice. *Journal of Transport Geography*, 54, 1 - 9. https://doi.org/10.1016/j.jtrangeo.2016.05.002.

Grunwald, A. (2016). Societal risk constellations for autonomous driving. analysis, historical context and assessment. In M. Maurer, J. Gerdes, B. Lenz, & H., Winner (Eds.), *Autonomous Driving* (pp. 641 - 663). Springer. https://doi.org/10.1007/978 - 3 - 662 - 48847 - 8_30.

Gurney, J.K. (2016). Crashing into the unknown: an examination of crash-optimization algorithms through the two lanes of ethics and law. *Albany Law Review*, 79 (1), 183 - 267. http://www.albany lawreview.org/ Articles/vol79_1/183%20Gurney%20Production.pdf.

Hansson，S.O.，Belin，M. -Å.，& Lundgren，B. (2021). Self-driving vehicles — an ethical overview. *Philosophy of Technology*，34，1383 - 1408. https://doi.org/10.1007/s13347 - 021 - 00464 - 5.

Heinrichs，D. (2016). Autonomous driving and urban land use. In M. Maurer，J. Gerdes，B. Lenz & H.，Winner (Eds.)，*Autonomous Driving* (pp. 213 - 231). Springer. https://doi.org/10.1007/978 - 3662 - 48847 - 8_11.

Jeon，C. M.，& Amekudzi，A. (2005). Addressing sustainability in transportation systems: definitions，indicators，and metrics. *ASCE Technical Papers*. https://doi.org/10.1061/(ASCE)1076 - 034 2(2005)11：1(31).

Jonas，H. (1979). *Das Prinzip Verantwortung. Versuch einer Ethik für die technologische Zivilisation*. Insel Verlag，Frankfurt am Main. English edition by Hans Jonas with the collaboration of David Herr，*The imperative of responsibility. In Search of an Ethics for the Technological Age*. University of Chicago Press，Chicago-London 1984.

Kumfer，W. J.，Levulis，S. J.，Olson，M. D.，& Burgess，R. A. (2016). A human factors perspective on ethical concerns of vehicle automation. *Proceedings of the Human Factors and Ergonomics Society Annual Meeting*，60(1)，1844 - 1848. https://doi.org/10.1177/1541931213601421.

Lenz，B.，& Fraedrich，E. (2016). New mobility concepts and autonomous driving: The potential for change. In M. Maurer，J. Gerdes，B. Lenz，& H.，Winner (Eds.)，*Autonomous Driving* (pp.173192). Springer. https://doi.org/10.1007/978 - 3 - 662 - 48847 - 8_9.

Levy，K. (2022). *Data-driven: truckers，technology，and the new workplace surveillance*. Princeton University Press.

Lim，H. S. M.，& Taeihagh，A. (2018). Autonomous vehicles for smart and sustainable cities: An in-depth exploration of privacy and cybersecurity implications. *Energies*，11(5)，1062. https://doi.org/10.3390/en11051062.

Litman，T.，& Burwell，D. (2006). Issues in sustainable transport. *International Journal of Global Environmental Issues*，6(4)，331 - 347. https://www.vtpi.org/sus_iss.pdf.

Liu，H.Y. (2016). Structural discrimination and autonomous vehicles: immunity devices，trump cards and crash optimisation. In J. Seibt，M. Nørskov，& S. Schack Andersen (Eds.)，*What Social Robots Can and Should Do. Frontiers in Artificial Intelligence and Application* (Vol. 290，pp. 164 - 173). IOS Press. https://doi.org/10.3233/978 - 1 - 61499 - 708 - 5 - 164.

Liu，H. Y. (2017). Irresponsibilities，inequalities and injustice for autonomous vehicles. *Ethics and Information Technology*，19，193 - 207. https://doi.

org/10.1007/s10676 – 017 – 9436 – 2.

Lucivero, F. (2020). Big data, big waste? A reflection on the environmental sustainability of big data initiatives. *Science and Engineering Ethics*, 26, 1009 – 1030. https://doi.org/10.1007/s11948019 – 00171 – 7.

Martens, K. (2017). *Transport justice. Designing fair transportation systems.* Routledge.

Martin, G.A. (2020). Sustainability interrogation of the autonomous vehicle at its societytechnology interface. *Bulletin of Science, Technology & Society*, 39 (3 – 4), 23 – 32. https://doi.org/10.1177/0270467620965466.

Menon, C., & Alexander, R. (2020). A safety-case approach to the ethics of autonomous vehicles. *Safety and Reliability*, 39(1), 33 – 58. https://doi.org/10.1080/09617353.2019.1697918.

Mladenovic, M.N., & McPherson, T. (2016). Engineering social justice into traffic control for self-driving vehicles? *Science and Engineering Ethics*, 22, 1131 – 1149. https://doi.org/10.1007/s11948 – 015 – 9690 – 9.

Morrow, W.R. Ⅲ, Greenblatt, J.B., Sturges, A., Saxena, S., Gopal, A., Millstein, D., Shah, N., & Gilmore, E.A. (2014). Key factors influencing autonomous vehicles' energy and environmental outcome. In G. Meyer & S. Beiker (Eds.), *Road Vehicle Automation. Lecture Notes in Mobility* (pp. 127 – 136). Springer. https://doi.org/10.1007/978 – 3 – 319 – 05990 – 7_12.

Möller, J., Daschkovska, K., & Bogaschewsky, R. (2019). Sustainable city logistics: rebound effects from self-driving vehicles. In C. Jahn, W. Kersten, & C. M. Ringle (Eds.), *Digital Transformation in Maritime and City Logistics: Smart Solutions for Logistics. Proceedings of the Hamburg International Conference of Logistics (HICL)* (Vol. 28, pp. 299 – 337). epubli GmbH. https://doi. org/10.15480/882.2501.

Müller, J.F., & Gogoll, J. (2020). Should manual driving be (eventually) outlawed? *Science and Engineering Ethics*, 26, 1549 – 1567. https://doi.org/10.1007/s11948 – 020 – 00190 – 9.

Nishant, R., Kennedy, M., & Corbett, J. (2020). Artificial intelligence for sustainability: Challenges, opportunities, and a research agenda. *International Journal of Information Management*, 53, 102104. https://doi.org/10.1016/j.ijinfomgt.2020.102104.

Nur, K., & Gammons, T. (2019). The benefits of accessing transport data to support intelligent mobility. In O. Coppola & D. Esztergár-Kiss (Eds.), *Autonomous Vehicles and Future Mobility* (pp.93 – 111). Elsevier. https://doi.org/10.1016/B978 – 0 – 12 – 817696 – 2.00008 – 1.

Parviainen, J. (2021). Kinetic values, mobility (In)equalities, and ageing in smart urban environments. *Ethical Theory and Moral Practice*，24，1139 - 1153. https：//doi.org/10.1007/s10677 - 02110249 - 6.

Pernestål，A.，Kristoffersson，I.，& Mattsson，L.-G.（2019）. Where will self-driving vehicles take us? Scenarios for the development of automated vehicles with Sweden as a case study. In O. Coppola & D. Esztergár-Kiss（Eds.），*Autonomous Vehicles and Future Mobility*（pp.17 - 32）. Elsevier. https：// doi.org/10.1016/B978 - 0 - 12 - 817696 - 2.00002 - 0.

Reed，N.，Leiman，T.，Palade，P.，Martens，M.，& Kester，L.（2021）. Ethics of automated vehicles：Breaking traffic rules for road safety. *Ethics and Information Technology*，23，777 - 789. https：//doi.org/10.1007/s10676 - 021 - 09614 - x.

Ryeng，E. O.，Lindseth，E. M.，& Haugen，T.（2019）. Traffic flow with autonomous vehicles in real-life traffic situations. In O. Coppola & D. Esztergár-Kiss（Eds.），*Autonomous Vehicles and Future Mobility*（pp.33 - 41）. Elsevier. https：//doi.org/10.1016/B978 - 0 - 12 - 817696 - 2.00003 - 2.

Sætra，H.S.（2022）. *AI for the sustainable development goals*. CRC Press.

Shaw，D.，Favrat，B.，& Elger，B.（2020）. Automated vehicles，big data and public health. *Medicine，Health Care and Philosophy*，23，35 - 42. https：//doi.org/10.1007/s11019 - 019 - 09903 - 9.

Sheller，M.（2018），*Mobility justice. The politics of movement in an age of extremes*. Verso.

Singleton，P. A.，De Vos，J.，Heinen，E.，& Pudāne，B.（2020）. Potential health and well-being implications of autonomous vehicles. In D. Milakis，N. Thomopoulos，& B. van Wee（Eds.），*Advances in Transport Policy and Planning*（Vol.5，Chap.7，pp.163 - 190）. Academic Press. https：//doi.org/ 10.1016/bs.atpp.2020.02.002.

Sparrow，R.，& Howard，M.（2017）. When human beings are like drunk robots：Driverless vehicles，ethics，and the future of transport. *Transportation Research Part C: Emerging Technologies*，80，206 - 215. https：//doi.org/10.1016/j.trc.2017.04.014.

Sparrow，R.，& Howard，M.（2020）. Make way for the wealthy? Autonomous vehicles，markets in mobility，and social justice. *Mobilities*，15（4），514 - 526. https：//doi.org/10.1080/17450101.2020. 1739832.

Stilgoe，J.（2018）. Machine learning，social learning and the governance of self-driving cars. *Social Studies of Science*，48（1），25 - 56. https：//doi.org/10. 1177/0306312717741687.

Stone，T.，Santoni de Sio，F.，& Vermaas，P. E.（2020）. Driving in the dark：Designing autonomous vehicles for reducing light pollution. *Science and*

Engineering Ethics，26，387 - 403. https：//doi.org/10.1007/s11948 - 019 - 00101 - 7.

Taiebat，M.，Brown，A. L.，Safford，H. R.，Qu，S.，& Xu，M.（2018）. A review on energy，environmental，and sustainability implications of connected and automated vehicles. *Environmental Science & Technology*，52(20)，11449 - 11465. https：//doi.org/10.1021/acs.est.8b00127.

Tamburrini，G.（2022）. The AI carbon footprint and the responsibilities of AI scientists. *Philosophies*，7（4），1 - 11. https：//doi. org/10. 3390/philosophies701004.

UN — United Nations.（2015）. *Transport for sustainable development. The case of Inland transport. ECE/TRANS/251.* https：//unece. org/transport/publications/transport-sustainable-development-case-inland-transport.

UN HLADST — United Nations High-Level Advisory Group on Sustainable Transport.（2016）. *Mobilizing sustainable transport for development. Analysis and policy recommendation from the United Nations secretary-general's high-level advisory group on sustainable transport.* https：//sustainabledevelopment. un. org/index. php? page = view&type = 400&nr = 2375&menu=1515.

van Loon，R.J.，& Martens，M.H.（2015）. Automated driving and its effect on the safety ecosystem：How do compatibility issues affect the transition period? *Procedia Manufacturing*，3，3280 - 3285. https：//doi.org/10.1016/j.promfg.2015.07.401.

Vinuesa，R.，Azizpour，H.，Leite，I.，Balaam，M.，Dignum，V.，Domisch，S.，Felländer，A.，Langhans，S.D.，Tegmark，M.，& Fuso Nerini，F.（2020）. The role of artificial intelligence in achieving the sustainable development goals. *Nature Communication*，11，233. https：//doi. org/10. 1038/s41467019 - 14108 - y.

von Mörner，M.（2019）. Demand-oriented mobility solutions for rural areas using autonomous vehicles. In O. Coppola & D. Esztergár-Kiss（Eds.），*Autonomous Vehicles and Future Mobility*（pp.43 - 56）. Elsevier. https：//doi.org/10.1016/B978 - 0 - 12 - 817696 - 2.00004 - 4.

WCED — World Commission on Environment and Development.（1987）. *Our common future.* Oxford University Press. https：//sustainabledevelopment. un.org/content/documents/5987ourcommon-future.pdf.

Williams，E.，Das，V.，& Fisher，A.（2020）. Assessing the sustainability implications of autonomous vehicles：recommendations for research community practice. *Sustainability*，12(1902)，1 - 13. https：//doi.org/10. 3390/su12051902.

Yang, A.（2018）. *The war on normal people. The truth about America's disappearing jobs and why universal basic income is our future*. Hachette Books.

Zhang, W., Guhathakurta, S., & Khalil, E. B.（2018）. The impact of private autonomous vehicles on vehicle ownership and unoccupied VMT generation. *Transport Research Part C — Emerging Technology*, 90, 156 – 165. https://doi.org/10.1016/j.trc.2018.03.005.

第 7 章

康庄大道：自动驾驶、
人类价值观与人工能动者

7.1 关于人工能动者的问题

交通在人类生活中起着至关重要的作用。关键服务与机遇的获得、个人实现与自我满足的寻求、公民权利与政治权利的行使以及良好的社会关系的维护，上述种种都受到交通系统以及基础设施建设的重大影响。与此同时，交通领域被认为是当代某些严重的伦理问题的主要动因，而道路事故则是世界人口死亡的主因之一。此外，温室气体排放与空气污染都明显源于交通所用的化石燃料的燃烧。可以说，基础设施不仅深刻地改变了生态系统，而且重塑了人们之间的相互联系。最终，道德价值观不可避免地渗透交通领域，因此交通范式与解决方案在很大程度上有助于促进或阻碍基本道德目标的实现。正如圣托尼·德·西奥（2021：12）所言，我们迫切需要"对价值观、原则、规范以及概念进行系统的反思，在不同背景下指导交通系统与基础设施的设计、生产、监管和使用"。

关于自动驾驶的道德分析正是这种交通伦理的重要组成部分。据估计，自动驾驶对交通领域的影响巨大无比。与 CAVs 的开发和部署相关的关键机遇以及潜在风险很可能会影响交通领域的道德特征。事实上，对 CAVs 潜在影响的设想、赞扬、认可、批评与反驳方式再次证明了交通的内在伦理属性。道德价值观不断被用来支持或反对这一技术创新领域的努力，而围绕这一主题的辩论主要是考察安全、隐私、公平、尊严、自主权、责任感、可持续性以及福祉方面的利弊。显然，自动驾驶并不是一项纯粹的技术性工作。从本质上来看，它是一个伦理与社会问题。有鉴于此，自动驾驶的未来——在某种程度上，也是我们的未来——取决于我们实现它的具体方式。

从这个意义上讲，CAVs 与许多人工能动者有着共同的命运。我们发现，那些能够在没有持续性的人类监督或干预的情况下执行复杂功能的人工智能系统越来越多地被用于社会环境当中。换言之，驾驶行为并不是唯一一种被转化为计算任务并委托给智能系统的伦理行为。在军事行动中，选择攻击目标的任务被委托给了所谓的自主武器系统。此外，算法工具在行政、执法、医疗、法院、就业、金融等关键社会领域中也被赋予了高度重要的任务。由于人类可能会出错，以往一直要求人类进行道德判断的实际环境现如今正在经历系统自动化的过程。一方面，人工智能的力量有望为我们的道德失误提供一个解决方案，避免人类犯错，绕过人类的局限性；另一方面，人类越来越认为道德价值观必须通过设计嵌入人工能动者，从而使其在履行职能时能够真正符合伦理期望。在新兴的人工智能伦理领域，大量的研究一直在试图应对使人工能动者符合特定道德价值观时所面临的挑战——这些道德价值可以规范其所自动化的人类行为。

由此产生的人工能动者与人类价值观之间的关系就显得极不寻常。乍一看，人工能动者似乎与伦理价值观存在双重关系——这是工具的典型特征。工具的伦理特征通常由人类使用与人类介入共同决定（Verbeek，2005）。简而言之，工具既可以用来行善，也可以用来作恶。此外，工具设计可以对特定的道德价值观产生促进抑或阻碍作用。人工能动者同道德价值观的这种双重关系构成了工具的道德维度，并为何时需要对技术产品的伦理维度进行评估提供了一个初步的启示。

然而，人工能动者似乎展现出更多的其他特征。如果我们使用那些通常用于表达人工能动者与伦理价值之间关系的词语来描述人工能动者，这一点就愈发明显了。在这种情况下，语言表意发生了深刻的变化——它显然接近于人类道德经验的相关语义。事实上，人工能动者通常被认为具有自主性，能够做出权衡道德价值观的决定，能够根据道德标准行事，且能超越人类充当道德决策者。然而，这种表述并不能追溯到工具与伦理价值之间的关系。至少根据常规设想来看，"人类使用"与"人类介入"这两个词语不足以体现人工能动者的道德表现。实际上，它们表现出某种与人类的相似性，即二者都对采用工具范式表示怀疑（Gunkel，2012）。在没有更好的替代方案的情况下，以上相似之处促使人们选用类人化术语来表征这种新型关系。因此，就像人类一样，智能系统也被命名为主体。更重要的是，它们被命名为道德型人工智能——这既是一种荣誉，又是一种负担，这种描述首次被用于非人类实体。

然而，这些令人仰慕的头衔几乎没有说明其持有者所表现出的自身与伦理价值观之间的关系特征。所谓庄严之词，只不过是填补全新空位的一种补丁——对于这一空位，我们无法确定如何将其妥善修复。换言之，这些语言上的捷径并不能真正地解决问题，反而会引发更多的哲学问题。比如：人工能动者与人类价值观之间的具体关系是什么？当应用于人工能动者时，工具与伦理价值之间的关系被认为是不充分的原因何在？什么使得工具的语义属性不够充分？又是什么促使人们转而求助于人类道德经验的语义表达，以及为什么这种语义结构也只能做到部分上令人满意？此外，人工能动者与伦理价值之间独特但却恰当的关系意味着什么？

这些复杂的问题追寻并刻画出了人工能动者哲学研究的边界。事实上，人工代理哲学研究的全部范围远远超出了人工能动者与伦理价值之间的关系问题。然而，解决这些问题可以使我们能够初步了解这种哲学探索所涉及的核心问题，其对我们这个时代的重要性不容低估。总的来说，理解为什么人工能动者可以无视简单的分类而处在工具与人类之间，对于确定其在人类世界中的地位以及如何理性并道德地与之相处至关重要。可以说，对这一哲学问题的深入研究既是一种必要，也是一种必然。

7.2 自动驾驶伦理：两个主要结论

作为朝着这一方向迈出的第一步，前面章节将 CAVs 视为人工能动者的一个典型案例。鉴于自动驾驶与交通伦理的相关性，针对自动驾驶的伦理特征的研究既是为了其本身，也是为了给关于人工能动者的哲学研究——更具体地说是关于人工能动者与伦理价值观之间关系的研究提供见解。

从整体上看，前面的研究得出了两个主要结论。首先，它有助于厘清 CAVs 介入伦理价值观（如安全和可持续性）的方式——这是其与出行工具部分相似的原因。其次，它深入地讨论了将道德判断委托给 CAVs 的目的、范围与条件，这可以解释其与人类驾驶员在参与交通时采取道德行为的部分相似性。在此基础上，相关学者已经提出了关于如何描述自动驾驶与塑造自动驾驶的伦理价值观之间的特定关系的建议。

相关分析从 CAVs 与伦理价值观的显著交叉点开始，即 CAVs 决心成为一种安全增强型技术。因此，二者间的第一种关系是内在的：CAVs 的纯粹技术配置属性有利于促进伦理价值观的具体化。换言之，自动驾驶通常被认为是通过自身，也即技术创新来介入特定伦理价值观的形成。

关键之处在于，安全是深深融入自动驾驶结构当中的一种伦理价值观。根据所谓的安全性论证，自动驾驶将通过把驾驶行为从人类手中接过来，从而彻底改变交通安全的运行生态。事实上，绝大多数交通事故都是由人为失误造成。那么，将驾驶任务委托给更可靠的系统，无疑将在道路安全方面取得前所未有的进步。因此，我们可以得出结论：从本质上看，CAVs 可以提升道路安全。相应地，它们势必会作为伦理创新举措而广受欢迎——作为先进的技术产品，其应用注定会产生合乎伦理的结果。

安全性论证建立在这样一个前提上——自动驾驶将提供更和合乎伦理的选择，进而取代人类驾驶员。要知道，CAVs在本质上优于人类驾驶员，因此改善交通安全将得到整体改善。换言之，安全性论证主要建立在智能驾驶员与人类驾驶员之间的比较上。正因如此，CAVs被视为是现在的或将来可能的人类驾驶员更为先进的能动者形式。

将人工能动者构建为人类主体完美版的这种本能反应着实引人瞩目。然而，这种看法是片面的，二者之间有诸多方面尚且有待细化比较。若要全面了解自动驾驶的伦理特征，需要我们对那些以往被忽略的各种要素予以适当考量。除了两种主体之间的相似之处，我们还必须考虑自动驾驶的恰当性与独特性。

当人们将CAVs作为人类驾驶员改进版的看法受到挑战时，这将有助于我们对CAVs形成更加全面的了解。可以说，CAVs执行驾驶任务的特定方式本身具有风险，包括与过去人工驾驶并不那么相关的新兴风险。其中，网络安全与隐私风险是自动驾驶相关技术要求中涌现的新兴问题中的经典案例。

有鉴于此，将CAVs描述为超人类驾驶员抑或超道德驾驶员均有失偏颇，可能会导致人们对CAVs与伦理价值之间关系的歪曲理解。要知道，安全并非是技术的副产品。CAVs若想介入伦理价值，光靠技术进步远远不够。将技术视为与伦理创新一样具有内在伦理性的解决方案需要予以仔细审查，其预设条件也要进行审慎评估。当然，这并不是说自动驾驶不能使交通安全变得更好。尽管存有希望，但要使其成为现实，不仅需要技术进步与广泛部署，还必须明确设定伦理目标，仔细识别、讨论、评估以及应对后续伦理影响。同样，对于道德目标的追求也不能简单地委托给自动驾驶，这需要人类肩负起责任与使命。

通过自动驾驶实现伦理诉求，这本来就远非自动驾驶本身所能及。这一看法不仅源于相关学者对安全性论证局限性的强调，更源自相关学者关于将道德决策委托给 CAVs 的论述。迄今为止，大量关于碰撞优化算法的文献将机器伦理学引入了自动驾驶领域。作为一种人类活动，驾驶行为意味着人类必须进行道德判断，因此 CAVs 也必须能够复刻类似的行为。否则，有关驾驶行为的伦理问题将难以解决，而这显然是一种责任方面的失败。与此同时，CAVs 所特有的感知与控制能力的增强可能会将道德能动性的范围扩大到人类范畴之外。现如今，由于在驾驶系统中实施了机器伦理学的解决方案，人类驾驶员将能在紧急情况下做出正确的道德判断。如果按照人类伦理行事，CAVs 将有资格成为道德型人工代理。但是，这意味着什么呢？又有何种隐含意义呢？CAVs 能否会像人类驾驶员一样成为合乎道德的驾驶员呢？

上述问题对于 CAVs 案例中道德判断的自动化尤其具有启发意义。在这两种情况下，伦理价值观之间存在着显著区别。关于在不可避免的碰撞中如何在各方之间进行伤害分配的论辩表明，道德判断只能部分地委托给自动驾驶系统。要知道，CAVs 并不具有人类驾驶员那样的道德性，有些东西在转换的过程中丢失了。因此，碰撞优化算法通常只有在遵照给定的伦理规范的前提下，才能在不同情境下灵活地实现自动化。即便是在一般情况下，也只有在伦理价值可以以确定并且可能以精确的参数被划定的情况下才能实现伦理相关的驾驶行为的自动化，如在特别危险的路段为骑自行车的人提供安全距离。换言之，CAVs 道德决策要以伦理价值观的确定为前提。

恰恰相反，对伦理价值的自决权是人类道德体验的基本组成部分。人类驾驶员的道德范围远比 CAVs 运作所涉及的道德范围更广。人类驾驶员不仅要决定如何遵守伦理价值，还必须要确定哪一种是首要的伦理价值。要知道，人类驾驶伦理包括价值确定与应用。作为一种道德体验，驾驶行为的这两个维度密切相关、一体不二，只有通过抽象性判断，我们才能将二者分开。

随着自动驾驶的介入，价值确定与应用可以被分开。当驾驶行为被委托给 CAVs 时，遵守伦理价值这一要求也必须随之委托出去。这就是为什么人们极力将其自动化的原因，这也正是机器伦理学算法试图自动化的对象。然而，关于什么是伦理价值的决定权仍在人类手中。正如关于碰撞优化算法规范性的激烈论辩所证明的那样，这仍然是我们人类的决策范畴。作为道德能动者，人类有责任为 CAVs 制定其所必须遵守的伦理框架。由此看来，驾驶伦理只能部分地委托给驾驶系统，而 CAVs 的伦理行为也只有在人类道德背景下才有意义。在这种情况下，人类的责任与使命也必须成为研究的中心。

当然，如此全然一新的驾驶模式势必会带来深刻的变化。把驾驶任务委托给 CAVs 将会深刻地影响相关人类体验的道德特征。可以说，普通车辆是人类自我的延伸。当我们操纵方向盘时，我们通过对机器的直接控制来行使自主权，而这种自主权主要源于人类的责任感。此外，驾驶行为的道德价值是以对机器操作进行某种直接性、主观性控制为前提的。

自动驾驶通过直击驾驶行为的核心——控制——颠覆了这一价值体系。CAVs 使得人类对车辆运行的控制变得更加具有中介性。事实上，它们置换了控制主体，将控制权从车辆使用者转移到其他人（如程序员、研发人员、制造商、监管机构等）手中，而这些人只是间接地行使控制权。鉴于自动驾驶使我们对驾驶任务的控制变得更加间接化，因此有必要针对自主权与责任感等重要道德观念进行重新审视。同样，我们必须在此基础上制定出全新的方法，以此促进各个利益相关方的自主负责行为。此外，为了保护人类道德的这些关键层面，我们还必须引入可解释性等全新要求。由此看来，人类的责任与使命不仅仍有必要，而且它们的形式与含义也必须谨慎地予以重新概念化。

鉴于此，人类同 CAVs 之间的道德关系并不是完全委托的关系。自动驾驶本身不会为我们创造一个更加合乎伦理的世界，因为它既非伦理创新，又不能塑造超道德驾驶员。即便是在人工能动者时代，伦理方面的进步仍然取决于人类的责任与使命。正因如此，批判地评估 CAVs 的伦理特征、将伦理价值纳入 CAVs 设计中、采取政策促进相关的社会效益，将是通过自动驾驶构建人民满意的交通系统的唯一解决之道。总而言之，批判性思维、设计伦理以及政策制定将是通过技术创新来追求人类实现与社会福祉的关键途径。

最后，对自动驾驶进行回溯分析可以进一步佐证上述结论。与安全维度一样，CAVs 的狂热支持者同样以各种方式将可持续性作为说服人们相信自动驾驶伦理前景的重要论据。在环境效益、经济增长以及社会福祉方面，那些解决方案提供者总是期许我们能够取得实质性进展。然而，仔细思考就会发现，要实现这一雄心壮志，需要的远远不止是让 CAVs 出现在我们的街道上这么简单。要知道，自动驾驶同样也可能会被某些人滥用，进而对实现可持续性交通系统造成阻碍。为了将自动驾驶的可预期效益变为现实，人类的责任与使命至关重要。

与此同时，自动驾驶（或更广泛地说，交通运输）在伦理方面面临的风险与机遇必须予以重视。我们必须从哲学、历史、法律以及社会科学等视角出发，拓宽我们对自动驾驶这一技术的理解，并对其进行批判性评估。再者，我们必须将伦理考量纳入自动驾驶的设计过程与设计选择之中。此外，我们必须促进设计伦理实践。要知道，政策解决方案、行业标准、专业实践以及机构计划都是通过自动驾驶实现可持续性交通革命的必要因素，整个社会都对此负有责任。

诚然，CAVs 等人工能动者有助于带来社会层面的必要变革。然而，如果得不到支持，自动驾驶几乎无法（或根本无法）保证其可持续性未来及其全部的伦理前景。总而言之，CAVs 本身不能带我们走上康庄大道，需要我们在前面引领方向。

7.3 走向人工能动者哲学

归根结底，对于自动驾驶的分析表明，技术创新所附带的伦理是人类需要面对的问题。尽管 CAVs 可以代表人类执行复杂的驾驶任务，但从道德层面上看，它们只能以有限的方式代表我们行事。换言之，CAVs 的道德能动性只有基于人类道德才能得以实现。对 CAVs 的全面分析表明，我们必须考虑到 CAVs 与人类之间存在的巨大差异。总而言之，CAVs 不能取代我们人类的道德地位，它们的能动性与我们的不同。事实证明，它们的自主性与我们的自主性截然不同。也就是说，虽然二者都有自主性，但两个自主性的含义迥异。鉴于这些差别，我们绝不能将这两种形式的道德能动性混为一谈。

然而，二者之间的差异却有逐渐消失的趋势。要知道，二者之间的相似之处过于明显。因此，在没有任何可行性替代方案的情况下，我们用来谈论 CAVs 的词语通常是用来描述人类的词语。当阐释 CAVs 的行为时，我们似乎很自然地就会转用那些通常用来谈论人类驾驶行为的词语与概念。一方面，CAVs 可以像人类驾驶员一样驾驶、加速、减速、转弯以及刹车；另一方面，它们可以像人类驾驶员那样评估交通状况、做出驾驶决策，甚至在某些情况下面临道德选择。

在这里，我把这种语言现象称为一种语义延伸游戏（Fossa，2017，2021）。实际上，这种语义延伸游戏的发生是自然而然的，这不仅存在于 CAVs 的情况中，而且在许多其他情况下同样如此。毕竟，人工能动者可以模仿人类能动者的行为，这种模仿通常被视为以人类为参照的复制。总而言之，人类能动者与人工能动者异常相似，以至于可以用相同的词语指称二者。

用这些术语来构建人类能动者与人工能动者之间的关系表明，同源性可能具有适用性。具体而言，同源性指涉两个术语的这种情形——其中，适用于一种情况的词语也足以表示另一种情况。尽管可能需要进行一些语义调整，但完全没有必要进行语义变革——旧有词语同样适用于新的情况。

我们用来理解创新技术的词语很重要，因为它们影响着我们如何看待创新技术的新颖性（Coeckelbergh，2017；Johnson & Verdicchio，2019）。实际上，选用同源性术语来构建 CAVs 说明人工驾驶与自动驾驶极度相似，甚至可以说是驾驶行为的一体两面。例如，当有人说人类驾驶员必然会变得比驾驶系统更不安全时，这就应用到了同源性——人类与 CAVs 都可以执行驾驶行为。就目前而言，人类驾驶员的情况要略好一些；而在未来，CAVs 将比我们驾驶得更安全。有人认为，从本质上讲，二者的驾驶行为完全一样——相似才是最重要的方面。也就是说，二者之间只存在程度性差异，如安全安全程度差异。同源性方法只为二者留下了程度性差异的空间，而不存在其他任何区别。因此，全新的言说方式完全没有必要。与此同时，这种叙事表明人类主体几乎没有进步的余地；与之相反，人工能动者在这方面却存在无限可能。因此，那些经过精心设计的人工能动者势必会成为超人类驾驶员：它们可以行人类驾驶员之所为，却远超其之所能（Fossa，2018）。

诚然，从同源性视角进行推理是令人振奋的，因为它可以带给我们种种未来的憧憬。然而，从理论角度来看，相似性的光辉可能会蒙蔽我们的眼睛。借此，我们应当反对从简单复制的角度来理解人工能动者——认为其是对人类行为的复制拷贝。事实上，人类能动性的技术转换更适合用"模仿"来形容。与复制相反，模仿表明，仿品与原品之间既有相似之处，也有不同之别。这些差异不能被解释为程度性的问题，而是共同构成了复制品的特殊性，将其与原品区分开来，塑造了它的独特性。总而言之，那些无法归因为相似性的方面将形塑模仿品的特殊差异，这些必须予以考量。

语义延伸游戏在传达同源性思维的同时，也正朝着相反的方向发展，这使得关于差异的最终锁定变得极难寻觅，进而致使二者之间的界限模糊不清。与此同时，这种模糊性表明。人工能动者与人类能动者具有足够的相似性，甚至是在道德层面上。换言之，道德目标的实现完全可以委托给人工能动者。然而，分歧才是问题的关键。二者之间边界的模糊化阻碍了人们去认识什么样的人工能动者才是恰当的。这正是本研究对于人工能动性哲学研究所做的贡献——它阐明了人工能动性哲学研究所要追求的理论目标。人工能动性哲学的首要任务就是寻找差异性，并以此作为研究基点。

因此，我们需要一种能够适当承认差异性而又不否认其相似性的方法。从这个意义上讲，类比性逻辑于此可能大有裨益。与同源性相反，类比是指相似相异性关系或相异相似性关系。它可以为我们提供一个更具前瞻性的视角来探究人工能动者对于人类能动者的模仿。事实上，类比方法可以识别两种主体之间的相似特征。与此同时，它也为正确识别与评估独特差异提供了可能。关于将人工智能道德能动性作为一种异质形式的讨论有助于证实类比性研究的卓越成效。除了对相似性进行反思，对人工智能道德能动性与人类道德能动性之间的差异性的关注表明，抵制语义延伸游戏的负面影响至关重要。

人工智能道德能动者展现出一些前所未有的独特特征——它试图将目前一直纠缠在一起的道德体验的各个方面分隔开来。事实上，在人类情境中，伦理价值观的自决与其实际应用密不可分。作为一种价值自决，自主权是人类道德的一个必要组成部分，这是它与价值观之间的直接关联——当然，也与责任感有关。

自主权的不可放任性间接证明了其首要地位。遵守非自决型价值相当于传统上所说的异质性道德缺陷。然而，当其应用于人类情形时，异质性的概念并不是一种描述性概念，即它无法描述事实上的可能性。正如刚刚所述，人类道德以价值观具有主观假设特点为前提。从描述性角度来看，异质性对于人类而言几无可能。故而我们不能放任价值自决，否则其只会变得糟糕。由此看来，异质性更多的是一个具有规范意义的概念，因为它点出了价值假设模式中的一种弊端，即其不加批判的特征。与此同时，它迫使人类忠于那些使他们成为道德能动者的诸多规范。

人工智能道德能动者与之有所不同。尽管大多数论辩都在试图证明将自主权应用于人工能动者的合理性，但唯有异质性这一概念最能抓住其本质所在。诚然，人工智能道德能动者可以遵守预设的伦理价值观，而不需要任何自决行为。然而，当且仅当在已经给出规范的情况下，我们才能将人类价值观委托给人工能动者。况且只有在这种情况下，异质性才具有描述性与事实性含义。实际上，异质性概念描述了一种前所未有的能动形式——这种能动形式部分上具有工具属性，部分上又具有人类属性。具体而言，它具有与人类相似但又异于人类的道德能动性，其中隐藏着我们对于人工能动者所存有的陌生感。阐明这种独特差异性将是人工智能道德能动性哲学的主要任务。

关于异质性的讨论表明，诉诸类比逻辑可以预防我们失去对人工能动者所具有的独特性敏锐洞悉。只有在对人工能动者的独特性进行批判性理解的基础上，我们才有可能为这种前所未有的现象提供全面的理论支撑。只有在此基础上，我们才能在将能动性（Nyholm，2020）、自主权（De Florio et al.，2022）、道德感（Fossa，2018）、可信度（Fossa，2019）、创造力（Fossa，2017）等人类词汇应用于人工能动者时避免产生可能的混淆。以下即为分析自动驾驶伦理时的相关发现，它揭示了人工能动者哲学的根本任务所在：第一，从同源走向类比；第二，遵循差异性指引；第三，学习如何精通语义延伸游戏。

参考文献

Coeckelbergh, M. (2017). *Using words and things. Language and philosophy of technology*. Taylor and Francis.

De Florio, C., Chiffi, D., & Fossa, F. (2022). A conceptual characterization of autonomy in philosophy of robotics. In G. Riva & A. Marchetti (Eds.), Human Robotics. *A Multidisciplinary Approach Towards the Development of Humane-Centered Technologies* (pp.25 - 49). Vita e Pensiero.

Fossa, F. (2017). Creativity and the machine. How technology reshapes language. *Odradek*, Ⅲ (1 - 2), 177 - 213. https://odradek. cfs. unipi. it/ index.php/odradek/article/view/83.

Fossa, F. (2018). Artificial moral agents: Moral mentors or sensible tools? *Ethics and Information Technology*, 20, 115 - 126. https://doi. org/10. 1007/s10676 - 018 - 9451 - y.

Fossa, F. (2019). 'I don't trust you, you faker!' On trust, reliance, and artificial agency. *Teoria*, XXXIX(1), 63 - 80. https://doi. org/10. 4454/ teoria. v39i1.57.

Fossa, F. (2021). Artificial agency and the game of semantic extension. *Interdisciplinary Science Reviews*, 46(4), 440 - 457. https://doi. org/10. 1080/03080188.2020.1868684.

Gunkel, D. (2012). *The machine question. Critical perspectives on AI, robots, and ethics.* MIT Press.

Johnson, D.G., & Verdicchio, M. (2019). AI, agency and responsibility: The VW fraud case and beyond. *AI & Society*, 34, 639 - 647. https://doi. org/ 10.1007/s00146 - 017 - 0781 - 9.

Nyholm, S. (2020). *Humans and robots. Ethics, agency, and anthropomorphism.* Rowman & Littlefield.

Santoni de Sio, F. (2021). The European Commission report on ethics of connected and automated vehicles and the future of ethics of transportation. *Ethics and Information Technology*, 23, 713 - 726. https://doi. org/10. 1007/s10676 - 021 - 09609 - 8.

Verbeek, P.-P. (2005). *What things do. Philosophical reflections on technology, agency, and design.* Penn State Press.

索　引

ADAS(先进驾驶辅助系统)　13,29

CAVs(互联与自动驾驶车辆)　17 -
　23,29 - 33,35 - 49,58,60 - 69,71 -
　85,87,88,95 - 104,106,108 - 114,
　117 - 120,122 - 126,141 - 155,157,
　158,161,172,173,177 - 192,202,
　203,205 - 211

MHC(人类有效控制)　154,155

ODD(人类有效控制)　14,15,39

安全性论证　28 - 30,32,33,37,39,
　41,42,45,47,48,58,94,205,206

安全增强型技术　29,32,33,37,47,
　48,205

道德能动性　21,48,96,97,102,103,
　112,122 - 127,143,146,172,173,
　191,192,207,210,212,213

道德异质性　126,127

道德责任　4,22,31,65,67,123,125,
　150 - 155,172,190

道德自主权　145 - 148

道义论　102,104,108

个人自主权　21,22,107,144,145,
　147 - 150,161

功利主义　99 - 102,105,108,109,148

机器伦理学　94,96 - 98,102,112,
　124,146,172,207,208

可持续性　6,22,46,65,67,72,142,
　147,148,171 - 179,181 - 185,187,
　189 - 192,202,205,209

可解释性　22,139,143,156 - 161,
　189,208

利益相关方　5,7,19,21,28,48,60,
　62,64,66,67,71,76,79,82,84 -
　86,98,101,102,105,106,109,124,
　127,151 - 158,160,161,176,186,
　191,208

伦理价值　4 - 7,16,18 - 23,28,29,
　31,32,34 - 36,47 - 49,67,68,71,
　76,86,87,95,97,112,125,127,140 -
　142,145,146,157,160,161,172,
　173,179,182,184,189 - 192,203 -
　209,212,213

碰撞优化算法　20,21,96,97,99 -
　115,117,118,120 - 125,185,186,
　207,208

契约主义　104,106,108

人工代理　1,2,4 - 8,11,12,18,20 -
　23,48,59 - 61,86 - 88,95 - 97,111,

112,122 - 127,141 - 143,145,146,
150,151,153,155 - 157,160 - 162,
172, 173, 178, 179, 189 - 192,
204,207

人工智能道德能动者 212,213

自动驾驶系统 7,15 - 17,21,38,44,
95,96,123,207

自决 19,22,69,71,74 - 77,83,85,
88, 125, 126, 140, 141, 143, 148,
188,207,212,213